Schriften zum
Planungs-, Verkehrs- und Technikrecht

Herausgegeben von Michael Ronellenfitsch und Klaus Grupp

Band 4

ISSN 1615-813X

Michael Ronellenfitsch/ Ralf Schweinsberg (Hrsg.)

Aktuelle Probleme des Eisenbahnrechts VI

Vorträge im Rahmen der Tagung am 6.-8. September 2000
in Tübingen

Forschungsstelle für Planungs-, Verkehrs- und Technikrecht
an der Eberhard-Karls-Universität Tübingen
in Verbindung mit dem Eisenbahn-Bundesamt
2000

Verlag Dr. Kovač

VERLAG DR. KOVAČ

Arnoldstraße 49 · 22763 Hamburg · Tel. 040 - 39 88 80-0 · Fax 040 - 39 88 80-55

E-mail vdk@debitel.net · Internet www.verlagdrkovac.de

Die Deutsche Bibliothek - CIP-Einheitsaufnahme

Aktuelle Probleme des Eisenbahnrechts ... / Forschungsstelle für
Planungs-, Verkehrs- und Technikrecht an der Eberhard-Karls-
Universität Tübingen in Verbindung mit dem Eisenbahn-Bundesamt. -
[1] (September 1996)-. - Hamburg : Kovač, 1996
    (Schriften zum Planungs-, Verkehrs- und Technikrecht ; ...)

6. - (2001)
    (Schriften zum Planungs-, Verkehrs- und Technikrecht ; Bd. 4)

ISSN 1615-813X
ISBN 3-8300-0486-9

© VERLAG DR. KOVAČ in Hamburg 2001

Printed in Germany
Alle Rechte vorbehalten. Nachdruck, fotomechanische Wiedergabe, Aufnahme in Online-Dienste
und Internet sowie Vervielfältigung auf Datenträgern wie CD-ROM etc. nur nach schriftlicher
Zustimmung des Verlages.

Gedruckt auf säurefreiem, alterungsbeständigem Recyclingpapier „RecyStar"
(Nordic Environmental Label – Blauer Engel – DIN ISO 9706)

Vorwort

Der vorliegende Band der Schriftenreihe zum Planungs-, Verkehrs- und Technikrecht enthält die Referate, die auf der vom Eisenbahn-Bundesamt und der Forschungsstelle für Planungs-, Verkehrs- und Technikrecht Tübingen gemeinsam vom 6. bis 8. September in der Eberhard-Karls-Universität Tübingen veranstalteten, von uns geleiteten Tagung "Aktuelle Probleme des Eisenbahnrechts VI" gehalten wurden. Entsprechend der früheren Speyerer Übung wurden wiederum die Diskussionsbeiträge aufgenommen. Gerade die Diskussionen vermitteln einen Eindruck von der dichten Arbeitsatmosphäre der eisenbahnrechtlichen Fachtagungen und zeigen, wie wichtig und fruchtbar für Praxis und Wissenschaft die Begegnungen von Mitarbeiterinnen und Mitarbeitern des Eisenbahn-Bundesamts mit Vertretern der DB AG, der nichtbundeseigenen Eisenbahnen und der einzelnen Planungsgesellschaften, der Landesbehörden sowie mit Repräsentanten der Gerichtsbarkeit, der Anwaltschaft und der Rechtswissenschaft sind. Die Diskussionsbeiträge beruhen auf Tonbandabschriften, die aus Zeitgründen nicht mehr an die Beteiligten zu Korrektur übermittelt werden konnten. Akustische Missverständnisse sind daher nicht völlig auszuschließen. Hinzu kommt, dass in manchen Fällen die Diskussionsbeiträge nicht mehr zugeordnet werden konnten und deshalb nicht namentlich gekennzeichnet werden konnten. Warum sollte auch eine eisenbahnrechtliche Fachtagung weniger störanfällig sein als ihr Gegenstand. Dass sich die Pannen auf ein Minimum beschränkten und die Tagung insgesamt effektiv und reibungslos ablief, ist in erster Linie den wissenschaftlichen Mitarbeiterinnen am Lehrstuhl Maja Brand, Rebecca Dorn, Tina Mattl und Stéphanie Rischar sowie der Lehrstuhlsekretärin Frau Marietta G. Jährling zu verdanken. Die mühsame und verdienstvolle redaktionelle Bearbeitung des Tagungsbands besorgte Tina Mattl.

Bonn und Tübingen

Michael Ronellenfitsch
Ralf Schweinsberg

Inhaltsverzeichnis

Neue Rechtsprechung zum Eisenbahnrecht
Dr. *Eckart Hien*, Richter am Bundesverwaltungsgericht 1

Diskussion 7

Der Netzzugang fremder Verkehrsträger zu eisenbahnrechtlich gewidmeten Hafenanlagen
Prof. Dr. Michael Ronellenfitsch, Universität Tübingen 29

Diskussion 55

Gemeinschaftsrechtliche Vorgaben für das Eisenbahnwesen in den Mitgliedstaaten
Prof. Dr. Jörn Axel Kämmerer, Bucerius Law School, Hamburg 75

Diskussion s. S. 103

Umsetzung der gemeinschaftsrechtlichen Vorgaben in das nationale Recht
Oberregierungsrat Stefan Dernbach, Eisenbahn-Bundesamt 87

Diskussion s. S. 103

Eisenbahnrecht in Frankreich
Dr. Antonia Stein, Rechtsanwältin, Stuttgart 99

Diskussion zu den Beiträgen von Jörn Axel Kämmerer,
Stefan Dernbach und Antonia Stein 103

Aufgaben des Bundesgrenzschutzes im Bereich der Eisenbahnen des Bundes
Prof. Dr. Anke Borsdorff, Fachhochschule des Bundes,
Fachbereich BGS, Lübeck 121

Diskussion s. S. 153

Möglichkeiten der Zusammenarbeit von EBA und BGS aufgezeigt anhand praktischer Erfahrungen
Regierungsdirektor Horst-Peter-Heinrichs, Eisenbahn-Bundesamt 139

Diskussion 153

Vollständigkeit von Unterlagen in der Planfeststellung
Dr. Heribert Fislake, Rechtsanwalt, Frankfurt am Main 167

Diskussion 187

Das Verhältnis von § 11 AEG zur Planfeststellung
Dr. Andreas Geiger, Rechtsanwalt, München 199

Diskussion 243

AEG-Novelle
Regierungsrätin Astrid Pöhle, Eisenbahn-Bundesamt 257

Aktuelle Fragen aus der Praxis der Untersuchung von Eisenbahn-Unfällen
Leitender Baudirektor Dipl.-Ing. Hans-Heinrich Grauf,
Eisenbahn-Bundesamt 265

Eckart Hien

Neue Rechtsprechung zum Eisenbahnrecht

1. Wiederertüchtigung teilungsbedingt unterbrochener Schienenwege

(Urteil vom 17. November 1999 - 11 A 4.98 -, BVerwGE 110, S. 81, und Urteile vom 12. April 2000 - 11 A 18.98 -, UPR 2000, 355, u.a.)

Der 7. Senat hatte mit Urteil vom 31. August 1995 (BVerwGE 99, 166) entschieden, dass die Wiedererrichtung des demontierten zweiten Streckengleises keine Lärmschutzansprüche nach § 41 Abs. 1 BImSchG i.V.m. der 16. BImSchV begründet, wenn vom *planungsrechtlichen Fortbestand* der Bahnanlage auszugehen ist, weil keine Entwidmung (durch ausdrücklichen Hoheitsakt oder infolge Funktionslosigkeit) stattgefunden hat.

Der 11. Senat war dieser Entscheidung in seinem Urteil vom 28. Oktober 1998 (BVerwGE 107, 350) mit der Verneinung von Ansprüchen nach § 41 Abs. 1 BImSchG gefolgt (keine *wesentliche Änderung* gegenüber dem planungsrechtlichen Bestand). Die bisherige planungsrechtliche Situation dürfe den Anwohnern aber nicht uneingeschränkt schutzmindernd entgegengehalten werden. Fehle eine *tatsächliche* Vorbelastung, so ergebe sich die Grenze der Berücksichtigung der bisherigen *planungsrechtlichen* Situation als schutzmindernde Vorbelastung jedenfalls dort, wo die zu erwartenden Einwirkungen Eigentums- oder Gesundheitsbeeinträchtigungen darstellten (a.a.O., S. 357, LS 4).

Hieran hält der Senat in den Urteilen vom 17. November 1999 und vom 12. April 2000 fest, stellt aber klar, dass diese Rechtsprechung, die den Lärmschutzansprüchen der Anlieger einerseits einen *fiktiven* planungsrechtlichen Zustand entgegenhält, andererseits die Reichweite dieser Fiktion eingrenzt, den gegenläufigen Interessen bei der Bewältigung der Folgen der deutschen Teilung und Wiedervereinigung Rechnung trägt und deshalb nicht ohne weiteres auf andere Fallgestaltungen übertragen werden kann (Urteil vom 17. November 1999, a.a.O., S. 87 f.). Im Urteil vom 12. April 2000 präzisiert der Senat den Anwendungsbereich seiner Rechtsprechung (UA S. 31 und LS 1) und schließt eine entsprechende Anwendung auf die Beeinträchtigung der gemeindlichen Planungshoheit aus (UA S. 31 und LS 2).

2. Anerkennung des Verfahrens "besonders überwachtes Gleis"

(Urteile vom 15. März 2000 - 11 A42.97 -, UPR 2000, 352, u.a.)

Das Verfahren "besonders überwachtes Gleis" (BüG) besteht darin, dass die Schienen in Abständen von sechs Monaten mit Hilfe eines Schallmesswagens überprüft werden. Bei Bedarf werden durch Schleiffahrzeuge Unebenheiten (Riffeln) geglättet, die sich mit der Zeit auf den Laufflächen der Schienen bilden und das Fahrgeräusch deutlich erhöhen. In seinen Urteilen vom 15. März 2000 hat der Senat den Nachweis als erbracht angesehen, dass dieses Verfahren im Sinne der 16. BImSchV eine dauerhafte Lärmminderung erbringt und im Rahmen der Lärmberechnung einen Pegelabschlag (sog. Gleispflegeabschlag) rechtfertigt.

Das Eisenbahn-Bundesamt und das Umweltbundesamt hatten sich über die rechtlichen und technischen Voraussetzungen dieses Nachweises nicht einigen können. Das Eisenbahn-Bundesamt hatte einen Gleispflegeabschlag von 3 dB(A) anerkannt. Das Umweltbundesamt konnte sich - nach langem Zögern -

zwar zu der Aussage durchringen, das besonders überwachte Gleis sei für die Streckenanlieger eine gute Sache. Es garantiere ihnen - im Gegensatz zu den bautechnischen Lärmschutzmaßnahmen (Lärmschutzwände) - einen Lärmminderungseffekt, der auf Dauer erhalten bleibe. Die Höhe des Lärmminderungseffekts blieb zwischen den beiden obersten Bundesbehörden aber kontrovers.

Der 11. Senat hat zu erkennen gegeben, dass er - mit dem Eisenbahn-Bundesamt - keine Bedenken hat, den Gleispflegeabschlag mit 3 dB(A) anzusetzen, wenn - wie die DB AG versichert - in Zukunft die besonders lärmintensiven klotzgebremsten Nahverkehrszüge das Verkehrsgeschehen nicht mehr beeinflussen werden.

3. Kontroverse zwischen dem 11. und dem 4. Senat um die Auslegung des § 41 Abs. 2 BImSchG

(Urteile des 11. Senats vom 15. März 2000 - 11 A 42.97 -, UPR 2000, 352, u.a.)

Der 11. Senat hatte die Verhältnismäßigkeitsprüfung nach § 41 Abs. 2 BImSchG in seinem Urteil vom 5. März 1997 (BVerwGE 104, 123, 139) als untrennbar von der planerischen Abwägungsentscheidung und als gerichtlich nur eingeschränkt überprüfbar angesehen. Sie habe alle öffentlichen Belange zu berücksichtigen, die einer vollen Ausschöpfung des aktiven Schallschutzes entgegenstünden.

Dem ist der 4. Senat in seinem Urteil vom 28. Januar 1999 (BVerwGE 108, 248, 256 ff.) entgegengetreten. § 41 Abs. 2 BImSchG sei nicht Bestandteil der planerischen Abwägung. Die Vorschrift des § 41 BImSchG enthalte insgesamt striktes Recht. Keinesfalls habe der Gesetzgeber jedes andere öffentliche Interesse als gegenläufigen Belang zulassen wollen (vgl. auch Beschluss vom 22. September 1999 - 4 B 68.98 -).

In seinen Urteilen vom 15. März 2000 hält der 11. Senat an seiner bisherigen Auffassung fest, stellt aber klar, dass für die Verhältnismäßigkeitsprüfung nicht die Ergebnisoffenheit gelte, die für die fachplanerische Abwägung kennzeichnend sei. In diesem Punkt bestünden zwischen den beiden Senaten keine Unterschiede in der Auslegung.

Die Verhältnismäßigkeitsprüfung müsse sich auf der Grundlage einer planerischen Abwägung vollziehen. Der Vorhabenträger sei gehalten, ein Lärmschutzkonzept zu entwickeln, das den konkreten örtlichen Gegebenheiten angemessen Rechnung trage. Aufgrund von § 41 Abs. 2 BImSchG sei hierbei immer zugleich die Kostenfrage aufgeworfen, so dass Abschläge gegenüber der optimalen - die Immissionsgrenzwerte der Verkehrslärmschutzverordnung wahrenden - Lösung gerechtfertigt erscheinen könnten. Bei der gerichtlichen Kontrolle sei zu berücksichtigen, dass sich durch eine noch so differenzierte Kosten-Nutzen-Analyse kein bestimmter Punkt ausmachen lasse, in dem die unverhältnismäßigen Kosten in verhältnismäßige Kosten umschlagen. Entscheidend sei vielmehr, ob bei einer wertenden Betrachtung der Gesamtumstände das Lärmschutzkonzept dem Vorrang des aktiven Lärmschutzes in ausgewogener Weise Rechnung trage. Hierbei verbleibe dem Vorhabenträger ein Abwägungsspielraum, der gerichtlicher Kontrolle nicht zugänglich sei.

4. Sonstige Grundsätze zur Anwendung des § 41 Abs. 2 BImSchG

(Urteile vom 15. März 2000 - 11 A 42.97 -, UPR 2000, 352, u.a.)

Die Urteile vom 15. März 2000 enthalten eine Reihe weiterer Aussagen zur Frage, unter welchen Voraussetzungen die Kosten aktiven Schallschutzes i.S.v. § 41 Abs. 2 BImSchG als unverhältnismäßig angesehen werden können:

- Die zusammengefasste Bewertung abgrenzbarer *"Schutzbereiche"* und Differenzierungen nach der Zahl der Lärmbetroffenen ist zulässig (a.a.O., UA S. 20).

- Die schutzmindernde Berücksichtigung der tatsächlichen oder plangegebenen *Vorbelastung* ist zulässig (a.a.O., UA S. 23).

- Maßgeblich sind die Kosten des aktiven Lärmschutzes *im Verhältnis zu dem hierdurch erzielten Erfolg*, nicht dagegen im Verhältnis zu den hierdurch eingesparten Kosten für passiven Lärmschutz (a.a.O., UA S. 29).

- Das Auftreten von sog. *Sprungkosten* kann den Verzicht auf eine höhere Lärmschutzwand jedenfalls dann rechtfertigen, wenn bereits Wandhöhen von 4 bis 5 m planfestgestellt sind (a.a.O., UA S. 30 f.; vgl. demgegenüber Urteil vom 15. März 2000 - 11 A 46.97 -, UPR 2000, 355, UA S. 26 f.).

- Bietet ein Planbetroffener dem Vorhabenträger eine finanzielle *"Eigenbeteiligung"* an den Kosten des aktiven Lärmschutzes an, so kann dies geeignet sein, die Verhältnismäßigkeitsprüfung nach § 41 Abs. 2 BImSchG zu beeinflussen. Ein erst nach Erlass des Planfeststellungsbeschlusses abgegebenes Angebot ist für die gerichtliche Überprüfung der Planfeststellung jedoch unerheblich. Insoweit verweist § 75 Abs. 2 Satz 2 VwVfG auf ein gesondertes Antragsverfahren (Urteil vom 15. März 2000 - 11 A 31.97 -, UPR 2000, 351, UA S. 34 ff.).

5. Entschädigungsanspruch zum Schutz des Außenwohnbereichs

(Urteil vom 15. März 2000 - 11 A 33.97 -, UPR 2000, 351)

Schienenverkehrslärm löst nach § 74 Abs. 2 Satz 3 VwVfG keinen Schutzanspruch für die Beeinträchtigung des Außenwohnbereichs aus, wenn tagsüber die maßgeblichen Grenzwerte der 16. BImSchV eingehalten werden. Denn beim Außenwohnbereich kann von einer nächtlichen Nutzung zu Wohnzwecken nicht ausgegangen werden.

6. Situierung einer Weiche nicht abwägungserheblich

In dem bereits genannten Urteil vom 12. April 2000 - BVerwG 11 A 18.98 - hatte sich der Senat mit dem Einwand der Kläger zu befassen, durch den direkt vor ihrem Grundstück vorgesehenen Einbau einer Überleitverbindung mit Weichen werde die Gefahr eines möglichen Zugunglücks an dieser Stelle erheblich gesteigert, wobei Waggons auf ihr Grundstück fallen und dadurch Leib und Gut gefährden könnten. Der Planfeststellungsbeschluss sei auf diese Gefährdung überhaupt nicht eingegangen und sei daher abwägungsfehlerhaft.

Der Senat hat einen Abwägungsfehler verneint, weil das von den Klägern geltend gemachte Risiko so gering sei, dass es bei der Situierung der Weichen nicht abwägend ausdrücklich berücksichtigt werden musste.

Diskussionsbeiträge zum Vortrag von Eckart Hien

Hoppe:

Herr *Hien,* ich habe eine Nachfrage zu der Abwägung. Ich will nicht fragen, woher die Abwägung stammt und wie Sie sie begründen. Das ist mir auch nicht so ganz klar, aber mir ist vor allem nicht klar, welcher Typ von Abwägung eigentlich in Rede steht. Es scheint ja nicht die planerische Abwägung mit planerischem Gestaltungsspielraum zu sein. Ich sage auch, weshalb ich das frage, nämlich wegen der Kontrolldichte, die ja höchst unterschiedlich ist, je nachdem welche Abwägung man hier anwendet. Oder ist es eine Abwägung mit Gewichtungsvorrang, bei der ganz bestimmte Belange einen Vorrang haben. Ober spielt die Gewichtung/ 16. BImschV, das hatten Sie ja mal anklingen lassen, vorher eine Rolle? Dann sieht die Kontrolle ganz anders aus, sie wird dann auf die Gewichte verlegt. Oder ist es eine nachvollziehende Abwägung, das hatten Sie mal angedeutet, als Sie vom Beurteilungsspielraum sprachen. Oder ist es ein Konzept, ein Lernkonzept? Der 4. Senat hat einmal gesagt, Lernkonzepte seien kontrollfrei. Ich habe mit Herrn *Gaentzsch* darüber gesprochen, der war nicht mehr so ganz überzeugt, dass man diese These aufrechterhalten könnte. Welche Abwägung ist es, welche Kontrolldichte ist es?

Hien:

Ja, wir haben es eben dogmatisch sicherlich nicht so scharf festgezurrt, sondern wir haben eher negativ formuliert und haben gesagt, es ist jedenfalls keine Abwägung. Es besteht nicht der Spielraum, den eine fachplanerische Abwägung geben würde, das ist es auf keinen Fall, sondern es ist am ehesten noch eine Gewichtungsvorgabe. Der aktive Lärmschutz muss im Prinzip angemessen zum Zuge kommen, es sei denn dass.... und bei diesem "es sei denn, dass..." allerdings, da sind wir der Meinung, dass nicht nur Kostengesichtspunkte, sondern auch städtebauliche Gesichtspunkte, auch gestalterische Gesichtspunkte, auch die Vorbelastung, usw. usw., also eine Fülle von Aspekten eine Rolle spielen können, und insofern, als diese verschiedenen Aspekte zueinander gewichtet werden, gibt es keine "einzige, richtige Lösung", sondern da ist ein Beurteilungsspielraum, ein Einschätzungsspielraum der Behörde gegeben. In dem Bereich mache ich noch einen halben Meter höhere Lärmschutzwände oder ich mache etwas mehr an passivem Schallschutz, usw.

Hoppe:
Was meinen Sie mit „beschränkte Kontrolle?"

Hien:
Es ist eine beschränkte Kontrolle, die wir hier haben. Das ist der Sinn unserer Übung, dass wir hier nicht voll die Entscheidung kontrollieren können, ob sie richtig oder nicht richtig ist, sondern nur, ob sie dem Gebot des aktiven Schallschutzes angemessen Rechnung trägt. Da gibt es mehrere richtige Lösungen. Und immer da, wo es mehrere richtige Lösungen geben kann, ist es nicht striktes Recht, sondern ein wie auch immer zu bezeichnender Spielraum.
Ich muss vielleicht noch einen Satz dazu sagen. Bisher hat die Fachöffentlichkeit von diesen Entscheidungen, die da ich zitiere, praktisch nicht Notiz genommen. Das liegt zum Teil daran, dass sie relativ jung sind. Das liegt zum Teil daran, dass jemand, wenn er „AEG" liest, entweder an den Eisschrank denkt oder sagt: "Um Gottes Willen, für dieses Fachgebiet bin ich auch noch zuständig. Ich habe genug Probleme mit dem Asylrecht oder mit dem Baurecht, das allgemeine Eisenbahnrecht, das dürft Ihr jetzt machen." Ich bin durchaus gespannt, wie das fachschriftstellerisch wird, wenn das unter die Lupe genommen wird. Denn auch wir leben davon, dass wir Anstöße auch im rechtssystematischen Bereich bekommen.

Diskussion zum Vortrag von Eckart Hien

Stüer:

Das Fachplanungsrecht des Bundesverwaltungsgerichts zeichnet sich, soweit ich es übersehen kann, im Wesentlichen dadurch aus, dass eine sehr große Übereinstimmung besteht zwischen den verschiedenen Senaten, und zwar über die jeweiligen Fachbereiche hinweg. Sowohl in der Bauleitplanung als auch in allen fachplanungsrechtlichen Bereichen. Soweit ich das beobachte, gibt es fast ausnahmslos Übereinstimmungen und eigentlich nur ganz seltene Fälle, in denen nun Divergenzen bleiben. Das möchte ich für die Praxis doch sehr begrüßen, denn nichts ist schlimmer für den Anwalt als wenn er sagen muss, das kann so ausgehen oder auch ganz anders, es kommt gerade darauf an, von welchem Richter und welchem Senat die Sache entschieden wird. Besser ist es schon und wichtiger, dass überhaupt eine einheitliche Linie gefunden wird, das scheint mir auch bei der Frage des § 41 Abs. 2 BImSchG wichtig zu sein, zu sagen, wir einigen uns auf den Fluren, sozusagen, unter den verschiedenen Senaten. Und ich glaube, die Schwierigkeit, die hier besteht, ist im Grunde eine verunglückte Rechtsnorm. Die Vorschrift hat die Fragen, die in der Praxis ein Rolle spielen, nämlich wie fügt sich die aktive Lärmschutzmaßnahme z.B. in den Städtebau ein, wie verhält sich der Belang des Lärmschutzes zu anderen, ebenfalls berechtigten Belangen, überhaupt nicht angesprochen. Und daher meine ich, dass es hier durchaus abwägende Elemente geben muss, und so wie Sie jetzt die neuere Rechtsprechung auch vom März und April dieses Jahres hier vorgestellt haben, meine ich, Sie haben eine gute Linie gefunden, der sich in der Tat dann auch der 4. Senat anschließen sollte, damit wir wirklich ein einheitliches Recht haben, das wir auch an der Basis verkaufen können, Denn nichts ist schlimmer, wie gesagt, als wenn die Anwälte da herumprozessieren müssen und gar nicht sicher sind, was eigentlich herauskommt.

Hien:

Also, ich habe mit Herrn *Gaentzsch* noch einmal darüber gesprochen, auch anlässlich dieser Tagung. Er hat auch wohl einen Aufsatz geschrieben, wo er in einer Fußnote sagt: So wie es am Anfang der 11. Senat formuliert hat, als wäre es eine fachplanerische Abwägung, so konnte man das nicht stehen lassen." Dass musste in der Tat modifiziert werden. Mit den jetzigen Formulierungen glaube ich schon, dass auch in der praktischen Rechtsberatung -„Soll ich klagen oder nicht? Habe ich eine Chance?-" vom Ergebnis her zwischen 4. und 11. Senat kein Unterschied mehr besteht.

Ronellenfitsch:

Weitere Wortmeldungen? Ich muss bestätigen, dass da nicht nur die Rechtsprechung einigermaßen konsistent ist, sondern auch die Literatur, wenn sie nicht nur sowieso die Rechtsprechung nachvollzieht. Dass die Literatur meistens zu ähnlichen Ergebnissen kommt wie die Fachplanungsrechtsprechung des Bundesverwaltungsgerichts, spricht dafür, dass die Lösungen im Zweifel vernünftig sind. Man kann dogmatisch streiten, aber die Ergebnisse stimmen. Das hängt auch damit zusammen, dass wir das verfassungsrechtlich vielfach unnötig hochgestochene Gelabere nicht ins Verwaltungsrecht projizieren. Allerdings wäre manchmal ein verfassungsrechtlicher Seitenblick gar nicht mal so schlecht. Hier möchte ich nur die Wiedervereinigungsdiskussion betonen. Die bei der Wiedervereinigung bestehende faktische Situation hängt nicht zuletzt damit zusammen, dass im alten Art. 23 GG Verfassungsaufträge enthalten waren, die Infrastruktur so beizubehalten, dass eine eventuell eintretende Wiedervereinigung möglich ist. Jeder, der sich auf diesen alten Art. 23 GG berufen hatte, war mit der Begründung in die rechte Ecke gestellt worden: "Es gibt nie eine Wiedervereinigung. Baut doch das ganz alte Zeugs weg". Wenn aber die Bundesbahn ihrem Verfassungsauftrag entsprochen, trotz teilungsbedingter Netzunterbrechung ihre Infrastruktur beibehalten und die Strecke nicht anderweitig genutzt hat, dann kann ihr auch nicht im Nachhinein ein Nachteil daraus erwachsen, wenn jetzt plötzlich die Situation, die überraschende Situation da ist. Deswegen ist die Rechtsprechung des 11. Senats zur Wiederinbetriebnahme von Eisenbahnstrecken eindeutig verfassungsrechtlich abgesichert.

Hinrichs:

Den Titel "Deutsche Einheit" haben wir jetzt verloren. Trotzdem ist das genau das Thema, auf das ich hinauswill, wie auch Sie gerade, Herr Professor *Ronellenfitsch*: Wo ist die Grenze des Beitrittsgebiets? Ich habe nun genau die Strecke betreut, die diese drei Urteile des Bundesverwaltungsgerichts produziert hat. Verstanden haben wir es noch bis Viersen. Das war der Ort, wo wirklich die Grenze der abgebrochenen Gleise lag. Dann kamen Albrecht und andere, da hat man sich so hingehangelt und hat gesagt, wir gucken mal, wie es nach Uelzen aussieht. Da haben wir vorgetragen: Da war die ganze Zeit Verkehr, da war die ganze Zeit Betrieb. Zugegebenermaßen wenig Betrieb, aber es war Betrieb, d.h. da war eine tatsächliche Vorbelastung gewesen und nicht nur eine plangegebene Vorbelastung. So und jetzt geht es weiter. Die Strecke hört ja nicht in Uelzen auf, die geht über Langewedel weiter bis Bremen, Die wird auch irgendwann einmal reaktiviert werden. Wie stellen Sie sich denn dazu? In Ihrem Vortrag hatten Sie nur Stellung genommen zu den teilungsbedingt stillgelegten Strecken, wie ist es jetzt mit den nicht teilungsbedingt stillgelegten Strecken? Und zu Ihrem Einwand noch, Herr Professor *Ronellenfitsch*, wir haben das in den Erörterungsterminen durchaus gemacht, wir haben die Präambel des Grundgesetzes einmal kurz zitiert und sind dann natürlich fast des Saales verwiesen worden. Die Verfassungsrealität an der ehemaligen deutschen Grenze wurde dort ganz anders gesehen, als Sie es eben zitiert haben. Aber sicher, wir haben es versucht!

Fislake:

Das schließt sich eigentlich ganz an den Beitrag von Herrn *Hinrichs* an. Unter einem verfassungsrechtlichen Aspekt will ich darauf hinweisen, dass ich diese Rechtsprechung von Ihnen, ich sage einmal ein bisschen zurückhaltend, "kritisch begleitet" habe, begleiten durfte. Ich sehe allerdings ein ganz eisenhartes verfassungsrechtliches Problem. Man kann das nämlich auch alles ganz anders sehen, ganz umgekehrt darstellen. Diejenigen, die 40 Jahre an einer stillgelegten Bahnsteiglinie gewohnt haben, und Sie sprachen gerade von "Friedhofsruhe", die hatten Vorteile. Diejenigen, die 40 Jahre an einer stark befahrenen Strecke leben durften, die hatten Vorteile. Diejenigen, die 40 Jahre an einer stark befahrenen Strecke leben durften, wo die vermeintlichen Werte 70/60 dB/A längst erreicht, überschritten werden usw., die werden nach dem jetzigen System des Lärmschutzes nicht mit Lärmschutz versorgt. Da kommt nur die Hilfe über Lärmsanierung in ganz kritischen Fällen, und diese kritische Fälle werden mindestens noch ein Jahrzehnt abzuarbeiten sein, bevor wir auf ein Niveau kommen, dass diese Leute, die nicht durch die Teilung privilegiert waren, jetzt einen Lärmschutz erhalten haben. Ich habe ein großes Problem, an anderen Strecken, an denen Tag und Nacht, vor allem nachts, Eisenbahnbetrieb stattfindet, diese Rechtsprechung zu verkaufen. Dort wird mir nämlich gesagt, diejenigen, die 40 Jahre Ruhe gehabt haben, kriegen jetzt Lärmschutz und wir, die 40 Jahre Krach erlebt haben, wir kriegen gar nichts. Herr *Ronellenfitsch*, von wegen "verfassungsrechtliches Gelabere"! Da wird es in der Tat einmal spannend zu fragen: "Ist das eigentlich noch gerecht?" Jetzt sind wir natürlich schnell bei der Politik. Aber ich will nur einmal darauf hinweisen, dass die Situation auch genau andersherum hätte beurteilt werden können.

Hien:

Also die erste Frage von Herrn *Hinrichs*: Wie weit soll es denn gehen? Die haben wir uns auch natürlich gestellt und in der Sache Uelzen jetzt dahingehend beantwortet, dass die teilungsbedingte Rechtssprechung auf den in der Fernverkehrswegebestimmungsverordnung genannten Stecken zwar bis zu den Knoten der Hauptverkehrstrecken westlich der innerdeutschen Grenze anwendbar ist. Also nicht bis zu den Wegen, sondern bis zu den Knoten des Hauptfernverkehrs. Das haben wir so hineingeschrieben, da haben wir auch lange darüber nachgedacht. Natürlich ist die Grenzbestimmung in der Tat schwer. Im Grunde hängt das mit der Wertung zusammen, wie Herr *Fislake* jetzt sagt. Wenn man die Wertung einmal jetzt so getroffen hat, dass die Leute durch die Teilung nicht nur Glück hatten, sondern dass sie jetzt auch eben Unglück haben, dann ist dieses Unglück sozusagen, einigungsbedingt. Das gilt auch für die Frage, ob ein wichtiger Knoten besteht. Da kam es uns eben auch nicht so darauf an zu sagen: Die Betroffenen hatten in den Fällen Glück. Da war zwar eine Strecke, die von Fracht befahren wurde, aber die Bahn tut so, als sei da nichts. Die Bahn wird gemeint haben, darauf kann es nicht ankommen, sondern es sei ja eigentlich ein teilungsbedingt deutlich, ganz deutlich verminderter Verkehr - es war wirklich deutlich reduzierter Verkehr -, aber es hat immer einer stattgefunden. Hierzu haben wir gemeint, das kann nicht der Unterschied sein, ob es jetzt ganz still war oder ein ganz reduzierter Lärm verursacht wurde. Der Gesichtspunkt, dass wir vierzig Jahre nicht mit der Verkehrsbelastung rechnen konnten oder mussten, schlägt auch da durch. Ich gebe Herrn *Fislake* völlig Recht. Als der Oberbundesanwalt allerdings in einer mündlichen Verhandlung diesen Satz sagte: "Was wollt Ihr eigentlich, Ihr hattet doch Glück vierzig Jahre!" da wäre er fast gelyncht worden! Also, die Lage im Grenzgebiet kann nicht ausschlaggebend für die Entscheidungsfindung sein, aber sie stand sicher auch so ein bisschen im Hintergrund: Keiner wusste, wie mit teilungsbedingt brachliegendem Bahngelände umzugehen war, selbst wenn es rechtlich sozusagen noch festgeschrieben war. Die Bahn selbst hat in allen Fällen, in denen Anfragen von Gemeinden bezüglich Baugebietsausweisungen oder Baugenehmigungen vorlagen, mit Recht gesagt: "Bitte, ich habe nichts dagegen!" Warum soll sie auch? Auch die Bahn ging in diesen Fällen nicht davon aus, dass die Umgebung des Bahngeländes von Bebauung freigehalten werden musste. Und wenn man das alles zusammen sieht, führt die Interessenabwägung dazu, dass man sagt: "Ihr kriegt keinen vollwertigen Lärmschutz nach der 16. BImSchV, aber Ihr kriegt einen Schutz, der Euch vor Grundrechtsbeeinträchtigung absichert". Da ist vom Ergebnis her, glaube ich schon, eine sehr weise Entscheidung getroffen worden.

Anmerkung:

Ich bin vom Eisenbahn-Bundesamt. Ich war auch an dieser Strecke bzw. an der Planfeststellung dafür. maßgeblich beteiligt. Zu dem letzten Punkt, den Sie in Ihrer Ansprache erwähnten. Es war so, dass die Planfeststellung eben gerade nicht kausal für den fürchterlichen Lärm war. Dann hätten wir durchaus auf die gesamte Planfeststellung verzichten können und die Strecke so, wenn auch ohne elektrische Traktion in Betrieb nehmen können. Das hätte den gleichen Lärm mit sich gebracht. Daher habe ich, na, ein gewissen Maß an Schwierigkeiten mit der Rechtsprechung.

Zinn:

Herr *Hien*, ich habe ein Problem mit der Beschränkung der Rechtsprechung auf die teilungsbedingten Fälle. Dieses Problem habe nicht nur ich, dieses Problem hat auch der VGH Baden-Württemberg, der im Fall der Ammerbuch-Bahn - die hier in Tübingen bekannt sein sollte - im Prinzip diese Grundsätze angewandt hat, was die Anwendbarkeit der 16. BImSchV angeht. Auch dort haben wir es mit einer Strecke zu tun gehabt, die weitgehend sozusagen stillgefallen war. Und auch dort war die Frage: Liegt eine Entwidmung vor, liegt Funktionsloswerden vor? Das heißt: Was Sie an Kriterien für Entwidmung, für Funktionsloswerden herausgearbeitet und judiziert haben, das entzieht sich der Beschränkung auf die teilungsbedingten Fälle. Das sind abstrakte Kriterien, die auch von anderen Gerichten - bei anderen Strecken sind ja die Verwaltungsgerichte erstinstanzlich zuständig - die auch von anderen Gerichten dann angewandt werden. Mich würde jetzt schon noch einmal die pragmatische Begründung dafür interessieren, wie Sie Ihre dargestellte Rechtsprechung auf solche Fälle beschränken wollen. Denn für mich ist der Rechtfertigungsgrund des Mantels der Geschichte kein pragmatisches Argument. Nur soviel dazu. Eine andere Sache noch nebenbei. Ich denke, dass die Rechtsprechung insoweit jedenfalls richtig ist, als es um die Grundrechtsgrenze geht, denn jeder gestalterische Spielraum einer Abwägung kann nur diesseits der Grundrechtsverletzung stattfinden. Wenn eine Grundrechtsverletzung in Rede steht, dann ist die planerische Gestaltungsfreiheit eigentlich nicht begrenzt, sondern gar nicht eröffnet.

Pätzold:

Ich sehe das auch so wie mein Vorredner. Ich denke, diese Kriterien müssen auch für die Wiederinbetriebnahme von Strecken in Westdeutschland gelten, und ich frage mich, wo ist der Vertrauenstatbestand des Anwohners einer stillgelegten Strecke? Wir haben das Problem bei einer Entscheidung des Oberverwaltungsgerichts Schleswig. Da hatte ein Bewohner eines Bahnhofsempfangsgebäudes gegen die Wiederinbetriebnahme des Bahnsteigs als Haltepunkt geklagt und ist unterlegen, weil es eben keinen konkreten Vertrauenstatbestand gibt, auf den man sich berufen kann, und das muss bei Strecken im Westen auch gelten, nicht nur bei den politisch bedingten Unterbrechungen.

Hien:

Zu der Frage von Herrn *Zinn* bezüglich der Kausalität: Natürlich ist das ein Problem. Sie hätten rein technisch so vorgehen können, dass Sie die Strecke ohne Planfeststellung auch nutzen. Ja, mit dieser Traktion, da wäre keine Planfeststellung notwendig gewesen. Dann wäre der Verkehr zwei Jahre gerauscht, und dann wären die anderen Modifizierungen nicht so deutlich. Vielleicht hätten Sie auch Verkehrserhöhung, für die Sie dann eine Planfeststellung gebraucht hätten. So haben sie jedenfalls eine gebraucht, um mit einer Gesamtmaßnahme wieder in Betrieb zu gehen. Und darauf bezog sich die Entscheidung. Kausalität im strengen planungsrechtlichen Sinn, da haben Sie Recht, war eigentlich nicht da. Zur plangegebenen Vorbelastung haben wir gemeint, dass kann man nicht sozusagen rein fiktiv rechtlich bewerten kann. Tatsächlich war der Lärm zuvor nicht da, und tatsächlich hat durch diese Maßnahme der Lärm in einem ganz erheblichen Maße zugenommen. Selbst wenn einem das nicht als Argument ausreicht, bleibt doch zu sehen, dass der Staat durch die Planfeststellung, einen Betrieb, auch wenn er planungsrechtlich schon sozusagen über dem Bahngelände schwebt, gleichwohl erst realisierbar macht. Durch die Planfeststellung verfestigt der Staat eine Situation. Wenn er bei einer solchen Verfestigung dieser Planfeststellung bedarf, und bei der Abwägung dann keinen Gedanken daran verwendet, ob Grundrechte beeinträchtigt sind, das ging uns zu weit. Dann muss, wie Sie sagten, zumindest eben die Grundrechtsgrenze eingehalten werden. Aber ich gebe zu, die Kausalität hat ihre Probleme. Sie ist nur dann zu bejahen, wenn ich auf die tatsächliche Vorbelastung überhaupt wieder umsteige. Wenn ich bei der plangegebenen Vorbelastung bleibe, habe ich keine Kausalität. Die andere Frage: Kann man denn teilungsbedingte Streckenstilllegungen abgrenzen, kann man Ostfälle und Westfälle unterscheiden? Um es ganz kurz zu sagen: Wir hatten noch nicht die Gelegenheit, das an einem konkreten Fall zu erproben. Aber es war mein Anliegen, zu sagen: "Kameraden, diese Konstruktion, die Ihr da gewählt habt, also kein § 41 BImSchG, keine 16. BImSchV, aber über die Abwägung öffnen wir Ihnen den Weg in den Grundrechtsschuhe, das ist eine Lösung für diese teilungsbedingten Fälle. Da ist dann auch eine Interessenabwägung sinnvoll. Aber das haut uns die Dogmatik vielleicht kaputt, wenn wir es generell so machen. Also schränken wir die Rechtsprechung auf die teilungsbedingten Fälle ein." Ob und wie das dann klappt, das wird sich zeigen. Aber, es gibt natürlich Anhaltspunkte, und das ist das, was auch Herr *Ronellenfitsch* sagt. Wir hatten hier bei dieser teilungsbedingten Stilllegung doch Sonderprobleme; die Bahn hat Bahngelände nicht aus Jux und Tollerei liegengelassen, sondern sie konnte nicht anders, als diese Entwicklung hinzunehmen, und es war immerhin im Grundgesetz das Vereinigungsbestreben deutlich verankert. Das ist eine andere Situation und vor diesem Hintergrund will ich schon sagen, Sie haben Recht, das Vorgehen ist als solches dogmatische nicht abgesichert. Aber wir haben es in der Juristerei nie mit Mathematik zu tun, sondern letzten Endes immer auch mit Interessenbewertung. Und da müssen wir dann den Fall genau anschauen. Warum ist in Westdeutschland der Betreiberschutz sage ich mal, nach 40 Jahren hinfällig? Da würde ich sagen, wenn die Bahn alles liegen gelassen hat, dann kann sich vielleicht doch - nach 40 Jahren! - die Umwelt darauf einstellen, dass es so bleiben sollte. Also, jetzt kommt eine These mit oder Prognose von mir: Die bisherige Rechtsprechung gilt nur für die teilungsbedingten Fälle. Sonst sind wir härter oder sogar milder, wie Sie wollen, für den Bürger milder und für die Bahn härter. Wenn Gelände zwanzig Jahre einfach mit Unkraut überwuchert ist und nichts mehr genutzt wird, und hinterher sage ich: Das ist aber alles noch pico bello, planungsrechtlich stimmt alles noch, und Sie nehmen die Trasse wieder in Betrieb, also dann weiß ich nicht! Da muss man sich dann diese Fälle konkret einmal anschauen. Aber wir haben auch in der ersten Entscheidung keine Abgrenzung vorgenommen. Insofern haben Sie natürlich völlig recht, dass es für Unterscheidungen keine Anhaltspunkte gibt. In der neueren Entscheidung haben wir es ausdrücklich gesagt, dass wir in den sogenannten West-Fällen bei der Funktionslosigkeit andere oder sagen wir einmal, nicht diese rigorosen Maßstäbe anwenden werden. In den Ost-Fällen gibt es praktisch gar keine Entwidmung, so etwas gab es auch nicht, weil die DDR diese Entwidmung nicht kannte.

Anmerkung:
Das war eben nur ganz kurz zur Gleichschaltung für Ost und West. Da sollte man jedenfalls ein bisschen vorsichtig sein, denn wir haben ein baurechtliches Vergleichsproblem. Wenn wir hier nämlich darüber reden, ob hier in Westdeutschland, sagen wir mal in Karlsruhe, vierzig Jahre eine Strecke stillgelegen hat und man die genauso wieder in Betrieb nehmen möchte wie in der Beuzenburg-Entscheidung für ostdeutsche Strecken, dann muss man wohl doch sehen, dass es auch hier um Bestandsschutz geht. Unter Bestandsschutzgesichtspunkten diskutieren wir zu Art. 14 GG das, was wir im Öffentlichen Baurecht beim privaten Bauherren kennen. Da gibt es eine eisenharte Rechtsprechung, auch des 4. Senats des BVerwG, zu der Frage, wann der Bestandschutz fortfallen kann. Stichwort: Andere Statik, andere Nutzung! Dann ist der Bestandsschutz weg, und das geht teilweise fristenmäßig rigoros. Ich darf an die Sonderregelungen in § 35 BauGB erinnern, unter welchen Voraussetzungen jemand eine abgebrannten Bude unter Bestandsschutzgesichtspunkten wieder aufbauen darf; da sind ihm ganz wenige Jahre gesetzt worden. Und wenn Sie jetzt dreißig, vierzig Jahre der Bahn zugute kommen lassen wollen oder vielleicht noch mehr unter Bestandschutzgesichtspunkten in Abgrenzung dann zum Bauplanungs- und Bauordnungsrecht mit den wenigen Jahren, dann wird es spannend! Vor diesem Hintergrund geht es mir eigentlich darum, dass man, wenn man eine Differenzierung vornimmt, vom normalen Baurecht her oder zum normalen Baurecht, zu den kurzen Fristen oder zu der rigorosen Rechtsprechung zum Bestandsschutz, wenn man diese Unterscheidung haben will, bitteschön einen plausiblen, rechtsdogmatisch sauberen Unterschied herausbringen soll. Ich kenne ihn noch nicht, ich weiß überhaupt nichts! Ich weiß auch nicht, ob Ihre Lösung oder eine andere

richtig ist. Ich will nur sagen, wenn man in Zukunft über Bestandschutz bei Ost-West-Eisenbahnlinien reden will, dann muss man auch die Harmonisierung mit dem Begriff des Bestandsschutzes aus Art. 14 GG hinbekommen, denn eins darf man auch nicht vergessen: Was nutzt mir eine Planfeststellung, ein Planfeststellungsbeschluss, den ich vierzig Jahre lang habe dann sozusagen brachliegen lassen. Im Baurecht nutzt mir eine Baugenehmigung nichts, die ich bekommen habe, aber wenn die Bude abgebrannt ist oder weg ist, dann war es das. Auch das Leerstehen von Wohnraum, wenn ich einen Wohnraum leer stehen lassen kann, ja, da wurde mir auch schon der Bestandschutz abgesprochen. Also, das ist ein ganz heißes Thema!

Frage:

Herr *Hien*, vielleicht können Sie mir kurze Einschätzung dazu geben, wie der 11. Senat das BüG (besonders überwachtes Gleis) sieht unter dem Thema "Berechnung". Wann berechnen wir das? Und zwar habe ich folgenden Fall im Kopf, dass die Bahn einen erheblichen Eingriff macht und gleichzeitig das BüG anwenden will. Was ist das BüG jetzt? Ist das BüG eine Fahrbahnart oder ist das BüG eine betriebliche Regelung des aktiven Lärmschutzes? Wir brauchen ja für die Fallgruppe der Nr. 1 das 3-Dezibel Kriterium der Erhöhung. Wenn die Bahn sagt, wir machen jetzt einen erheblichen baulichen Eingriff, verlegen die Gleise um einige Meter, wenden aber gleichzeitig das BüG an, dann bekommt ja mit dem BüG die 3 Dezibel wieder herunter, d.h. man wird in sehr, sehr vielen Fällen zu einer wesentlichen Änderung kommen. Das müssen schon ganz erhebliche bauliche Eingriffe sein, die also wirklich massiv an die Bebauung heranrücken, das bedeutet also für die Betroffenen, das sie zwar das BüG bekommen, aber nicht die Werte, die in der 16. BImschV vorgeschrieben sind. Also, ich lasse jetzt einmal die Fallgruppe des Überschreitens der 60/70 dB/A mal außer Betracht. Normalerweise wären ja in Wohngebieten 49/59 dB/A einzuhalten. Anders ist es aber, wenn man das BüG gleich von vornherein als Fahrbahn abrechnet, dann kommt man ja gar nicht zu wesentlichen Änderungen.

Hien:
Ja, ich will mal so sagen: Zunächst ist es keine betriebliche Regelung. Da würde schon Herr *Blümel* dagegen sein, dass wir in Planfeststellungsbeschlüssen betriebliche Regelungen anerkennen, Herr *Ronellenfitsch* wäre sicherlich dafür. Sagen wir einmal, wenn Sie eine Schallschutzwand bauen möchten, das wäre eine Schallschutzmaßnahme, dann müssen Sie vorher sagen: Was bringt der Verkehr an mehr Lärm, ja, und dann bauen Sie die Schallschutzwand. Und die drückt es wieder unterhalb die 3 dB/A. Verstehen Sie, Sie müssen sie trotzdem bauen. Also, von daher glaube ich, Sie müssen das schon erst einmal ohne das BüG berechnen, und dann das BüG als Schallschutzmaßnahme sozusagen einsetzen.

Einwurf:
Dass man das also als Schallschutzmaßnahme nimmt, um die Werte zu drücken? Die Verfügungslage ist allerdings anders!

Hien:
Ja, also dann will ich nur sagen: Es gilt das letzte Wort. Ich habe gewusst, dass die Abwägung ein zentrales Problem der Planung ist, nicht in dem Zusammenhang gesagt, sondern das war, dass man den Grundrechtsschutz, auch wenn dann § 41 BImSchG nicht greift, die 16. BImSchV nicht greift, trotzdem im Rahmen der Abwägung noch im Auge haben sollte. Für § 41 Abs. 2 BImSchG, für die Verhältnismäßigkeitsprüfung bleibt es dabei, das ist eine Gewichtung, ja, Sie wollen mich ideologisch festlegen, das können Sie aber nicht; ich kann mich da nur wiederholen, ich sage nicht, das ist eine Abwägung, sondern ich sage, das ist

ein Spielraum, der jeder Behörde verbleibt, um einen Lärmschutz von selbst zu entwickeln, was dem aktiven Lärmschutz den gebührenden Vorrang einräumt. Da gibt es mehrere richtige Lösungen, d.h. einen Spielraum. Wie man den nun nennen mag? ich würde sagen: "Beurteilungsspielraum", am ehesten. Ja.

Anmerkung:

Zu Unzulänglichkeiten führt, wenn man jetzt mal überlegt, eine Strecke Aufbau Ost und ein Abzweig, da wurde noch nicht aus finanziellen Gründen mit dem Wiederaufbau begonnen. Ist der Joker des Wiederaufbau Ost in dem Moment jetzt verwehrt und man sagt, die Strecke, der Abzweig, der bisher noch nicht angefasst wurde, würde dann automatisch funktionslos und wenn der in 5 Jahren angefasst wird, gilt dann das Gleiche wie Aufbau West, also d.h. wir müssen an Schallschutz und die 16. BImschV denken. Ich denke, dass man da zu Unzuträglichkeiten kommt und auch im Hinblick auf die möglicherweise anstehende Wiederinbetriebnahme für öffentlichen Personennahverkehr finde ich das doch sehr bedenklich, dass man bei einer Streckenstilllegung von 10-15 Jahren, bei der sich dann nach 10 Jahren vielleicht wieder ein Betreiber findet, zur 16. BImSchV käme. Wieder: Wo ist da der Vertrauenstatbestand des betroffenen Anwohners?

Anmerkung:

Herr Geiger, ich möchte einen Punkt aufgreifen: Sie hatten außerhalb des Protokolls gesagt, dass die Entscheidung zur diesem Thema nicht einheitlich ergangen ist. Minderheitsheitsvoten läuten ja häufig auch vielleicht einmal eine neue Rechtsprechung ein, und möglicherweise haben Sie in dem Zusammenhang gesagt, dass auch ein Gedanke im Senat gewesen sei, die 16. BImschV bzw. dann auch § 41 BImSchG verfassungskonform auszulegen, um solche Extremsituationen, in denen es zu einer Aushöhlung entweder des Eigentums oder vielleicht sogar zu einer Gesundheitsbeeinträchtigung kommt bei solchen Wiederinbetriebnahmenfällen, zu vermeiden. Diesen Weg halte ich weder für geboten noch möglich, also eine verfassungskonforme Auslegung der 16. BImSchV oder des Immissionsschutzgesetzes, weil das Immissionsschutzrecht Beeinträchtigungen weit unterhalb der Schwelle der Grundrechtsbeeinträchtigungen verhindern soll. Der immissionsschutzrechtliche Abwehranspruch ist ja ein einfachrechtlicher, und die Grenzwerte, die dort festgelegt sind, sind deutlich unterhalb den Werten, die im Zusammenhang mit der Enteignungsschwelle diskutiert werden, d.h. ich denke nicht, dass man dann, um Grundrechte zu sichern, gleich auf das sehr komfortable, sage ich jetzt mal, Schutzniveau des einfachrechtlichen Immissionsschutzrechtsanspruches zurückgehen muss und auch nicht soll.

Zweiter Punkt: Selbstverständlich ist es richtig, dass der Staat keine Grundrechtsverletzung begehen darf, das ist eine Selbstverständlichkeit. Richtig ist aber sicherlich auch, dass das Eigentumsgrundrecht gerade ein solches ist, das natürlich sehr vom Inhalt abhängt, es ist situationsgeprägt, wie man sagt. Es gibt Fälle, in denen Wohngebäude an bereits längst bestehende Bahnstrecken herangebaut werden, man sozusagen "sehenden Auges" in eine grundrechtsgefährdende Situation hineingeht. Diese Fälle sind natürlich auch unter Grundrechtsschutzgesichtspunkten deutlich weniger schutzwürdig als z.B. im umgekehrten Idealfall, dass ich irgendwo im Grünen wohne, völlig ungestört von Lärm bin, und jetzt nunmehr erstmals irgendwo eine Infrastruktur an mich heranrückt. Da ist die Situationsgebundenheit der konkreten Grundrechtsposition eine völlig andere, und deswegen halte ich es vom Ansatz her für völlig richtig, hier an dem Punkt - und situationsgeprägt heißt ja zunächst eben tatsächlich situationsgeprägt und nicht so sehr planrechtlich vorgeprägt - zu differenzieren, und so kann es aus meiner Sicht durchaus dazu kommen, dass bei ein und demselben Lärmwert, der auf ein Grundstück einwirkt, das eine Grundstück eben je nachdem

Diskussion zum Vortrag von Eckart Hien 23

dies zu dulden hat und ein anderes nicht. Deswegen meine ich auch, dass das Gericht insoweit, als hier faktisch ein Ruhezustand da war, eben eine andere Situation vorgefunden hat als in Fällen, bei denen schon lang Infrastruktur nebenher betrieben wird, und es ist auch nicht so sehr ein Gesichtspunkt "Vertrauensschutz", sondern das ist Inhalt des Eigentumsgrundrechtes oder eben auch Inhalt des Gesundheitsgrundrechtes, wobei auch bei der Gesundheit natürlich gilt: "Wer sich sehenden Auges selbst in eine grundrechtsgefährdende Situation hineinbegibt, genießt keinen Schutz". Vielleicht noch zum Thema, das war ja eigentlich die Prämisse der ganzen Wiederinbetriebnahmerechtsprechung, von der ausgehend man zum Fehlen der Planfeststellungsbedürftigkeit gekommen ist. Sie sagen ja, dass diese Strecken nicht entwidmet worden seien. Also, insoweit gehen Sie davon aus, dass die Dinge gewidmet sind, die Anlagen gewidmet sind und deshalb keine Planfeststellung erforderlich ist, kein Neubau und keine Änderungen usw. vorliegen. Dieses Rechtsinstitut der Entwidmung ist ja schon wiederholt Gegenstand dieser Veranstaltung gewesen, sie ist aus meiner Sicht bis heute noch nicht geklärt im Inhalt und im Umfang, es hat neulich in Kaiserslautern nochmals ein Seminar dazu stattgefunden, Herr Prof. Blümel hat in jüngerer Zeit auch ein Gutachten dazu geschrieben. Also mich würde einfach vielleicht jetzt auch abschließend als Frage interessieren, wie stark Sie diese Argumentationslinie für diese Wiederinbetriebnahmerechtsprechung, wie stark Sie diese Prämisse für die Zukunft einschätzen. Wird das halten in der Rechtsprechung des 11. Senats oder werden Sie künftig vielleicht dieses Rechtsinstitut der Widmung oder Entwidmung möglicherweise etwas anders betrachten?

Hien:

Zum letzten Aspekt sind gleich mit Ihren Ausführungen, was Sie zur Situationsgebundenheit des Eigentums und was wir da entscheiden müssen, je nachdem alle voll "d'accord". Das entspricht auch der Rechtsprechung des BGH, der auch sagt, dieser Wert macht 70, macht 60, wo der kritische Bereich so losgeht bei Wohngebieten, das darf man nicht als Skizzenwert nehmen, sondern dann kommt es immer noch auf die Umstände des Einzelfalls an. Wer sehenden Auge ist, muss mehr in Kauf nehmen, und da bin ich völlig einverstanden. Was wir künftig wie machen werden, ist absolut nicht voraussehbar. Wir hatten die Sache Uelzen, wo die Strecke offiziell von zweigleisig auf eingleisig reduziert worden ist, und wo es nun um die Frage ging, ist nicht das eine Entwidmung? Da hatten wir schon einen Leitsatz formuliert, und uns über die Formulierung eines solchen Leitsatzes nicht stimmig, griffig einigen können, so dass wir gesagt haben, das Problem ist nicht - auch von uns in solch einem Falle - ausreichend durchdacht, wir lassen es, wir machen es jetzt hier, es kam für uns nicht darauf an, so dass wir jetzt nicht in einem obiter dictum diese schwierige Problematik der Entwidmung weiter befördern konnten oder wollten. Meine persönliche Ansicht ist auch bei diesem Gleis, wenn die 16. BImSchV sagt, es ist eine wesentliche zusätzliche Änderung, wenn ein zusätzliches Gleis hinkommt, ja, es ist eine wesentliche Änderung. Dann würde ich sagen, wenn die Bahn gewollt und bewusst ein Gleis abgebaut hat, und nach fünfzehn Jahren baut sie es wieder hin, dann ist es gleich, ob das Entwidmung ist oder nicht. Und man muss das auch sehen, gleich zu Ihrem Einwand, wo ist der Vertrauensschutz bei Streckenstilllegung, was machen wir da? Ich würde sagen, - das ist jetzt aber wirklich meine eigene Meinung, - man kann so etwas nicht prognostizieren, wie sich die Rechtsprechung da entwickeln wird, der Sinn dieser Regelung, auch der 16. BImSchV, ist folgender: Es gibt keine generelle Lärmisolierung, aber da, wo ohnehin kräftig investiert wird, d.h. wesentliche Änderung, baulicher Eingriff, neuer Weg, da soll man das mit aufwaschen, den Lärmschutz mit erledigen, dann tut das sozusagen nicht so weh und da habe ich ohnehin eine erhebliche Investition und ein Bauvolumen, da mache ich es. Und das wäre sozusagen mein Ding, dann würde ich sagen, wenn eine Stilllegung lange genug war, dann ist es eben ein neues

Gleis und dann ist es eine wesentliche Änderung. Aber so haben wir nicht entschieden, das muss ich auch sagen, sondern wir haben auf die Widmung abgestellt. Das Gleis ist zwar abgebaut worden, aber die Fläche ist nicht entwidmet. Da sehe ich schon ein Problem, weil wie gesagt, von der Fläche kein Lärm ausgeht, von einem Bahnbetriebsgelände kein Lärm ausgeht, sondern vom Gleis. Wenn der Verordnungsgeber auf ein zusätzliches Gleis abstellt, dann kommt es für mich darauf an, ob er ein zusätzliches Gleis erstellt. Und wenn er das offiziell abbaut, dann ist es eben weg! Als Gleis. Ob die Fläche der kommunalen Planung vorgelegt wird, ist für mich unerheblich für die Lärmbelastung, und wenn er es hinbaut, hat er wieder ein neues Gleis gebaut. Das würde ich für eine stringente Lösung halten, aber ob das jemals so kommen wird, ist vollkommen offen. Aber, eben Ihr Beispiel, als Sie sagten, da ist ein Abzweig und so weiter, da müsste man erst einmal ganz konkret wissen: wo, wie, was, warum; das kann man nicht so sagen, wann wäre das so.

Hien:

Herr *Fislake*, ich wollte noch einen Satz zu Ihrer vorherigen Frage sagen. Sie fragten: Was sage ich denn Leuten, bei denen Tag und Nacht eben der Lärm durchgeht? Also was ich den Leuten sagen würde, wüsste ich schon. Ich würde sagen: Klagt vor dem Zivilgericht. Der BGH akzeptiert das und er sagt, es kommt überhaupt nicht darauf an, warum sich der Lärm erhöht hat. Wenn er über diese Grenzwerte geht, dann besteht ein zivilrechtlicher Schutzanspruch, ja. Daher würde ich mich als Anwalt in Bürgerversammlungen betätigen und sagen: Kameraden, habt Ihr schon mal die BGH-Rechtsprechung gelesen?

Anmerkung:

Also es ist völlig richtig, was Dr. Fislake sagt. Es steht natürlich in der Fußnote oder ist angeben bei der Tabelle zu Fahrbahnarten bis zu Faktor D, F, B, überhaupt kein Thema, aber man muss nicht immer gleich zum Minister rennen, man kann es vielleicht auch diskutieren. Ich habe einen Punkt, der mich so ein bisschen ins Zweifeln bringt. Im Vergleich zu den traditionellen Fahrbahnarten gibt es durchaus betriebliche Umstände, will ich mal sagen, also eine Fahrbahnart Holzschwelle, Rasenbrett, Betonschwelle, und das ist was Solides, und die Leute wissen, was sie haben. Genauso bei einem Lärmschutzwall. Gut, die Lärmschutzwand ist jetzt keine Fahrbahnart. Aber es muss gemessen werden, da muss kontrolliert werden, da gibt es durchaus betriebliche Anhaltspunkte oder anders, es gibt eine betriebliche Regelung. Deswegen meine leisen Zweifel. Ich will das schon noch gerne zur Diskussion stellen. Wie gesagt, es ist überhaupt kein Thema, es steht in der Tabelle bei den Fahrbahnarten. Das ist gar kein Thema!

Fislake:
Als Jurist ist man ja einfach strukturiert, aber dass eine feste Fahrbahn beispielsweise oder Schotterbettbetonschwelle einfach mal so hingelegt wird und dann "Friede, Freude, Eierkuchen", kein Betrieb mehr, das stimmt ja gar nicht! Die wird ja auch überwacht und betrieblich kontrolliert. Ich denke an das oberbautechnische Schleifen, und, und, und. Vor diesem Hintergrund scheint mir diese Abgrenzung nicht konsequent zu sein.

Ronellenfitsch:
Nutzen Sie die Chance, so oft haben Sie nicht die Gelegenheit, den Vizepräsidenten des Bundesverwaltungsgerichts im Hinblick auf die Rechtsprechung anzugehen. Nutzen Sie die Chance. Wir wollen hier nicht nur eine Wiedervereinigungsdiskussion geführt haben; denn das sind Dinge, die allmählich auslaufen. Lange können wir uns nicht mehr hinter der Sondersituation verschanzen und

dann stellt sich die Frage: Wie geht es weiter? Und dann sind Prognosen über die künftige Rechtsprechung natürlich von größtem Interesse.

Herr *Hien*, ich danke Ihnen ganz herzlich für Ihren interessanten Beitrag.

Michael Ronellenfitsch

Der Netzzugang fremder Verkehrsträger zu eisenbahnrechtlich gewidmeten Hafenanlagen

I. Einleitung

1. Zweck des Referats

Die 1995 aus der Taufe gehobenen Tagungen zu „Aktuellen Probleme des Eisenbahnrechts" sollen dem *ständigen Dialog* und der Begegnung zwischen Verwaltungspraxis, Wissenschaft und Rechtsprechung dienen[1]. Ein fortgesetzter Dialog erleichtert Lernprozesse und verhindert, dass dogmatisch aus der Hand in den Mund gelebt wird. Die Themenauswahl ist bei aller Aktualität um *Kontinuität* bemüht. Das vorliegende Thema ist in diesem Zusammenhang zu sehen. Auf den ersten Blick betrifft es lediglich ein singuläres Randproblem. Bei näherem Zusehen geht es jedoch um Grundfragen des Eisenbahnrechts, die wir in diesem Kreis intensiv diskutiert haben und die uns in Zukunft weiter beschäftigen sollten. Nicht um nachzukarren, sondern im Interesse der Kontinuität möchte ich an Beiträge zu den vergangenen Tagungen anknüpfen und dort vorgetragene Gedanken weiterführen. Zugleich ist es mein Anliegen, zur vertieften Erörterung der sogleich zu beschreibenden Problematik auf *künftigen Tagungen* anzuregen. Auf einen einfachen Nenner gebracht geht es darum, den auch im Eisenbahnwe-

---

[1] Vgl. *Willi Blümel / Hans-Jürgen Kühlwetter*, in: dies, (Hrsg.), Aktuelle Probleme des Eisenbahnrechts (I), Speyerer Forschungsberichte 160, 1996, S. IX.

sen vagabundierenden *Wettbewerbsgedanken* nicht nur den Kartellrechtlern zu überlassen, sondern eisenbahnrechtlich zu umhegen.

Das *Verhältnis von Wettbewerbsrecht (Kartellrecht) und Eisenbahnsachenrecht* wurde bislang auf den einsenbahnrechtlichen Fachtagungen noch nicht ausdrücklich thematisiert. Das Thema lag aber in der Luft und wurde vielfach am Rande gestreift.

Das erlaubt es mir, auf die planfeststellungs- und widmungsrechtlichen Diskussionen zurückzugreifen.

In meinem Beitrag „Das neue Eisenbahnplastfeststellungsrecht" hatte ich den Planfeststellungsbeschluss als besondere Form einer Baugenehmigung bezeichnet, der *weitergehende Wirkungen* zukommen als einer schlichten Baugenehmigung[2]. Die weitergehenden Wirkungen sind die Konzentrationswirkung und, da die Errichtung der Eisenbahninfrastruktur zur Daseinsvorsorge zählt, enteignungsrechtliche Vorwirkungen.

Mit der Eisenbahninfrastruktur ist der Gegenstand der Planfeststellung angesprochen, die *Betriebsanlagen der Eisenbahn*. Wir stritten lange, ob durch den Zusatz der für den „Betrieb der Schienenwege notwendigen Anlagen" in § 18 Abs. 1 Satz 1 AEG eine Änderung gegenüber der Rechtslage nach § 36 BBahnG eingetreten ist, die es ermöglichen würde, bei den modernen Bahnhöfen überlappende Zuständigkeiten anzunehmen. Die reservierte Aufnahme meines *Verbundmodells* beim „Bahnhof 2000"[3] hat mir gezeigt, dass –

---

[2] *Michael Ronellenfitsch*, Das neue Eisenbahnplanfeststellungsrecht, in: Blümel / Kühlwetter, Aktuelle Probleme des Eisenbahnrechts I, S. 27 ff. (S.40 f.)

[3] *Michael Ronellenfitsch*, „Bahnhof 2000", in Blümel / Kühlwetter, Aktuelle Probleme des Eisenbahnrechts II, Speyerer Forschungsberichte 175, 1997, S. 213 ff. (255 ff.)

wie immer – griffigere Lösungen die größeren Durchsetzungsaussichten in der Praxis haben, mögen sie dogmatisch noch so falsch und letztlich auch unpraktikabel sein. Griffig *und* richtig dürfte aber nunmehr die These sein, dass jedenfalls die nach § 18 AEG zugelassenen Anlagen Betriebsanlagen der Eisenbahn sind und es bis zu ihrer Entwidmung bleiben.

Aus der Formulierung "dem Betrieb der Schienenwege dienende Anlage" leite ich außerdem zweierlei ab:

Erstens, dass auch der eisenbahnrechtliche Planfeststellungsbeschluss *betriebliche Festsetzungen* enthalten kann[4].

Zweitens, dass die Konzentrationswirkung des Planfeststellungsbeschlusses auch die *Widmung* der Bahnanlagen umfasst[5]. Die Gegenposition etwa von *Blümel*[6] hat zwar viel für sich. Insbesondere ermöglicht sie eine flexiblere Disposition über Bahngelände. Man mag auch gesetzgeberisch eine eigenständige Widmungsregelung treffen. Flexibilität ist aber zweischneidig. In einer toleranten Ehe können beide Partner fremd gehen[7]. Ich halte deshalb daran fest, dass die Widmung von Betriebsanlagen der Eisenbahn im Planfeststellungsbeschluss erfolgt. Andernfalls schleift man einen Verteidigungsring um das öffentliche Sachenrecht

---

[4] *Michael Ronellenfitsch,* Die Betriebsplanfeststellung, in: Ronellenfitsch / Schweinsberg (Hrsg.), Aktuelle Probleme des Einsebahnrechts V, 2000, S. 101 ff.

[5] *Michael Ronellenfitsch,* Einführung in das Planungsrecht, 1986, S. 118; *ders.,* Die Wiederinbetriebnahme von Eisenbahnstrecken, VerwArch. 1993, 537 ff. (548).

[6] Fragen der Entwidmung von Eisenbahnbetriebsanlagen, Spey. Forschungsberichte 203, 1999, S. 38 ff.

[7] Vgl. plastisch das Lied von *Barbara Mandrell,* Married but not to each other (D. La Salle/ F Miller) © BMI.

der Eisenbahnen, das gegenwärtig ohnehin Gefahr läuft, kartellrechtlich aufgerollt zu werden.

2. Problemstellung

Fraglich ist, ob mit Mitteln des Wettbewerbsrechts Eisenbahninfrastrukturunternehmen gezwungen werden können, fremden Verkehrsträgern eine bahnfremde Nutzung ihrer Infrastruktur zu gestatten und ggf. durch bauliche Änderungen zu ermöglichen. Abstrakter formuliert: Sind die *Aufgaben und Zuständigkeiten von EBA und Kartellbehörden* i.S.v. § 14 Abs. 5 AEG notwendig *gleichgerichtet* oder können sie auch *gegenläufig* sein?

3. Ausgangsfall

Die Problemstellung ist kein theoretisches Hirngespinst. Eine bahnfremde Nutzung von Schienenwegen ist zwar schwer vorstellbar. Schon bei Brücken sieht die Situation anders aus. Moderne Bahnhöfe werden zu einem erheblichem Teil bahnfremd genutzt. Am schwierigsten ist die Situation schließlich bei einsenbahnrechtlich gewidmeten *Häfen* für Eisenbahnfähren. Diesen Grenzfall benutze ich als Ausgangsfall.

II. Puttgarden-Streit

1. Sachverhalt

a) Ausgangslage
Dem Verkehr zwischen Deutschland, Dänemark und Skandinavien über die Ostsee stehen mehrere Verkehrsverbindungen zur Verfügung. Seit 1997 wird für den Eisenbahnverkehr vor allem die Brücke über den Großen Belt genutzt.

Fortbestand hat aber auch der Eisenbahn-Fährdienst auf der Strecke Puttgarden / Rödby (Vogelfluglinie). Allerdings wurde im Mai 1997 die Trajektierung von Güterzügen eingestellt, die von Personenzügen auf täglich zwei Ganzzüge eingeschränkt. Als Ausweichmöglichkeit kann der Eisenbahnfährdienst aber erweitert werden. Befördert werden gegenwärtig überwiegend Kraftfahrzeuge und Personen.

Die Fährhäfen in Puttgarden / Fehmarn und Rödby / Lolland sind 1963 von der Bundesrepublik Deutschland und dem Königreich Dänemark zur Gewährleistung einer direkten Verbindung zwischen Hamburg und Kopenhagen über den 18 km breiten Fehmarnbelt errichtet worden. Die Genehmigung des Fährhafens Puttgarden erfolgte als Bauabschnitt Va der Vogelfluglinie durch Beschluss vom 21. August 1962. Im Bauwerksverzeichnis wurde nicht nur der Hafen genau umgrenzt, sondern auch festgelegt, dass der Bundesbahnfährhafen für den Eisenbahn- und Kraftwagentrajektionsverkehr bestimmt sei. Dem Planfeststellungsbeschluss ist die Auflage beigefügt, dass der Gemeingebrauch am Meeresstrand und an der dem Meeresstrand vorgelagerten Wasserfläche im näher bezeichneten Bereich des Fährhafens aufgehoben sei.

Eigentümerin des Fährhafens Puttgarden ist die Firma Scandlines Deutschland GmbH; Eigentümerin des Fährhafens Rödby der staatliche dänische Fährbetrieb Scandlines A/S. Der überwiegende Teil der auf dem Hafengelände in Puttgarden befindlichen Gleis- und Bahnhofsanlagen verblieb im Eigentum der DB AG.

Die Scandlines Deutschland GmbH wurde 1993 als Deutsche Fährgesellschaft Ostsee mbH (DFO) zu dem Zweck gegründet, die beiden deutschen Bahnen im Ostseeraum auf privatwirtschaftlicher Grundlage zusammenzuführen. 1994 übernahm die Deutsche Bahn AG sämtliche Anteile der DFO. 1998 gründeten die Deutsche Bahn AG und das Königreich Dänemark eine gemeinsam beherrschte Holdinggesellschaft unter der Firma Scandlines AG, der sämtliche Anteile der DFO und der Scandlines A/S übertragen wurden.

Scandlines Deutschland und Scandlines A/S betreiben gemeinsam mit 48 Fährschiffen insgesamt 24 Fährverbindungen von und nach Deutschland, Skandinavien und dem Baltikum und verfügen über das dichteste Routennetz der südlichen Ostsee.

Die Fährroute Puttgarden / Rödby ist dabei mit insgesamt jährlich rund 6 Mio. Passagieren, 950.000 Pkws, 34.000 Bussen und rund 265.000 LKW bei weitem die aufkommensstärkste Fährroute zwischen Deutschland und Skandinavien. Die Öffnung der Öresund-Brücke dürfte zu einem erheblichen Anstieg des Verkehrsaufkommens führen.

Einzige Anbieter des Fährbetriebs sind bislang Scandlines Deutschland und Scandlines A/S.

b) Konkurrentenstreit

Ein norwegisches Fährunternehmen und ein dänisch-schwedisches Konsortium beabsichtigen einen eigenen, stündlich verkehrenden Fährdienst für Passagiere, Pkw, Busse und Lkw zwischen Puttgarden und Rödby aufzunehmen. Unabhängig voneinander begehrten sie 1997 von der Scandlines Deutschland das Recht zur Mitbenutzung der land- und hafenseitigen Infrastruktur des Fährhafens Puttgarden und forderten in diesem Zusammenhang Umbaumaßnahmen an vorhandenen, größtenteils aktuell aber nicht mehr genutzten Eisenbahnbetriebsanlagen. Beide Begehren lehnte Scandlines Deutschland ab. Hiergegen reichten die Fährunternehmen Beschwerde bei der EU-Kommission ein. Die Kommission verwies die Unternehmen an das Bundeskartellamt und teilte diesem mit, dass der Fall durch die deutschen Kartellbehörden übernommen werden könne. Daraufhin legten die Unternehmen beim Bundeskartellamt förmliche Beschwerde wegen Verweigerung des Zugangs zum Fährhafen Puttgarden durch die Scandlines Deutschland und die DB AG ein.

c) Bundeskartellamt

Im Januar 1998 unterrichtete die Beschlussabteilung des Bundeskartellamtes die Beschwerdegegner, dass sie ein Verfahren nach Art. 82 EGV (jetzt Art. 82 EG) i.V.m. dem GWB wegen des Verdachts des Missbrauchs einer marktbeherrschenden Stellung eingeleitet habe.

Im Juni 1998 bat das Bundeskartellamt das EBA, um die eisenbahnrechtlichen Fragen des Verfahrens zu „erhellen", um folgende Auskünfte:

(1) Unter welchen Voraussetzungen können die von der DB AG/DFO zur Zeit nicht genutzten Anlagen im Fährhafen Puttgarden einer Nutzung als Vorstellfläche zugeführt werden? Insbesondere:
Ist es hierfür erforderlich, dass die Anlagen gem. § 11 AEG stillgelegt werden?
Ist eine förmliche Ent- bzw. Umwidmung erforderlich?
Bedarf es einer Planfeststellung oder einer Plangenehmigung nach § 18 AEG?
(2) Welche Behörden wären für die erforderlichen Entscheidungen zuständig?
(3) Soweit das EBA zuständig ist: Liegen die Voraussetzungen der erforderlichen Entscheidungen (außer den Anträgen der DB AG) bei kursorischer Prüfung vor?

Das EBA teilte mit, dass die Fähranleger nicht zur Eisenbahninfrastruktur zählen, so dass ein Zugangsrecht nach § 14 AEG nicht in Betracht komme. Das Zugangsrecht nach § 14 AEG stehe nur Eisenbahnverkehrsunternehmen für die Nutzung der Schienenwege der öffentlichen Eisenbahninfrastrukturunternehmen zu. Der Rückbau der Gleisanlagen innerhalb des Bahnhofs Puttgarden erfordere keine Genehmigung nach § 11 AEG. Für die Beurteilung der Eisenbahninfrastrukturanlagen auf den Schiffen sei das EBA nicht zuständig. Sofern die DB AG die Gleisanlagen stilllege, bedürfe der Rückbau einer Genehmigung nach § 18 AEG. Zur Nutzung des geräumten Geländes als Vorstellfläche für KfZ wäre eine Entwidmung als Bahnanlage notwendig. Genehmigung und Entwidmung erfolgen durch die örtlich zuständige Außenstelle des EBA auf Antrag der DB AG. In diese rechtliche Würdigung ist der Satz eingestreut, eine Beurteilung, ob die DB AG zur Nutzung der Fähranlagen durch Dritte und zur Stilllegung von Teilen der Eisenbahninfrastruktur im Bahnhof Puttgarden verpflichtet werden könne, sei dem EBA nicht möglich. Diese Formulierung musste vom Bundeskartellamt als Freibrief verstanden werden.

Mit Beschluss vom 21.12.1999 untersagte das Bundkartellamt Scandlines Deutschland und der DB AG, den erwähnten Fährunternehmen das Recht zu verweigern, die in ihrem Eigentum stehenden see- und landseitigen Infra- und Suprastrukturen des Fährhafens Puttgarden gegen ein angemessenes Entgelt mizubenutzen, um mit sog. Azimith-Schiffen einen stündlich zwischen Rödby und Puttgarden verkehrenden Fährdienst für Passagiere und Kraftfahrzeuge zu betreiben. Scandlines Deutschland und DB AG wurde es freigestellt, welchem der beiden Unternehmen sie das Mitbenutzungsrecht einräumen. Scandlines Deutschland und DB AG wurde außenden untersagt:

„sich zu weigern, die für eine Mitbenutzung des Fährhafens Puttgarden erforderlichen Vorkehrungen (insbesondere in Bezug auf Umbaumaßnahmen und

öffentlich-rechtliche Genehmigungsverfahren) im Einvernehmen mit der ausgewählten Nutzungsberechtigten zu treffen bzw. diese zu ermöglichen."

Materiellrechtlich ist die Entscheidung auf § 19 Abs. 4 Nr. 4 GWB, Art. 82 EG, also auf die missbräuchliche Nutzung einer marktbeherrschenden Stellung gestützt. Eisenbahnrechtliche Erwägungen bleiben vollständig ausgeblendet.

2. OLG Düsseldorf

Der erste Teil der Verfügung wurde für sofort vollziehbar erklärt, so dass der anschließende Rechtsstreit vor dem Kartellsenat des OLG Düsseldorf zunächst im einstweiligen Verfahren stattfand. Mit Beschluss vom 25. April 2000 – Kart 3/00 (V) - stellte das OLG die aufschiebende Wirkung der Beschwerden gegen den Beschluss des Bundeskartellamtes wieder her, weil es ernsthafte Bedenken an seiner Rechtmäßigkeit bejahte.

Die Bedenken stützt der Senat auf die *mangelnde Bestimmtheit* der kartellrechtlichen Verfügung.

Der Beschluss verdient in zweifacher Hinsicht größtes Interesse: Für kartellrechtliche Fragestellungen ist bedeutsam, was er aussagt, für das Eisenbahnsachenrecht ist brisant, was er übergeht.

a) Kartellrechtliche Aussagen

Für die mangelnde Bestimmtheit der kartellrechtlichen Verfügung greift der Senat mangels eigener Regelungen im GWB auf *§ 37 Abs. 1 VwVfG* zurück. Danach müsse auch für den Adressat einer kartellrechtlichen Verfügung erkennbar sein, was von ihm gefordert werde. Die Konkretisierung dessen, was geboten sei, müsse in dem anordnenden Verwaltungsakt erfolgen und dürfe nicht der Vollstreckung überlassen bleiben. Zu beanstanden war danach das Verbot, den Fuhrunternehmern das Recht zu verweigern, den Fährhafen Puttgarden gegen ein „angemessenes Entgelt" mitzubenutzen. Der Beschluss des Bundeskartellamtes beziffere die Höhe des Entgelts, gegen dessen Zahlung Scandlines Deutschland die Mitbenutzung ihres Fährhafens zu gestatten habe, nicht. Dem Verbotsausspruch und der Beschlussbegründung seien ebenso wenig die Grundlagen der Entgeltberechnung, d.h. die preisbildenden Faktoren und der Berechnungsschlüssel, zu entnehmen. Der angefochtene Beschluss gebe keinen Aufschluss, welche Positionen in die Ermittlung des vom Nutzungsberechtigten geschuldeten Entgelts einzubeziehen seien. Der Senat führt dann einen Katalog von offenen Einzelposten an. Sodann setzt sich der Senat mit dem Einwand auseinander, der Begriff des „angemessenen Entgelts" sei in den Gesetzesmaterialien näher konkretisiert. Unangemessen sei, was diskriminierende Wirkung habe. Dieser Tatbestand sei erfüllt, wenn der Inhaber der Einrichtung gemäß § 19 Abs. 4 Nr. 4 GWB den Nutzungsberechtigten anders als sich selbst behandle. Das führe im Streitfall jedoch nicht weiter, weil hinsichtlich der Umbaumaßnahmen ein Bemessungsmaßstab in der Person der Scandlines von vornherein fehle.

b) Eisenbahnrechtliche Defizite

Mit keinem Wort setzt sich das OLG Düsseldorf damit auseinander, dass der Planfeststellungsbeschluss für den Fährhafen Puttgarden und die Hafenordnung auch die Nutzung des Fährhafens allgemeinverbindlich regeln könnten, obwohl dieser Gesichtspunkt in den Rechtsstreit eingebracht war. Vermutlich hat sich das OLG auf die nicht gerade zielführende Stellungnahme des EBA verlassen.

Das Verhältnis von Wettbewerbsrecht und Eisenbahnrecht verdient eine vertiefte Würdigung, die hier nur angedeutet werden kann.

III. Verhältnis von Wettbewerbsrecht und Eisenbahnrecht

1. Wettbewerbsrecht

a) Ausgangslage

Mit dem Wettbewerbsprinzip sind vertikale und horizontale Wettbewerbsbeschränkungen unvereinbar. Wettbewerb kann nur unverfälscht funktionieren. Zu Verfälschungen kommt es, wenn Unternehmen ihre marktbeherrschende Stellung dadurch missbrauchen, dass sie Konkurrenten den Marktzugang verwehren. Diese Möglichkeit ist Unternehmen eröffnet, die über sog. „wesentliche Einrichtungen" oder „essential facilities" bestimmen.

Die *Situation* stellt sich dann wie folgt dar:

Ein Unternehmen U verfügt auf einer Marktstufe über eine Ressource, die es für eigene Geschäftsaktivitäten auf einem nachgelagerten Markt einsetzt. Betroffen sind zwei vertikal miteinander verbundene Märkte. Konkurrenten des Unternehmens U im nachgelagerten Markt sind auf die Benutzung der Ressource des ersten Marktes angewiesen, um in den abgeleiteten Markt neu eintreten zu können. Ist Ersatz für den Zugang zur Ressource im ersten Markt anderweitig nicht erhältlich, nimmt Unternehmer U nicht nur auf dem Infrastrukturmarkt eine marktbeherrschende Stellung ein, sondern ist gleichzeitig in der Lage, den Wettbewerb im nachgelagerten Markt auszuschließen. Seine Ressource ist eine „wesentliche Einrichtung".

Der Zugang zu einer „wesentlichen Einrichtung" erweist sich somit als vertikales Problem mit horizontalen Auswirkungen, das weltweit die Kartellrechtler umtreibt.

b) „essential facility"

Im *US-amerikanischen Kartellrecht* ist für Infrastrukturen, Netze und knappe Ressourcen, deren Nutzung erstens für die Aufnahme oder Aufrechterhaltung von Wettbewerb unentbehrlich ist und die zweitens durch potentielle Wettbewerber nicht vermehrbar sind, der Begriff der „essential facility" geprägt worden. Nach der 1921 vom US Supreme Court im Zusammenhang mit dem Zugang zum Bahnhof von St. Louis[8] entwickelten essential facility-Doktrin[9] wird dem Inhaber einer „essential facility" die *Pflicht* auferlegt, die *Einrichtung einem Wettbewerber zugänglich zu machen.* Voraussetzungen sind[10]:

(1) die Einrichtung verleiht ihrem Inhaber ein Monopol,

(2) die Nutzung der Einrichtung ist für die wettbewerblichen Aktivitäten für den Nutzungswilligen auf dem relevanten Markt notwendig,

(3) Der Nutzungswillige hat keine Möglichkeit, eine solche Einrichtung für sich selbst zu schaffen,

(4) der Inhaber der Einrichtung verweigert den Zugang,

---

[8] United States vs. Terminal Railroad Association, 224 US 383 (012). Hier hatten mehrere Eisenbahngesellschaften den Bahnhof aufgekauft und sich danach geweigert, anderen Eisenbahngesellschaften den Zugang zu gewähren. Der Supreme Court erklärte den Zugang zum Bahnhof für die abgelehnten Bewerber für „essential" und sah in der Weigerung einen Rechtsbruch.

[9] „bottleneck (monopoly) theory"

[10] Vgl. *Michael Esser-Wellié,* Das Verfassungs- und Wirtschaftsrecht der Breitbandkommunikation in den Vereinigten Staaten von Amerika, 1995, S. 145 ff.

(5) der Inhaber der Einrichtung wird durch die Inanspruchnahme nicht unzumutbar beeinträchtigt.

c) Gemeinschaftsrecht

Die essential facility-Doktrin ist im Gemeinschaftsrecht rezipiert worden[11]. Gemäß Art. 82 Satz 1 EG ist die missbräuchliche Ausnutzung einer beherrschenden Stellung auf dem Gemeinsamen Markt oder auf einem wesentlichen Teil desselben durch ein oder mehrere Unternehmen mit dem gemeinsamen Markt unvereinbar und verboten, soweit dies dazu führen kann, den Handel zwischen Mitgliedstaaten zu beeinträchtigen. In Art. 82 Satz 2 EG folgt eine nicht abschließende Aufzählung möglicher missbräuchlicher Verhaltensweisen von marktbeherrschenden Unternehmen, die Raum lässt für die essential facility-Doktrin, die erstmals 1992 und 1993 in drei Entscheidungen der Europäischen Kommission ausdrücklich herangezogen wurde. Alle drei Fälle betrafen die Verweigerung des Zugangs oder die diskriminierende Zulassung zu Hafenanlagen. Es handelt sich um die Fälle:

- Sealink / B&I-Holyhead, Entscheidung der Kommission vom 11. Juni 1992[12];

---

[11] Vgl. *Ridyard*, Essential Facilities and the obligations to supply competitors under UK and EC competition law, European Common law reviev 1996, 438 ff.

[12] Common Law Reports 1992, 255. Für eine Kurzdarstellung siehe XXII. Bericht über die Wettbewerbspolitik (1992), Ziff. 219. In dieser Entscheidung wurde erstmals die Pflicht zur Zugangsgewährung zu einer „wesentlichen Einrichtung" festgehalten. Betroffen war der navigationstechnisch schwierige Zugang zum Seehafen Holyhead an der Westküste Englands. Die Eigentümerin, Sealink Harbours Limited, erschwerte dem Stena durch Änderungen des Fahrplans die Be- und Entladung seiner Schiffe und fügte ihm dadurch einen Wettbewerbsnachteil zu.

- Sea Containers / Stena Sealink, Entscheidung der Kommission vom 21. Dezember 1993[13];
- Hafen Rödby, Entscheidung der Kommission vom 21. Dezember 1993[14].

Unmittelbar relevant im vorliegenden Kontext ist die Rödby-Entscheidung.

Hier verweigerte die dänische Regierung einem Fährschifffahrtsunternehmen Euro-Port A/S, das zwischen Rödby und Puttgarden eine Fährverbindung betreiben wollte, sowohl den Zugang zum öffentlichen Hafen Rödby als auch die Genehmigung zum Bau eines privaten Hafens in unmittelbarer Nähe. Die essential facility-Doktrin erfuhr eine Erweiterung ihres Anwendungsbereichs dahingehend, dass die Kommission ihre Entscheidung auf Art. 90 i.V.m. Art. 86 EGV (a.F.) – jetzt Art. 82 i.V.m. Art. 86 EG – gegen den dänischen Staat stützte, da die Zulassungsweigerung nicht eigentlich auf dem Verhalten der dänischen Staatsbahnen, sondern auf einer staatlichen Maßnahme beruhte. In der Rödby-Entscheidung unterschied die Kommission erstmals zwischen dem Markt für die Organisation der Hafendienstleistung auf dänischer Seite und den Dienstleistungen des Seeverkehrs als benachbartem, aber getrenntem Markt[15]. Von Bedeutung

---

[13] ABl. 1994 L 15, S.8. Hier gewährte die Hafenbetriebsbehörde Sten Sealink Ports der Reederei Sea Containers Limited nicht die gewünschten Zeitnischen, die für die Aufnahme eines kommerziell tragfähigen Schnellfährdienstes notwendig gewesen wäre. Kern der Entscheidung bildet die Umschreibung der missbräuchlichen Ausnutzung einer beherrschenden Stellung: *„Ein Unternehmen, das für die Gestellung einer wesentlichen Einrichtung marktbeherrschend ist und diese Einrichtung selbst nutzt und anderen Unternehmen den Zugang zu dieser Einrichtung ohne sachlichen Rechtfertigung verweigert......verstößt gegen Art. 86 EGV, sofern die übrigen Voraussetzungen dieses Artikels erfüllt sind."*
[14] ABl. 1994 L 55, S. 52.
[15] Erwägung 7. Dies ergebe sich aus der Tatsache, dass ein Unternehmer eine Verkehrsleistung auf einem bestimmten Seeweg anzubieten wünsche, der „Zugang zu den Hafenanlagen"

sind in dieser Entscheidung auch die zur Sprache gebrachten Rechtfertigungsgründe für die Zugangsbeschränkungen, deren Vorliegen von der Kommission allerdings verneint wurde. Die Kommission hielt es für nicht nachgewiesen, dass Kapazitätsprobleme oder andere technische Probleme bestünden. Das von der dänischen Regierung ins Feld geführte Argument, es bestehe nicht genügend Nachfrage nach zusätzlichen Dienstleistungen und die Zulassung werde die zukünftige Entwicklung der bisherigen Betreiber behindern, lehnte die Kommission ab[16]. Der Bau eines privaten Hafens in der Nähe des öffentlichen Hafens musste geduldet werden, so dass sich dessen Mitnutzung erübrigte. Die Kommission qualifizierte die Zugangsverweigerung in allen drei Fällen zu den als „wesentliche Einrichtungen" bezeichneten Hafeninfrastrukturen und den verbundenen Dienstleistungen als eine *missbräuchliche Verhaltensweise im Sinne von Art. 82 EG* und verpflichtete die Unternehmen – mit Ausnahme der Entscheidung Hafenanlage Rödby – die Wettbewerber zuzulassen.

Die essential facility-Doktrin gewinnt zunehmend an Bedeutung[17]. In ihrer Mitteilung über die Anwendung der Wettbewerbsregeln auf Zugangsvereinbarungen im Telekommunikationsbereich hat die Kommission die Anwendung dieser Doktrin näher erläutert[18]. Die Entscheidungspraxis wurde durch das (presse-

---

auf beiden Seiten eine unabdingbare Voraussetzung für die Erbringung dieser Dienstleistung darstelle.

[16] Erwägungen 14 ff. Vgl. auch *Venit / Kallaugher*, Essential Facilities: A Comparative Law Approach, 1995, S.332.

[17] Vgl. nur *Schwintowsky*, Der Zugang zu wesentlichen Einrichtungen, WuW 1999, 842 ff.

[18] ABl. 1998 C 265. Hinweise auf die essential facility-Doktrin finden sich auch in den jährlichen Berichten über die Wettbewerbspolitik. Siehe XXIII. Bericht über die Wettbewerbspolitik (1993), Ziff. 213; XXV. Bericht über die Wettbewerbspolitik (1995), Ziff. 39; XXVI: Bericht über die Wettbewerbspolitik (1996), Ziff. 59.

rechtliche) Magill- Urteil des EuGH vom 6. April 1995[19] bestätigt. Mit dem Umfang der aus dieser Doktrin abzuleitenden Pflichten beschäftigt sich der EuGH im (ebenfalls presserechtlichen) Urteil vom 26. November 1998[20]

Unter Berücksichtigung der essential facility-Doktrin ergeben sich folgende *Voraussetzungen*, um ein Verhalten eines Unternehmens als unvereinbar mit dem Gemeinsamen Markt und damit als verboten i. S. v. Art. 82 Satz 1 EG einzustufen:

(1) Der Verbotsadressat muss eine *„beherrschende Stellung* auf dem Gemeinsamen Markt oder auf einem wesentlichen Teil desselben innehaben".

Erforderlich ist zunächst eine „wesentliche Einrichtung", die gemäß der Definition in der Sea Containers/Stena Sealink-Entscheidung eine Einrichtung oder Infrastruktur darstellt, ohne deren Nutzung ein Wettbewerber seinen Kunden keine Dienste anbieten kann[21]. In den Hafenentscheidungen verlangt die Kommission weiter, dass der Inhaber der „wesentlichen Einrichtung" über eine marktbeherrschende Stellung verfügt. Nicht festgelegt hat die Kommission, ob der Inhaber der „wesentlichen Einrichtung" auch auf dem nachgelagerten Markt über eine marktbeherrschende Stellung verfügen muss.

---

[19] C241)1 P und C-242/91, Slg 1995, I-743 = EuZW 1995, 339 – RTE und ITP / Kommission. Vgl. auch *Wolfgang Deselaers*, Die „Essential-Facilities"-Doktrin im Lichte des Magill-Urteils des EuGH, EuZW 1995, 563 ff.; *Mennicke,* „Magill" – von der Unterscheidung zwischen Bestand und Ausübung von Immaterialgüterrechten zur „essential facilities"-Doktrin in der Rechtsprechung des Europäischen Gerichtshofes?" ZHR 160 (1996), 626 ff.

[20] Rs C- 7/97-, EuZW 1999, 86 – Oscar Brunner GmbH & Co KG/ Mediaprint Zeitungs- und Zeitschriftenverlag GmbH u.a. / Kommission -.

[21] Entscheidung der Kommission vom 21. Dezember 1993, Abl. 1994 L 15/8, Erwägungen 66.

(2) Der Inhaber der „wesentlichen Einrichtung" muss die beherrschende Stellung *missbräuchlich* ausnutzen.

(3) Das Verhalten muss geeignet sein, den zwischenstaatlichen Handel zu beeinträchtigen (*Zwischenstaatlichkeitsklausel*).

(4) Es liegen keine objektiven Rechtfertigungsgründe vor.

Eine Verweigerung des Zugangs zu einer „wesentlichen Einrichtung" ist nicht missbräuchlich, wenn der Inhaber für die Verweigerung oder die ungleiche Behandlung sachliche Rechtfertigungsgründe geltend machen kann[22]. Art. 82 EG begründet keinen generellen Kontrahierungszwang für das marktbeherrschende Unternehmen. Zugangsverweigerungen sind nicht per se missbräuchlich. Zur Abgrenzung von missbräuchlichem von rechtmäßigem Verhalten haben die europäischen Gerichte und die Kommission das Konzept der objektiven Rechtfertigung entwickelt, welches auch im Bereich der Zugangsverweigerung zu beachten ist. Die praktisch bisher bedeutsamste Rechtfertigung im Rahmen von Zugangsverweigerungen stellen die Kapazitätsgrenzen dar[23]. Die Bereitstellung des Zugangs muss daher überhaupt möglich sein, bevor die Verweigerung als Missbrauch qualifiziert werden kann. Eine Begrenzung kann technische Ursachen haben. Im Einzelfall ergeben sich daher schwierige Kapazitätsbemessungsfragen. Der Inhaber kann allerdings bei effektiver Knappheit der Ressourcen nicht gezwungen werden, in eine Kapazitätserweiterung zu investieren. Erklärt sich

---

[22] Hafen von Rödby-Entscheidung, ABl. 1994 L 55/52, Erwägungen 14 ff.
[23] *Klimisch/Lange,* WuW 1998, 15 ff. (24); *Ulrich Immenga / Ernst-Joachim Mestmäcker / Möschel,* EG-Wettbewerbsrecht, Kommentar, 2 Bände, 1997, Art. 86, Rn 263.

aber der Zugangsinteressent bereit, die Kosten zu übernehmen und ist dies für den Inhaber zumutbar, dann lässt sich eine Weigerung nicht allein mit Kapazitätsgrenzen rechtfertigen[24]. Die Weigerung ist immer gerechtfertigt, wenn ein Zugang sich aus Kompatibilitätsgründen gar nicht bewerkstelligen lässt. Die Verweigerung kann auch mit der Betriebssicherheit, der Erhaltung der Funktionsfähigkeit der Einrichtung, der Abwehr möglicher Gefahrensituationen sowie dem Verbraucherschutz begründet werden[25].

(5) Insbesondere gelten keine Besonderheiten für Dienstleistungen von allgemeinem wirtschaftlichem Interesse.

Ist dem Inhaber einer „wesentlichen Einrichtung" eine Aufgabe von allgemeinem wirtschaftlichen Interesse übertragen worden, so kann eine Verweigerung der Zugangsgewährung aufgrund Art. 86 Abs. 2 EG in Betracht kommen. Diese Vorschrift befreit von der Anwendung der Wettbewerbsregeln, soweit deren Beachtung die Erfüllung der besonderen Aufgaben rechtlich und tatsächlich verhindert, mit denen gewisse Unternehmen im allgemeinen wirtschaftlichen Interesse betraut worden sind. Die Zugangsverweigerung und die damit einhergehende Wettbewerbsbeeinträchtigung sind dann erlaubt, wenn dem Unternehmen die Erfüllung seiner besonderen Aufgaben unter wirtschaftlich tragbaren Bedingungen ermöglicht werden soll[26]. Diese Ausnahmeregelung wird von den Wettbewerbsbehörden eng ausgelegt. Dennoch trägt sie den Erfordernissen der Daseinsvorsorge Rechnung. Erst recht kann es wettbewerbsrechtlich nicht missbräuchlich

---

[24] Entscheidung der Kommission vom 21. Dezember 1993, ABl. 1994 L 55, S. 52, Erwägung 15.

[25] *Immenga / Mestmäcker / Möschel*, EG-Wettbewerbsrecht, Art. 86, Rn 264.

[26] *Immenga/Mestmäcker / Möschel*, EG-Wettbewerbsrecht, Art. 86, Rn 264. *Deselaers*

sein, wenn der Inhaber einer wesentlichen Einrichtung sich auf spezialgesetzliche öffentlich-rechtliche Zugangsregelungen berufen kann. In Betracht kommen hier Regelungen des AEG, des Telekommunikationsgesetzes etc. Zwar schließt die Existenz solcher Spezialregeln die Anwendung des Art. 82 EG nicht aus. Jedoch sind Zulassungsansprüche, die aus spezialgesetzlichen Gründen nicht bestehen, allerdings in der Regel auch wettbewerbsrechtlich zumindest insoweit nicht begründet, als sich aus dem Spezialgesetz eine sachliche Rechtfertigung ergibt. Da es hierbei lediglich um den Begriff „Missbrauch" im Sinne von Art. 82 EGV (n.F.) geht, stellt sich hierbei auch nicht das Problem der Normenhierarchie bzw., ob das unmittelbar wirkende Verbot des Art. 82 EGV – primäres Gemeinschaftsrecht – den spezialgesetzlichen Regelungen der einzelnen Mitgliedstaaten vorgeht. Diesen spezialgesetzlichen Regelugen kann gemeinschaftsrechtlich im Rahmen der objektiven Rechtfertigungsgründe Rechnung getragen werden[27].

d) § 19 Abs. 4 GWB

Am 1. Januar 1999 ist die 6.GWB-Novelle in Kraft getreten. § 19 Abs. 1 GWB verbietet die missbräuchliche Ausnutzung einer marktbeherrschenden Stellung durch ein Unternehmen. Ein Missbrauch liegt nach dem neugefassten § 19 Abs. 4 Nr. 4 insbesondere vor,

" *wenn ein marktbeherrschendes Unternehmen als Anbieter und Nachfrager einer bestimmter Art von Waren oder gewerblichen Leistungen sich weigert, einem anderen Unternehmen gegen angemessenes Entgelt Zugang zu den eigenen Netzen oder anderen Infrastruktureinrichtungen zu gewähren, wenn es dem anderen Unternehmen aus rechtlichen und tatsächlichen*

---

[27] Vgl. hierzu auch *Bechtold*, GWB, 2. Auflage, § 19 Rn 86 ff.

> *Gründen nicht möglich ist, auf dem vor- oder nachgelagerten Markt als Wettbewerber des marktbeherrschenden Unternehmens tätig zu werden; dies gilt nicht, wenn das marktbeherrschende Unternehmen nachweist, dass die Mitbenutzung aus betriebsbedingten Gründen oder sonstigen Gründen nicht möglich oder nicht zumutbar ist."*

Damit knüpft der Gesetzgeber bewusst an die essential facility-Doktrin an, lässt aber eine Hintertür mit Rücksicht auf Art. 14 GG offen[28]. Die Formulierung „aus sonstigen Gründen nicht möglich ist" ist auch nötig, um Konkurrenzprobleme zu bewältigen. Für die sogenannten Netzindustrien wie Schienenverkehr und auch für andere Infrastruktureinrichtungen, gibt es zumeist jedoch spezielle Regelungen, die entweder mit § 19 Abs. 4 Nr. 4 GWB alternativ konkurrieren oder ihr sogar vorgehen[29]. Ich nehme das Ergebnis hier teilweise vorweg: Die Existenz solcher Spezialregeln schließt die Anwendung des allgemeinen wettbewerbsrechtlichen Zulassungsanspruchs nicht a limine aus. Jedoch sind Zulassungsansprüche, die aus spezialgesetzlichen Gründen nicht bestehen, grundsätzlich auch kartellrechtlich zumindest insoweit nicht begründet, als sich aus dem Spezialgesetz eine sachliche Rechtfertigung der Zulassungsbeschränkung ergibt[30].

Diese wenigen Andeutungen genügen noch lange nicht, um das Verhältnis konkurrierender Nutzungsregelungen annähernd zu klären. Vielmehr ist es nötig, das Problem auch vom anderen Ende her, in unserem Fall von Eisenbahnrecht her anzugehen.

---

[28] Zu diesem Aspekt *Kurt Markert*, Die Verweigerung des Zugangs zu „wesentlichen Einrichtungen" als Problem der kartellrechtlichen Missbrauchsaufsicht, WuW 1995, 560 ff.; *Matthias Schmidt-Preuß*, Die Gewährleistung des Privateigentums durch Art. 14 GG im Lichte aktueller Probleme, AG 1996, 1 ff.; *Karl-Michael Fuhr/ Bärbel Kerkhoff*, Entbündelter Zugang – Vereinbarkeit mit der Eigentumsgarantie des Art. 14 GG?, MMR 1998, 6 ff.
[29] *Rittner*, Wettbewerbs- und Kartellrecht, 6. Auflage, S. 301.
[30] Vgl. *Bechtold*, GWB, § 19 Rn 86 ff.

2. Eisenbahnrecht

a) Ausgangslage

Wettbewerb ist auch im Eisenbahnrecht *nicht Selbstzweck*. Er kann anderen Zwecken dienen und mit ihnen kollidieren. Einen verfassungsmäßigen Vorrang des Marktgedankens in allen Lebensbereichen gibt es nicht. Der Verkehrssektor ist Gegenstand und zugleich Voraussetzung des Marktes. Gerade in einem marktwirtschaftlich orientierten Staat ist die Verkehrsinfrastruktur wie generell ein funktionierendes Verkehrswesen Element der Staatlichkeit[31]. Die Legitimationselemente der Staatlichkeit, Freiheitssicherung, soziale Sicherung, nationale Selbstbehauptung bürden dem Staat eine verfassungskräftige Gewährleistungspflicht für das Eisenbahnwesen auf. Art. 87 e Abs. 4 GG bringt das klarstellend zum Ausdruck. Konstitutiv ist lediglich die bundesstaatliche Komponente der Vorschrift. Die mit der Bahnstrukturreform einhergehende Privatisierung der Bahnen hat zwar zur Folge, dass diese als Wirtschaftsunternehmen geführt werden. Das ändert aber nichts daran, dass das Eisenbahnwesen eine Aufgabe der Daseinsvorsorge ist, der sich der Wettbewerbsgedanke unterzuordnen hat.

b) Infrastrukturrecht

Im Infrastrukturrecht des AEG sticht die *Parallele zum Wettbewerbsrecht* sofort ins Auge. Die Trennung von Eisenbahninfrastrukturunternehmen und Eisenbahnverkehrsunternehmen erinnert an die Unterscheidung der verschiedenen Märkte im Wettbewerbsrecht. Die DB AG verfügt über ihre Töchter über die Infrastruktur, konkurrierenden Eisenbahnverkehrunternehmen den Zugang zur

---

[31] *Michael Ronellenfitsch*, Wahrnehmung der Unfalluntersuchung im Bereich der Eisenbahn durch Private, in: Blümel / Kühlwetter, Aktuelle Probleme des Eisenbahnrecht III, Speyerer Forschungsbereichte 190, 1998, S. 109 ff..

Eisenbahnverkehrsinfrastruktur zu erschweren. Der essential-facility-Doktrin bedarf es aber nicht, da § 14 AEG eine speziellere Regelung trifft. § 14 AEG hat auch gar nicht die Stoßrichtung, den Wettbewerb im Interesse der Marktteilnehmer zu gewährleisten. Das EBA ist keine Wettbewerbsbehörde mit der Aufgabe, wirtschaftlichen Machtmissbrauch zu ahnden. Hierzu trifft § 19 Abs. 4 GWB eine viel differenziertere Regelung. Nicht ohne Grund bleiben nach § 14 Abs. 5 Satz 2 die Aufgaben und Zuständigkeiten der Kartellbehörden nach dem GWB unberührt. Das EBA wacht vielmehr über die Funktionsfähigkeit des Verkehrswesens im Eisenbahninfrastruktur- und Eisenbahndienstleistungsbereich. Ähnlich wie das EBA Sorge zu tragen hat, dass die wesentliche Eisenbahninfrastruktur nach Möglichkeit erhalten bleibt (§ 11 AEG), hat es dafür Sorge zu tragen, dass kontinuierlich Eisenbahnverkehrdienstleistungen erbracht werden. Der diskriminierungsfreie Zugang nach § 14 AEG läuft – in traditionellen Kategorien formuliert – auf einen *beschränkten Gemeingebrauch* der Eisenbahnverkehrsunternehmen an der Eisenbahninfrastruktur hinaus.

c) Öffentliches Sachenrecht

Auch nach der Bahnstrukturreform[32] ist das Eisenbahnrecht *schwerpunktmäßig* öffentliches Sachenrecht geblieben.

Früher wurden jedenfalls Betriebsanlagen der Bahn als öffentliche Sache betrachtet. Bei den öffentlichen Sachen unterscheidet man Sachen im Verwaltungsgebrauch und Sachen im Gemeingebrauch. Das Privateigentum und öffentliche Sache schließen sich nach deutscher Rechtstradition nicht aus. Das duplex regimen wird durch Widmung begründet. Bei der Widmung zum Verwaltungsgebrauch genügt ein formloser Organisationsakt. Die Widmung zum

---

[32] Hierzu *Heike Delbanco*, Die Bahnstrukturreform – Europäische Vorgaben und deren Umsetzung in nationales Recht, in: Foos (Hrsg.), Eisenbahnrecht und Bahnreform, 2001, S. 19 ff.

Gemeingebrauch muss dagegen nach außen erkennbar gemacht werden, erfolgt also durch Norm oder Verwaltungsakt.

Die Widmung begründet die öffentliche Sachherrschaft und ist damit für den Nutzungszweck maßgeblich (Widmung *zu* etwas). Das private Eigentumsrecht wird durch den öffentlichen Nutzungszweck überlagert.

Nun könnte man der Meinung sein, dass Betriebsanlagen der Eisenbahn nach der Bahnstrukturreform gar keine öffentlichen Sachen mehr sind, weil sie nur noch einem Privatbetrieb dienen. Um Sachen im Verwaltungsgebrauch kann es sich in der Tat schlecht handeln. Die Widmung müsste dann mit Inkrafttreten der Bahnstrukturreform entfallen sein. Offenbar geht niemand davon aus. Aber es kann wohl niemand ernsthaft vertreten, dass Betriebsanlagen der Eisenbahn nur deshalb öffentliche Sachen sind, weil sie einmal gewidmet waren und ihre Rechtnatur bis zum Vorliegen konträrer Akte beibehalten haben. Neue Betriebsanlagen der Eisenbahn wären dann keine öffentliche Sachen. Immerhin werden neue Betriebsanlagen der Eisenbahn durch gemeinnützige Planfeststellung zugelassen. Zum Zweck ihres Baus und Ausbaus kann enteignet werden (§ 22 AEG). Daraus folgere ich, dass die Widmung *weiterhin* erfolgt, und zwar weiterhin durch Planfeststellung oder Plangenehmigung, und – wie skizziert–, dass die Legitimation der öffentlichen Sachherrschaft die Nutzbarkeit der Sachen durch die Allgemeinheit ist.

3. Gemengelagen

Die Gemengelange von Wettbewerbsrecht und Eisenbahninfrastrukturrecht wurde schon gestreift. Parallele Zuständigkeiten von EBA und Kartellbehörden sind hier nicht ausgeschlossen, wobei die Kartellbehörden das Funktionierung des Marktes, das EBA die Verfügbarkeit der Eisenbahninfrastruktur zu gewährleisten haben.

Im Eisenbahnsachenrecht *scheiden parallele Zuständigkeiten aus*. Die öffentliche Sachherrschaft muss von den Kartellbehörden nach dem Grundsatz der Einheit der Verwaltung hingenommen werden. Privateigentümer – seien es Private oder auch öffentliche Unternehmen – sind an den Widmungszweck der öffentlichen Sache gebunden. Sie sind rechtlich gar nicht in der Lage, Dritten widmungsfremde Nutzungsmöglichkeiten einräumen. Über Sondernutzungen entscheidet auch nicht der Eigentümer. Es liegt somit ein *sonstiger Grund* vor, der einen Nutzungsanspruch nach § 19 Abs. 4 Nr. 4 GWB ausschließt. Dritte, die Betriebsanlagen von Eisenbahnen bahnfremd nutzen möchten, müssten eine Entwidmung erreichen. Hierzu ist der Weg weit, wenn man mir folgt und ein *Änderungsplanfeststellungsverfahren* verlangt. Wer die Entwidmung erleichtert, erleichtert dagegen auch Dritten den Zugang zur ehemaligen Eisenbahninfrastruktur.

IV. Folgerungen für den Puttgarden-Streit

1. Wettbewerbsrecht

Im konkreten Streit habe ich bereits Zweifel, ob der Eisenbahnfährhafen eine essential facility ist. Wenn in Rödby ein neuer Hafen in der Nähe des Eisenbahnhafens errichtet werden kann, sollte das auch in Puttgarden möglich sein. Vor allem aber dürfte die Mitbenutzung *aus betrieblichen Gründen unzumutbar* sein, weil die Nutzung der Reservefahrrinnen eine Querung der betriebenen Fahrrinne erfordern würde. Die Ersatzfunktion der Fähre bei Ausfall der Brücke über den Großen Belt könnte nicht gewährleistet werden.

2. Eisenbahnrecht

§ 14 AEG ist nicht einschlägig, weil die Fährunternehmen keine Eisenbahnfähre betreiben wollen. Die unglückliche Entscheidung des BMV, Eisenbahnfähren nicht als Eisenbahninfrastruktur zu betrachten, wirkt sich hier nicht aus. Sehr wohl maßgeblich ist dagegen die *Widmung* des Bahnhofs für Bahnanlagen. Solange diese Widmung besteht, sind private Verfügungen über den Widmungszweck hinaus nicht möglich. Wenn die Anlagen nicht mehr für den Bahnbetrieb notwendig sein sollten, kommt eine Entwidmung in Betracht. Dann entsteht aber nicht automatisch ein privater Hafen. Vielmehr fällt es in die *Planungshoheit* der dann zuständigen Behörde, Festsetzungen über die weitere Nutzung der Einrichtung zu treffen.

V. Ausblick

1. Allgemeine Folgerungen

Das Verhältnis von Wettbewerbsrecht und Eisenbahnrecht ist noch nicht einmal in Ansätzen durchdacht. Die Kartellbehörden dilettieren im Eisenbahnrecht, das EBA dilettiert im Wettbewerbsrecht. Ähnlich verhalten sich die Gerichte. Das führt zu wechselseitigen Übergriffen nach dem *Prinzip der Meistbelastung*. Eingriffsbefugnisse, die den Kartellbehörden fehlen, beansprucht das EBA unter Berufung auf den weiten Wortlaut von § 14 Abs. 5 Satz 1 AEG und findet sich vorläufig insoweit bestätigt durch den Beschluss des OVG NW vom 25. August 2000 – 20 B 950/00 –. Der Kartellsenat des OLG Düsseldorf ignoriert kurzerhand, dass ein planfestgestellter Eisenbahnhafen nicht mit Mitteln des Wettbewerbsrechts kurzerhand entwidmet werden kann. Zum Streit vor dem OVG will ich mich nicht näher äußern, weil ich hierzu bereits eine neutrale Stellungnahme abgegeben hatte, die als Parteinahme missverstanden wurde. Jedenfalls der Puttgarden-Streit sollte dem EBA Anlass bieten, Fragen zum Verhältnis von Wettbewerbs- und Eisenbahnrecht *erst* intensiver zu diskutieren und sie *dann* auch wirklich und richtig zu beantworten.

2. Anregungen

Die Anregungen können knapp ausfallen. Ich schlage vor, die Interpretation von § 14 AEG aus verschiedenen Blickwinkeln zu einer zentralen Thematik einer der nächsten Tagungen zu machen.

Diskussionsbeiträge zum Vortrag von
Michael Ronellenfitsch

Pöhle:

Der Vortrag war wirklich so provokant, dass ich jetzt ein paar Worte dazu sagen muss. Wir haben ja schon am Rande unseres Rechtsstreites eine Menge miteinander diskutiert. Vielleicht erst einmal zu Ihrem ersten Statement. Aus der Formulierung in § 14 Abs. 5 AEG "Die Zuständigkeiten der Kartellbehörden bleiben unberührt" folgt nicht, dass auch die Kartellbehörden nach § 14 AEG über den Netzzugang entscheiden. Dazu würde ich vielmehr gerne darauf hinweisen, dass da steht: Die Zuständigkeiten der Kartellbehörden nach dem Gesetz über Wettbewerbsbeschränkungen bleiben unberührt und nicht nach dem AEG. Die Kartellbehörden sind neben dem Eisenbahn-Bundesamt zuständig, entscheiden aber über ganz andere Rechtsgebiete, d.h. sie nehmen ihre Zuständigkeit nicht aus dem AEG, sondern aus dem GWB. Das ist der erste Punkt. Zweitens müsste man sich diese Zuständigkeiten mal näher angucken. Da kann man eigentlich ganz schnell erkennen, dass es hier ganz krasse Unterschiede gibt. Die Kartellbehörden prüfen das Wettbewerbsrecht, das Eisenbahn-Bundesamt prüft nur das Eisenbahnrecht, kann also, wie Sie das eigentlich auch schon bestätigt haben, diese Wettbewerbsziele nicht als Hintergrund nehmen, sondern es kann nur prüfen, ob das Recht auf diskriminierungsfreien Netzzugang verletzt ist. Wir haben in dem Bereich § 14 AEG eine Einzelfallentscheidung auf Antrag zu treffen mit einer ganz anderen Rechtsfolge, als die, die das Bundeskartellamt setzen kann. Das Bundeskartellamt kann generell Verhalten für die Zukunft untersagen, also mit Wirkung über den Einzelfall hinaus. Das können wir nicht, d.h. wir haben eine ganz beschränkte Befugnis und können nur den konkreten Einzelfall entscheiden, während der Infrastrukturbetreiber darüber hinaus noch in anderen

Fällen anders tätig werden kann. Wir haben die sektorenspezifischen Maßstäbe, während das Bundeskartellamt sektorenübergreifend nach allgemeinen Wettbewerbsgesichtspunkten entscheidet. Dann haben Sie das Problem der Häfen aufgeworfen und gesagt, bei den Häfen hätten Sie nicht genau nachvollziehen können, warum das Eisenbahn-Bundesamt entschieden hat, es sei nicht zuständig. Da geht es wahrscheinlich um die Frage des öffentlichen Zugangs. Nach § 14 Abs. 1 AEG besteht das Recht auf diskriminierungsfreien Zugang nur dort, wo die Infrastruktur öffentlich ist. Jetzt sagen Sie, mit der Widmung wird die Infrastruktur öffentlich. Da muss ich auf den § 3 AEG verweisen, wo steht, dass es auf die Zweckbestimmung ankommt, d.h. darauf, ob die Infrastruktur von jedem Eisenbahnverkehrsunternehmen genutzt werden kann. Da haben wir in der Praxis das Problem gehabt, dass es in bestimmten Häfen Eisenbahninfrastruktur gibt, die aber nur von einer sogenannten Hafenbahn genutzt werden soll und eben nicht von mehreren. Das waren damals Entscheidungen der Länder, die daraus herrühren, dass keine öffentliche Eisenbahninfrastruktur gegeben sei. Ich persönlich finde das auch höchst bedenklich. Wie soll mir der Zugang zum Hafen gewährt werden, wenn diese Infrastruktur nicht von jedem genutzt werden kann? Das führt zu einem Monopol des einzelnen Eisenbahnunternehmens. Schließlich haben Sie gesagt, insgesamt bestehe ein ziemliches Durcheinander. Also ich kann das aus der Praxis nicht so bestätigen. Wir haben bisher mit dem Bundeskartellamt in vielen Fällen diskutiert, wir pflegen gute Kontakte, und wir haben diese Grenze eigentlich immer ganz klar ziehen können. Ob es sich hierbei um einen Einzelfall handelt, in dem eine bestimmte Zugangsbedingung festgelegt werden soll - dann waren immer wir zuständig - oder es grundsätzlich darum geht, dass etwas untersagt werden soll, weil es den Wettbewerb beeinträchtigt - dann war immer das Bundeskartellamt zuständig. Wir sehen, es gibt da schon Unterschiede zwischen § 14 und § 19 AEG. Die Entscheidung des OVG bestätigt unsere Rechtsauffassung, aus § 14 Abs. 5 AEG könne hergeleitet werden, dass wir nicht nur über den Netzzugang entscheiden – das ist Ihre Auffassung –, sondern dass wir auch über die Bedingungen des Netzzuganges im Einzelfall entscheiden können. Und da geht das OVG sogar so weit, dass es sagt, wir können dort dann die Bedingungen festsetzen. Und das hat auch einen guten Grund: Wenn wir das nicht dürften, hätten wir ein praktisches Problem. Diese Norm ist so konzipiert, dass man sagen kann: Wenn zwei sich streiten, muss es einen Dritten geben, der in Kürze darüber entscheiden kann und möglichst neutral, denn wenn das nicht der Fall ist, dann streitet man sich bis zum "Nimmerleinstag" und das erschwert den Netzzugang. Deswegen hat man eine neutrale Behörde genommen, die relativ schnell entscheiden soll. Etwas unglücklich ist an dem OVG-Beschluss jedoch, dass wir, bevor wir diese Entscheidung zu treffen haben, über die Nebenbedingungen des Zugangs kein Auskunftsrecht haben sollen. D.h. wir dürfen nicht fragen, wie da eine Bedingung zustande kommt, z.B. bei einem Preis dürften wir nicht nachfragen, wie der konzipiert worden ist oder welche Bestandteile der hat; dennoch müssen wir nach dem OVG-Beschluss entscheiden, und das führt natürlich dazu, dass unsere Entscheidungen in Zukunft sehr viel angreifbarer sein werden, deswegen teile ich auch die Auffassung, dass der Beschluss nicht ganz so positiv ist und in der Praxis zu Problemen führt, bin aber doch ganz froh, dass wenigstens unsere Rechtsauffassung bestätigt worden ist, dass wir da zuständig sind. Das ist wohl auch seitens der Regierung so gesehen worden, auch die Kartellbehörden haben da übereingestimmt, d.h. in der Praxis besteht dieses Problem des Wirrwarrs nicht, so wie Sie es jetzt dargestellt haben, wobei ich nachvollziehen kann, dass es, wenn man diese Praxis nicht kennt, auf den ersten Blick doch recht schwierig ist.

Schweinsberg:

Das war ja jetzt fast eine Gegenrede, aber ich nehme an, Sie wollen erst einmal direkt darauf antworten.

Ronellenfitsch:

Also, es kam erst einmal das Totschlagargument der "Blauäugigkeit", nach dem Motto: "Was ich praktisch nicht kenne, kann ich nicht beurteilen." Ich kenne die Probleme vorwiegend von der Gegenseite her, von der ich meine Informationen bezogen habe. Von daher wurden mir anschauliche Beispiele vorgeführt, die durchaus für ein Kompetenzenwirrwar sprechen. Auch als Theoretiker traue ich mir zwar zu, praktische Probleme an Hand von praktischen Beispielen zu überschauen. Aber ich gebe zu, dass mir die Alltagserfahrung fehlt. Dennoch bilde ich mir ein, dass ich wenigstens die dogmatischen Hintergründe einigermaßen überschaue. Bei den dogmatischen Hintergründen lagen wir zunächst auch gar nicht auseinander. Ich habe gerade auf § 19 Abs. 4 Nr. 4 GWB abgestellt. Selbstverständlich können und dürfen die Kartellbehörden nur Kartellrecht einschließlich der eurooparechtlichen Vorgaben anwenden, das muss man in § 14 Abs. 5 AEG hineininterpretieren. Aber die Beobachtung ist die, dass die Kartellbehörden § 19 Abs. 4 GWB tendenziell so auslegen, dass er eine ähnliche Zielrichtung hat wie § 14 AEG. Im Ergebnis ist es gleichgültig, ob ich über die Zulassung oder über die Unzulässigkeit der Weigerung einer Zulassung entscheide. Ist der Tenor der Entscheidung: "Es wird untersagt, die Zulassung der öffentlichen Einrichtung zu verweigern", läuft das im praktischen Ergebnis auf eine Zulassung hinaus. Lediglich ist die Formulierung nicht so krass. Ursache für diese Formulierungsbemühungen ist die kartellrechtliche Rechtsprechung des BGH, wonach auch die Kartellbehörden nicht unmittelbar Leistungsansprüche aussprechen dürfen, sondern nur Verbotsansprüche aussprechen können. Aber worauf läuft es denn heraus, wenn einem die Zulassungsverweigerung untersagt wird? Was soll man denn da noch machen, was bestehen denn dann noch für Entscheidungsspielräume? Die Entscheidungsspielräume mögen etwas größer sein als bei einer Direktzulassung. Das gebe ich zu. Aber Herr *Hien* wird mir hoffentlich beispringen: Im Beamtenrecht gibt es die gleiche Konstellation bei der Klage gegen eine Umsetzung. Das BVerwG hat gesagt, gegen eine Umsetzung komme keine allgemeine Gestaltungsklage in Betracht, die die Umsetzung unmittelbar aufheben würde, sondern eine Leistungsklage auf Rückgängigmachung der Umsetzung, um der Behörde noch einen organisatorischen Entscheidungsspielraum einzuräumen. Im Ergebnis geht es dennoch nur um die Abwicklung der fehlerhaften Umsetzung. Auch die allgemeine Leistungsklage ist bloß ein Notbehelf, um eine Umsetzung aus der Welt zu schaffen. Und in Ihrem Fall ist es doch das Gleiche: Ein Eisenbahnverkehrsunternehmen möchte Zugang zu einer Eisenbahninfrastruktur, der ihm verweigert wird. Um den Zugang als solchen geht es meistens aber gar nicht. Gestritten wird um die Modalitäten. Der Zugang wird z.B. gegen exorbitant hohe Preise gewährt. Wie würde in einem derartigen Fall das Bundeskartellamt entscheiden? Es würden entscheiden: Die Forderung exorbitant hoher Preise ist eine Diskriminierung i.S.d. § 19 Abs. 4 GWB. Und etwas anderes entscheidet das EBA letztlich auch nicht. Es entscheidet vielmehr genauso: Es stellt eine Diskriminierung beim Zugang zur Eisenbahninfrastruktur fest, welche über die Preise erfolgt. Sind wir uns insoweit im Ansatzpunkt einig oder nicht? Sie nicken. O.K. Sie sagen, das EBA entscheidet über den diskriminierungsfreien Zugang. Genau das habe ich auch gesagt. Entspricht mein Befund jetzt der Praxis oder nicht? Weiter wenden Sie ein, das Bundeskartellamt entscheide nur bei Verhaltensweisen, die sich auf den Markt auswirken. Bei einer so unbedeutend kleinen Angelegenheit wie der Frage, ob ich einen Bahnhof benutzen darf oder dergleichen, sei die Eingriffsschwelle des Bundeskartellamts noch gar nicht erreicht. Das trifft zu. Wir müssen aber aufpassen, dass wir die Fälle nicht vermengen! Meinem Ausgangsfall lag eine Fallkonstellation oberhalb der Eingriffsschwelle zugrunde. Geltend gemacht wurde nämlich, der zwischenstaatliche Markt werde beeinträchtigt, weil es zwischen der Bundesrepublik Deutschland und Dänemark nur diese einzige Fähre gibt. Damit war die kartellrechtliche Eingriffsschwelle erreicht. Bei dieser

Fallkonstellation haben Sie ein synchronisiertes Vorgehen sowohl des Bundeskartellamts als auch von Ihnen. Sie müssen abstrahieren von den normalen Alltagsfällen. Bei einem kleinen Bahnhof spielt das Bundeskartellamt keine große Rolle. Es kann aber trotzdem wegen der Vorbildwirkung entscheiden. Stellt das Bundeskartellamt fest, dass die Entgelte viel zu hoch sind, hat das keine unmittelbare kassatorische Wirkung, wohl aber Vorbildwirkung für künftige Entscheidungen. Etwas anderes habe ich doch vorhin gar nicht gesagt. Können Sie sich erinnern, ich sagte: „Sie haben dafür zu sorgen, dass der Zugang der Verkehrsunternehmen kontinuierlich gewährleistet ist". Das ist die Aufgabe des Eisenbahn-Bundesamtes.

Pöhle:
Aber eben nicht nur! Sie haben auch gesagt, das Eisenbahn-Bundesamt entscheidet nicht über die Zugangsbedingungen. Das ist eben im § 14 AEG vorgesehen.

Ronellenfitsch:
Nein! Das habe ich nicht gesagt. Das Eisenbahn-Bundesamt entscheidet selbstverständlich über die Zugangsbedingungen im Hinblick darauf, ob eine Diskriminierung vorliegt oder nicht. Das war nie umstritten. Alles andere wäre doch Quatsch! Wie kann ich das ernsthaft bestreiten? Es steht doch in § 14 Abs. 5 AEG, dass über die Zugangsbedingungen vom Eisenbahn-Bundesamt eine Entscheidung zu treffen ist. Was ich noch gar nicht in der Diskussion angebracht habe, ist Folgendes: Ihr Hauptproblem ist der Maßstab. Nach dem GWB gibt es immerhin noch den Ausdruck "angemessen". Der Kontrollmaßstab, der vorhin angesprochen worden ist, der Maßstab, den das Eisenbahn-Bundesamt zu wahren hat, der fehlt im AEG vollständig. Das ist schlicht und ergreifend eine missglückte Regelung. Und jetzt ist die Frage: Wie fülle ich den Kontrollmaß-

stab aus? Hierfür gibt es zwei alternative Möglichkeiten. Ich kann sagen: Wenn kein Maßstab im Gesetz steht, gibt es für mich keinen Maßstab, Ich schaffe mir also den Maßstab selbst. Das ist der eine knallharte Ansatzpunkt. Verfeinert lautet die Argumentation: Weil das Kartellamt nicht kann, müssen wir. Weil wir müssen, dürfen wir auch! So ist doch Ihre Argumentation. Ob ein Maßstab im Gesetz steht oder nicht, ist Ihnen völlig egal, Das ist verständlich. Schließlich müssen Sie ja mit dem Gesetz leben. Auf der anderen Seite ist es so: Wenn schon das Kartellamt sagt: „Uns ist der Maßstab „angemessen" zu unbestimmt". Wenn auch die Kartellgerichte sagen: „Das ist uns zu unbestimmt". Wenn beide sich schon um Kriterien bemühen, dann frage ich mich: Wo nehmen Sie die her? Und deswegen bin ich der Meinung, dass es Ihnen nicht zusteht, autonome Entscheidungen zu treffen, solange Sie keine fixierten Maßstäbe haben. Was Sie für sich beanspruchen, ist eine Art "Devolutiveffekt"! Zwei Unternehmen streiten, es kommt keine Einigung zustande, Sie entscheiden ex cathedra über die Einigung und sagen dann auch noch: Das ist Praxis! Damit lassen sich in neu auftretenden Ausnahmesituationen bislang unbekannte Probleme lösen. Die Ihrer Entscheidung zugrundeliegende Konstellation ist aber gar nicht neu, deswegen bin ich ja immer so um Kontinuität bemüht. Entscheidungsnotwendigkeit bestand schon immer, wenn es private Unternehmen gab, die zur Infrastruktur zugelassen werden wollten. Im Zeichen der Staatsbahn war das kein Problem, da hat sich das Problem nicht gestellt. Aber auch in Deutschland hatten wir Phasen der Privateisenbahn. Das galt für das ganze preußische Eisenbahnrecht in der ersten Phase. Hier schadet es nicht, wenn man in das Preußische Eisenbahngesetz von 1838 guckt. Was hat man damals für Regelungen getroffen? Und wenn Sie in das Gesetz reinschauen - Herr *Kühlwetter* nickt, denn der kennt das auswendig -, wenn Sie da reinschauen, werden Sie eine Vorschrift finden, die über zwei bis drei Seiten Maßstäbe für Tarifbestimmungen und dergleichen für die Nutzung der Infrastruktur normiert! Jetzt könnten Sie natürlich das Preußische

Allgemeine Eisenbahngesetz analog anwenden, das ist immer noch aktueller als die §§ 74 und 75 der Einleitung zum Preußischen Allgemeinen Landrecht, auf die noch heute zurückgegriffen wird. Aber im Ernst: Sie haben heute keinen Maßstab! Und dann liegen wir insoweit auseinander, dass ich sage: „Wenn Sie keinen Maßstab haben, können Sie auch keine konkrete Sachentscheidung treffen!" Demgegenüber sagen Sie: „Wir müssen!" Das ist das, was uns auseinander treibt! Um nicht missverstanden zu werden: Ich will nicht sagen, dass Sie völlig entscheidungsunfähig wären. Selbstverständlich können Sie eine Entscheidung treffen, indem Sie anordnen: „In einem anderen Referenzfall wurden die und die Preise vereinbart, wir wollen, dass diese Preise übernommen werden, oder es muss der Nachweis erbracht werden, warum sich die Preisgestaltung in dieser Infrastruktur hiervon unterscheidet". Das können Sie machen. Was Sie nicht können, und das machen Sie letztlich doch auch nicht, ist, dass Sie aus eigenem Antrieb autonom Preise gestalten. Dem stünde die Freiheit der Bahn entgegen, nach wettbewerblichen Gesichtspunkten die Infrastruktur zu betreiben. Diese Freiheit muss primär bei der Bahn verbleiben. Auch da greife ich wieder den Gedanken von Herrn *Hien* auf, der ausgeführt hat, es gebe so etwas wie einen "Beurteilungsspielraum" des zu Kontrollierenden, Sie haben ja auch keine genaueren Maßstäbe als das Bundesverwaltungsgericht bei Lärmwerten. Im Gegenteil: Sie haben überhaupt keine Maßstäbe für die Preisbildung. Sie können nur sagen: „Die ist diskriminierend!" Und jetzt werde ich etwas äußern – um meine Neutralität zu demonstrieren –, was der Bahn wieder nicht passen wird: Um diese Entscheidung über die Diskriminierung treffen zu können, brauchen Sie Informationen und Auskünfte. Die Entscheidung des OVG Nordrhein-Westfalen stellt die Situation vollständig auf den Kopf! Das OVG gibt Ihnen zwar die Mittel, Preise festzusetzen. Aber Sie können die Preise gar nicht festsetzen, weil Sie gar nicht wissen, ob eine Diskriminierung erfolgt ist. Sie haben nämlich keine Auskünfte bekommen. Das ist absurd! Demgegenüber billige ich

Ihnen das Minus, die Auskunftsrechte, ohne weiteres zu. Da gibt es gar keinen Zweifel. Aber ich billige Ihnen nicht das Recht zu, die Entscheidung über die Preisbildung an sich zu ziehen. Das ist der einzige Unterschied!

Schweinsberg:
Ich möchte dazu auch noch vielleicht drei Sätze verlieren, sonst wird das so ein bilateraler Gedankenaustausch, den man vielleicht auch nachher noch fortführen kann. Das Thema ist in der Tat heiß. Hinsichtlich der Auskünfte stimme ich mit Ihnen völlig überein. Darum ist in der AEG-Novelle das Auskunftsrecht für diese Fragen ausdrücklich geregelt, so dass das Thema hoffentlich noch in diesem Jahr erledigt ist! Zweiter Gesichtspunkt: Kein Wettbewerb auf Infrastruktur, weil Eisenbahndaseinsvorsorge. Das war eine These von Ihnen, Herr *Ronellenfitsch*, da möchte ich ganz gerne mal Sie fragen: Dann gucken Sie mal in andere Verkehrsbereiche hinein! Ich habe die Möglichkeit, das so zu regeln! Slotvergabe auf Flughäfen, öffentlich-rechtlich geregelt! Da habe ich keinen Wettbewerb, aber darf der Gesetzgeber nicht auch entscheiden, eine Infrastruktur dem Wettbewerb zu unterwerfen, und hat er die Entscheidung nicht getroffen? Hat es nicht damals bei der Bahnreform es eine heiße Diskussion in Deutschland gegeben, ob das Netz öffentlich-rechtlich oder privatrechtlich betrieben werden soll? Dritte These: Was ist mit TKG? Haben Sie sich auch mal mit den Fragen beschäftigt: Wie ist das z.B. im Telekommunikationsbereich geregelt und warum hat man dort einen solchen Ansatz gewählt? Meine Gegenthese zu Ihrer lautet: Hier geht es nicht darum, Wettbewerb zu schützen, sondern hier geht es darum, Wettbewerb zu erzeugen! Und darum sind die spezialgesetzlichen Regelungen vorrangig vor kartellrechtlichen Regelungen! Aber jetzt Herr *Blümel* und dann Frau *Pöhle!*

Blümel:

Es passt vielleicht ganz gut in diesem Zusammenhang. Herr *Ronellenfitsch*, Sie haben mehrfach stark abgehoben auf die Daseinsvorsorge. Wir sind ja nun beide Schüler oder Enkel von Herrn *Forsthoff*, der den Begriff geprägt hat. Wir halten auch die Daseinsvorsorge hoch, auch in unseren Lehrveranstaltungen, ich meine, wir behandeln ja immer bei der öffentlichen Verwaltung die Daseinsvorsorge mit. Bei der Frage der Grundrechtsfähigkeit juristischer Personen, da weist man dann auf die Rechtsprechung des Bundesverfassungsgerichts zur Stromversorgung und zu den Sparkassen hin, aber ich habe das Gefühl, dass die Berufung auf die Daseinsvorsorge vielleicht in Zukunft nicht mehr so trägt, wie wir beide uns das bisher vorgestellt haben. Wenn Sie in das Eisenbahnrecht hineingucken, da kommt der Begriff der Daseinsvorsorge in § 1 Abs. 1 des Regionalisierungsgesetzes überhaupt nur noch für den Personennahverkehr vor. Kann man hieraus im Umkehrschluss schließen, dass es für den Fernverkehr nicht so sein soll? Da können Sie natürlich rückverweisen auf 87 e Abs. 4 des GG. Das wäre die Krücke, aber ich bin der Meinung, viel größere Gefahr droht eigentlich von der EU her! Von der EU-Kommission! Wenn man nur den Streit zwischen den deutschen Banken und den deutschen Sparkassen anguckt: Die Sparkassen sind ja juristische Personen des Öffentlichen Rechts, Sie nehmen Aufgaben der Daseinsvorsorge wahr, aber aus eurooparechtlicher Hinsicht sind sie praktisch nichts anderes als Banken und daher rühren die ganzen Schwierigkeiten. Ich könnte mir denken, dass wir uns bei sogenannten öffentlichen Unternehmen auf dem Rückzug befinden, und dass wir da mit dem Begriff der Daseinsvorsorge nicht mehr allzu viel gegenhalten können, jedenfalls in Zukunft! Und wenn ich gerade dran bin (dann melde ich mich nicht mehr): Sie haben im eisenbahnrechtlichen Teil noch mal gesagt, es gibt gar keine Ansprüche Dritter auf Entwidmung! Ich habe das in meinem Gutachten ja thematisiert. Es ist ja schon die Frage aufgetaucht, ob Grundstückseigentümer einen Anspruch auf Entwidmung

Diskussion zum Vortrag von Michael Ronellenfitsch 65

haben, und ganz heiß ist doch im Augenblick das Problem, ob Gemeinden unter Berufung auf § 38 BauGB verlangen können, dass eine bestimmte Strecke entwidmet wird. Die Fälle sollte man dann im Auge behalten, also da tut sich einiges!

Hennes:

Wir hatten in dem Fall, den Sie heute morgen - völlig überraschenderweise für uns alle - ausgehändigt bekommen haben, einen Auskunftsbeschluss gemacht, und der ist zugegebenermaßen sehr weit ausgefallen. Und in erster Instanz haben wir im vollem Umfang gewonnen. In zweiter Instanz hat das OVG festgestellt, dass eine Rechtsgrundlage für ein Auskunftsbegehren fehlt! So schlau waren wir eigentlich vorher auch. Es zeigt im Grunde genommen, dass die Wirkung des Beschlusses des BVerwG aus 1994 irgendwann einmal erschöpft sein wird, denn die Verwaltungsgerichte sind nicht gewohnt, alles nur als Annexkompetenz oder im Wege einer Gesamtanalogie herzuleiten, sondern sie erwarten, wie das überall im Verwaltungsrecht üblich ist, eine "toughe" Eingriffsgrundlage, in denen die Rechte und Pflichten der Behörden klipp und klar geregelt sind. Umso erfreulicher ist, dass diese Defizite, die hier aufgezeigt sind, in der AEG-Novelle abgearbeitet werden. Aber von der grundsätzlichen Wirkung her hat mich dieser Beschluss sehr erfreut, wenn ich auf S. 9 lese: "Das Eisenbahn-Bundesamt ist eine Behörde, die hinsichtlich der Fragen, über die im Rahmen des § 14 Abs. 5 S. 1 AEG zu entscheiden ist, über eigene Fachkompetenz verfügt", dann stimmt mich das schon mal sehr froh. Das geht aber noch weiter: Das gilt nicht nur für Probleme der Sicherheitstechnik und der Fahrbahngestaltung, sondern auch für solche der Kostenabschätzung. Diese Fachkompetenz befähigt die Behörde, die Fragen, die sich bei der Anwendung des § 14 Abs. 5 S. 1 AEG stellen, prinzipiell selbst, jedenfalls nach eigenen weiteren Ermittlungen zu beantworten. Und den Dissens zwischen Ihnen und uns, den Sie ja auch betonen, den hat das OVG

Münster eigentlich in unserem Sinne entschieden. Und ich sehe den kommenden Auseinandersetzungen jetzt eigentlich optimistisch entgegen. Denn wenn wir die Auskünfte, die wir brauchen, nicht bekommen, dann heißt das nicht, dass uns die Festsetzungsbefugnis, die ja in dem Verfahren ja auch heftig umstritten war, fehlt, sondern auf die Gefahr hin, dass wir falsch liegen, hat uns das Gericht ausdrücklich ermutigt, selbst zu entscheiden. Und davon werden wir im Einzelfall auch regen Gebrauch machen!

Schweinsberg:.
Schönen Dank! Ich würde sagen, jetzt sollten Sie erst mal wieder dagegenhalten!

Ronellenfitsch:
Ich will versuchen, die Redebeiträge abzuarbeiten! Ich fange mit dem letzten an, weil mir das noch am besten in Erinnerung ist. Sie haben insofern nicht gewonnen, als die Beschwerde zugelassen worden ist und die Situation wieder völlig offen ist. Die erste Instanz war für Sie günstiger als das zweitinstanzliche Urteil, und ich sehe, nachdem Sie mich eigentlich erst veranlasst haben, für die DB-AG Partei zu ergreifen, ebenfalls optimistisch und hoffnungsfroh dem weiteren Prozess entgegen. Ich habe im Übrigen versucht, wie immer provokant zu sprechen, und bin deshalb vielleicht vor allem im Hinblick auf die Daseinsvorsorge missverstanden worden. Die Situation ist folgende: Ich habe nicht gefordert, dass es bei Infrastruktureinrichtungen keinen Wettbewerb geben sollte, sondern ich habe lediglich gesagt, die Infrastruktureinrichtung ist eine Aufgabe der Daseinsvorsorge. Das hat exemplarisch im öffentlichen Personennahverkehr das Regionalisierungsgesetz erstmals richtig definiert. Das war ein Fortschritt! Früher hieß es ja immer: „Irrwisch Daseinsvorsorge", „Fehlbegriff", „Weg in den Sumpf" usw. Mittlerweile ist „Daseinsvorsorge" ein anerkannter Rechtsbegriff gewor-

den, Das stand früher im Streit. Der ÖPNV ist jetzt eindeutig als Aufgabe der Daseinsvorsorge kodifiziert. Was aber erfreulicher ist, ist die Tatsache, dass auf europäischer Ebene der Ausdruck "Daseinsvorsorge" bei den Diensten von allgemeinem wirtschaftlichen Interesse nach Art. 16 EG in den offiziellen Sprachgebrauch eingegangen ist. Selbstverständlich gilt das auch für öffentliche Dienstleistungen im Rahmen der Telekommunikation, der Energieversorgung und in anderen vergleichbaren Bereichen. Die EU ist im Augenblick dabei, die Leistungen der Daseinsvorsorge zu katalogisieren, daran waren die beiden EU-Kommissarinnen *Monika Wulf-Mathies* und *Edith Cresson* gescheitert. Das versucht man jetzt zu machen. Also, es ist nicht so, dass wir von europäischer Seite die Daseinsvorsorge kaputtgemacht bekommen, sondern eher so, dass die EU-Organe bei Diensten von allgemeinem wirtschaftlichen Interesse den Begriff Daseinsvorsorge rezipieren. Ich weiß, dass es Übersetzungsschwierigkeiten gibt und dass die Sprachendienste gelegentlich schludern. Aber ganz so hoffnungslos ist die Situation nicht. So, und nun zum Einsatz des Wettbewerbs bei der Daseinsvorsorge. Wettbewerb ist hier zulässig und erwünscht, aber nicht als Wettbewerb nach marktwirtschaftlichen Gesichtspunkten im Interesse der Gewinnmaximierung, was eigentlich das Wesen des Wettbewerbs ist, sondern im Interesse der Daseinsvorsorge als dienende Funktion. Die Aufgabe der Daseinsvorsorge liegt beim Staat, der die Erfüllung der Aufgabe letztlich zu gewährleisten hat. Aber die Wahrnehmung der Aufgabe ist Privaten übertragen. Und da geht man davon aus, dass privater Wettbewerb zur Erfüllung der Daseinsvorsorge viel besser beiträgt, als wenn auch insoweit ein staatliches Monopol bestünde. Wenn der Wettbewerb dazu dient, die Daseinsvorsorge effektiver zu machen und zu verbessern, dann habe ich gar nichts dagegen. Aber das ist eine völlig andere Konzeption als der freie marktwirtschaftliche Wettbewerb als Selbstzweck, der unabhängig vom Daseinsvorsorgeauftrag stattfindet. Um konkreter zu werden: Der Staat muss für den Wettbewerb Vorgaben treffen; er muss

Leistungen entweder konkret bestellen oder er muss ihre Rahmenbedingungen festlegen. Er muss bei den Slots sagen: An dem und dem Tag und in der und der Zeitnische muss geflogen werden, sonst verweigere ich auch andere Slots. Aber es geht nicht so, dass reiner Wettbewerb stattfindet, dass ein Flughafen nur um 8.00 Uhr und um 19.00 Uhr angeflogen wird. Auch beim ÖPNV müssen Mindeststandards vorgegeben werden, und beim Eisenbahnwesen ist es auch so. Der Staat muss die präsentierte Infrastruktur billigen, er muss ggf. dafür sorgen, dass sie erhalten bleibt. Erst dann findet Wettbewerb statt! Und das, was Sie mit dem Verkauf der Funkfrequenzen vorhin so euphorisch begrüßt haben, weil die Bahn Geld bekommen hat, verstößt gegen den Gedanken der Daseinsvorsorge. Wenn Sie ins TKG reinschauen, dann werden Sie sehen, dass dort in § 11 steht, dass die Lizenzen auszuschreiben sind und unter Umständen versteigert werden können. Aber mit dem Versteigerungsverfahren soll festgestellt werden, wer am besten geeignet ist, die ersteigerten Funkfrequenzen effizient für die Öffentlichkeit zu nutzen, d.h. Ausschreibung und Versteigerung dienen der Optimierung der Telekommunikationsversorgung der Bevölkerung. Was gemacht wurde, war rechtlich hochgradig problematisch. Dass die Frequenzvergabe als allgemeines Geldbeschaffungsmittel des Staats missbraucht worden ist, hat mit Daseinsvorsorge bei der Telekommunikation nichts mehr zu tun. Also: Daseinsvorsorge brauchen wir. Aber staatlicherseits ist nur ein Gewährleistungsanspruch verfassungsrechtlich verankert. Bei der Wahrnehmung ist man flexibel. Wettbewerb darf erzeugt werden. Aber nur, wenn der Wettbewerb zweckgebunden erfolgt. So, und mit der Entwidmung, Herr *Blümel*, da haben Sie völlig Recht. Es gibt Ansprüche Privater. Ich habe sie nur außerhalb des Planfeststellungsregimes bestritten. Solange planungsrechtlich die Anlage besteht, kann ein Dritter sich nur Zugang zum Entwidmungsverfahren verschaffen, wenn er geltend macht, die Planung sei funktionslos geworden, die Widmung sei weggefallen. Ein Recht auf Durchführung eines Änderungsplanfeststellungsverfahrens besteht jedoch grundsätzlich nicht. Soweit im Zusammenhang mit etwaigen Ansprüchen der Gemeinden § 38 BauGB angesprochen wurde, müssen wir einen anderen Kriegsschauplatz eröffnen. Die Planungshoheit der Gemeinden besteht nur im Rahmen der Gesetze. Soweit § 38 BauGB noch anwendbar ist, entfällt ein subjektives Recht auf Entwidmung.

Kirchberg:

Ich habe noch folgendes Verständnisproblem: Wenn ich die von Ihnen geschilderte Situation aus der Sicht der Kartellbehörde betrachte, dann denkt die ja zunächst einmal darüber nach, wo dort die relevante Märkte sind. Die Marktrelevanz ist wichtig! Und ich könnte mir in Ihrem Fall etwas vereinfacht erklärt vorstellen, dass die Kartellbehörde festgestellt hat, da gibt es einen Eisenbahnfährverkehr und es gibt einen PKW- bzw. LKW-Fährverkehr. Und da gibt es Nachfrager, die Eisenbahnfährverkehr betreiben wollen und es gibt Nachfrager, die wollen LKW-Verkehr betreiben oder PKW-Verkehr betreiben. Damit habe ich ein relevantes Marktproblem. Und dann schauen sich die Kartellbehörden die Anlage an und stellen fest: Oh, Wunder! Bei dieser dem Eisenbahnverkehr gewidmeten Anlage findet Eisenbahnverkehr statt, aber multifunktional auch LKW- und PKW-Verkehr. Und hat dann nicht die Kartellbehörde tatsächlich das Recht, diese Anlage auch so zu betrachten, wie sie betrieben wird? Kann sich dann die Bahn hinter einer Widmung für den Eisenbahnverkehr verstecken, wenn sie selber nicht nur Eisenbahnverkehr, sondern eben auch in dem relevanten Marktbereich LKW-/PKW-Verkehr tätig wird? Und wenn sie so tätig wird, dann muss sie es auch hinnehmen, dass die Kartellbehörde ihre Aufgabe wahrnimmt. Dass die Kartellbehörde nämlich außerhalb des 14 AEG tätig wird, d.h. außerhalb des Einflusses auf die Eisenbahnverkehrsinfrastruktur. Die Kartellbehörde akzeptiert dann sogar § 14 AEG als lex specialis für die Eisenbahnverkehrsinfrastruktur, kommt dann aber und sagt: „Soweit die Bahn keine spezielle

Eisenbahnverkehrsinfrastruktur unter dem Mantel der Widmung betreibt, sondern ganz normale Infrastruktur, muss sie sich kartellrechtskonform verhalten und meiner Aufforderung, die Infrastruktur dem Wettbewerb zur Verfügung zu stellen, auch letztlich unterwerfen". Ist das nicht eigentlich der Gedanke, wo hier die Schnittstelle zwischen dem GWB einerseits und dem AEG andererseits aufgebrochen ist, wo die Multifunktionalität einer gewidmeten Anlage hier einfach die Flanke öffnet für das Eindringen des Kartellrechts?

Kühlwetter:
Darf ich vielleicht direkt eine Frage anschließen? Glauben Sie, dass ich, wenn der Zugang zu diesem Hafen verweigert würde, und ich auf den daneben neu zu bauenden Hafen verwiesen würde, reibungslos in der Planfeststellung für diesen neuen Hafen durchkäme, da auf der anderen Seite ein offensichtlich nicht ausgelasteter Hafen vorhanden ist?

Ronellenfitsch:
Hafenrechtlich wäre gar kein vergleichbarer Planfeststellungsbeschluss erforderlich.

Kühlwetter:.
Für den Bau des neuen Hafens!

Ronellenfitsch:
Der zu bauende neue Hafens wäre ja dann kein Eisenbahnhafen, sondern er wäre ein ganz normaler privater Hafen. Es wäre eine bauliche Anlage, die mit einer ganz anderen Konstellation hafenrechtlich planfestgestellt werden müsste. Für den Hafen wäre eine privatnützige Planfeststellung erforderlich. Das wäre ja ein rein privates Unternehmen, kein gemeinnütziges Verkehrsunternehmen! Das

wäre eine rein privatnützige Planfeststellung. Im Übrigen wurde völlig zu Recht darauf hingewiesen, dass konkret eine Mischnutzung vorliegt, aber die Primärnutzung ist immer noch die Eisenbahnnutzung. Außerdem geht es mir nicht um den Fährbetrieb, sondern um die Hafennutzung. Und der Hafen ist ein gewidmetes Eisenbahngelände mit Schienen, mit Möglichkeiten, mit Zügen in die Schiffe zu kommen. Dieser Eisenbahnbetrieb ist der Primärzweck des Hafens. Wenn auf den Fähren noch andere Personen befördern werden, die nicht den Zug benutzen oder wenn LKWs befördert werden, ist das ein Annexbetrieb. Aber dieser Annexbetrieb findet auf der Fähre statt! Die Wettbewerber wollen nicht die Fähren mitbenutzen. Was sie wollen, ist die Benutzung des Eisenbahnhafens, und der Eisenbahnhafen ist primär eine Eisenbahninfrastruktur. Die Forderung der Wettbewerber geht sogar noch weiter. Es geht um die Berechtigung, die Eisenbahninfrastruktur mit der Begründung umzubauen, sie werde in dem vorhandenen Umfang nicht mehr benötigt. Und da gehe ich davon aus, dass die Planfeststellung, jedenfalls bis geklärt ist, dass sie funktionslos geworden ist, immer noch Wirkungen entfaltet. Gut. Herr *Kühlwetter*, Sie bräuchten, worauf Sie, wenn ich Sie richtig verstehe, abgestellt haben, für den konkurrierenden Hafen, den Parallelhafen, eine Planfeststellung. Und Sie haben angedeutet, die Planfeststellung bekämen Sie nicht, weil der andere Hafen nicht ausgelastet ist. Sie sprechen also die Planrechtfertigung an. Die Planrechtfertigung brauche ich aber nicht per se für ein Vorhaben, sondern ich brauche sie nur wegen der enteignungsrechtlichen Vorwirkung eines Planfeststellungsbeschlusses. Für einen privaten Hafen, der privatnützig planfestgestellt wird, brauche ich keine Planrechtfertigung, sofern ich mir Eigentum an dem beanspruchten Gelände verschafft habe. Die hafenrechtliche Planfeststellung ist dann lediglich eine Baugenehmigung in qualifizierter Form. Ob eine hafenrechtliche Planfeststellung, gegebenenfalls nach § 31 WHG, erforderlich ist, bin ich mir nicht einmal ganz sicher. An sich hätte ich ganz unbedarft gesagt, für eine derartige Hafenanlage braucht man nur eine ganz läppische Baugenehmigung, auf die man einen Anspruch hat, wenn man die Genehmigungsvoraussetzungen erfüllt. Aber das spielt letztlich keine Rolle. Sie haben jedenfalls eine Planrechtfertigung gefordert, und die Planrechtfertigung brauche ich für einen privatnützigen, rein privaten Fährbetrieb nicht.

Geiger:
Ich wollte noch mal meine Quintessenz aus Ihrem Puttgartenfall ziehen. Ich könnte die Ergebnisse, Sie haben ja 4 Thesen an den Schluss gestellt, eigentlich voll unterschreiben. Ich möchte es vielleicht so ein bisschen auf den Punkt bringen: Eine bahnfremde Nutzung auf einer gewidmeten Bahnfläche - und eine solche strebt ja der Wettbewerber an - wird nicht dadurch zulässig, dass sie, sagen wir mal, aus Wettbewerbsgründen motiviert ist. Vielmehr findet das Wettbewerbsrecht natürlich Grenzen an einer legalen Nutzung, und im Allgemeinen ist es ja eigentlich völlig unstreitig, dass bahnfremde Nutzungen auf gewidmeten Bahnflächen bauordnungsrechtswidrig sind, bauplanungsrechtswidrig sind. Entweder - und da besteht ein bisschen Streit - können solche Nutzungen vom Eisenbahn-Bundesamt oder von der zuständigen Landesbaubehörde untersagt werden. Und eine illegale bahnfremde Nutzung - wenn ich den Sachverhalt richtig verstanden habe, wäre das eine illegale bahnfremde Nutzung, weil es eben gerade keine Bahnnutzung ist und eine Bahnanlage vorliegt - eine solche Nutzung ist unzulässig und kann auch nicht mit Wettbewerbsrecht begründet werden. Die Dinge, die Sie zum Institut der Widmung gesagt haben, das könnte man noch unendlich fortspielen, das ist eben leider die Crux, dass dieses Institut nicht positiv-rechtlich geregelt ist. Ich denke, bis dies nicht positiv geschehen ist, oder bis es irgendwann einmal von der Rechtsprechung abschließend entschieden ist, und solange wir da keinen sicheren Grund unter den Füßen haben, können wir da noch ein paar Mal drüber sprechen. Ich finde auch die Idee gut,

dass man das Verhältnis von § 14 AEG zur Widmung - aber das ist ja gerade nicht der Puttgartenfall, sondern das ist der andere Fall, in dem es um bahnkonsistente Nutzung geht, nämlich um Erbringung von Bahnverkehrsleistungen auf Bahninfrastruktur - dass man das vertieft, zum Gegenstand einer Diskussion macht.

Schweinsberg:
Gibt es noch jemanden, der jetzt sich an der Diskussion beteiligen möchte? Wenn nicht, Herr *Ronellenfitsch*, bedanke ich mich, und in der Tat, glaube ich, hat das, was Sie da vorgetragen haben, hier auch noch um diese Uhrzeit zu einer gewissen Erwachungshaltung geführt. Schönen Dank!

Jörn Axel Kämmerer

Gemeinschaftsrechtliche Vorgaben für das Eisenbahnwesen in den Mitgliedstaaten

„Der Eisenbahnsektor", konstatierte *Karel van Miert* als scheidender EU-Wettbewerbskommissar, „ist der letzte Industriezweig, dem die Liberalisierung noch bevorsteht."[1] Wer den energischen Belgier kannte, durfte diesen Satz weniger als bloße Feststellung denn als Ankündigung künftiger Kommissionsinitiativen mit dem Ziel der Liberalisierung der Eisenbahnverkehrswirtschaft verstehen. In der Tat legte die Kommission im Juli 1998 ein als „Eisenbahninfrastrukturpaket" bezeichnetes Bündel von Rechtssetzungsinitiativen vor[2]. Das Infrastrukturpaket umfasst Vorschläge zur Änderung von Richtlinien, die sich auf den Eisenbahnverkehr beziehen, insbesondere den Zugang von Schienentransportunternehmen zur Eisenbahninfrastruktur regeln. Die Handschrift der Generaldirektion Wettbewerb tragen die Kommissionsvorschläge indes nicht; vielmehr werden die projektierten Richtlinien recht pauschal auf "den Vertrag zur Gründung der Europäischen Gemeinschaft, insbesondere auf Artikel 75", jetzt Art. 71, gestützt, also auf Rechtssetzungskompetenzen des Rates im Rahmen der Gemeinsamen Verkehrspolitik der Gemeinschaft. Auch die Verkehrspolitik ist gemäß Art. 70 den "Ziele[n] dieses Vertrags" verpflichtet, wozu der freie Dienstleistungsverkehr und der unverfälschte Wettbewerb (Art. 3 lit. c, g EG)

---

[1] *van Miert*, Wettbewerbspolitik, Liberalisierung und Privatisierung, in: FIW (Hrsg.), Erfahrungen mit der Privatisierung von Monopolunternehmen, 1999, S. 5 (13).
[2] ABl. Nr. C 321 vom 20.10.1998, S. 6-25 (KOM [98] 408 endg., jetzt in überarbeiteter Form als KOM [1999] 616 endg.); Zustimmung des Parlaments: ABl. Nr. C 175 vom 21.6.1999.

zählen. Insofern ist, auch ohne dass die Kommission speziell auf den Eisenbahnsektor anzuwendende Rechtsakte gemäß Art. 86 III EG gesetzt hat, die gemeinschaftsrechtlich veranlasste Liberalisierung dieses Bereichs - entgegen *van Miert* - längst im Gange. Über den Zeitpunkt ihres Beginns mag man streiten. Die Kommission selbst sieht den Auftakt zur Liberalisierung im Erlass der Richtlinie zur Entwicklung der Eisenbahnunternehmen der Gemeinschaft vom 29. Juli 1991 oder in der Einbeziehung der Eisenbahnverkehrsunternehmen in den Geltungsbereich der sog. Transparenzrichtlinie sechs Jahre zuvor.[3]

Mit wenig Mühe lassen sich auch ältere einschlägige Vorschriften finden, beispielsweise die Ratsentscheidung vom 20. Mai 1975 zur Sanierung der Eisenbahnunternehmen und zur Harmonisierung der Vorschriften über die finanziellen Beziehungen zwischen diesen Unternehmen und den Staaten[4]. Bereits in den Jahren 1968 und 1970 erließ der Rat Verordnungen über die Anwendung der Wettbewerbsregeln und über Beihilfen auf dem Gebiet des Eisenbahn-, Straßen und Binnenschiffverkehrs[5]. Streng genommen waren schon am 1. Januar 1958, als die Wettbewerbsregeln des EWG-Vertrags in Kraft traten, die Weichen für eine Liberalisierung des Bahnwesens gestellt worden.

---

[3] vgl. Vorschlag für eine Verordnung des Europäischen Parlaments und des Rates über die Gewährung von Beihilfen für die Koordinierung des Eisenbahnverkehrs, des Straßenverkehrs und der Binnenschifffahrt vom 26.7.2000, KOM (2000) endg., S. 3 („wahre Liberalisierung").
[4] Nr. 75/327/EWG, ABl. 1975, Nr. L 152, S. 3 ff.
[5] Verordnung (EWG) 1017/68 über die Anwendung von Wettbewerbsregeln auf dem Gebiet des Eisenbahn-, Straßen- und Binnenschiffverkehrs, ABl. Nr. L 175 vom 23.7.1968, S. 1; Verordnung (EWG) Nr. 1107/70 vom 4.6.1970 über Beihilfen im Eisenbahn-, Straßen- und Binnenschiffsverkehr, ABl. Nr. L 130 vom 15.6.1970, S. 1.

Mein kurzer Rundgang durch die europarechtlichen Grundlagen des Eisenbahnwesens beginnt daher im primären Gemeinschaftsrecht. Art 86 EG (der frühere Art. 90 EGV) ordnet die Geltung der primärrechtlichen Wettbewerbsbestimmungen und, nicht zu vergessen, auch der Grundfreiheiten auch für vier besondere Kategorien von Unternehmen ungeachtet ihrer Organisationsform an: öffentliche Unternehmen (Abs. 1 Var. 1); Unternehmen, denen die Mitgliedstaaten besondere oder ausschließliche Rechte gewähren (Abs. 1 Var. 2); Unternehmen, die mit Dienstleistungen von allgemeinem wirtschaftlichem Interesse betraut sind (Abs. 2 Var. 1); und Unternehmen, die den Charakter eines Finanzmonopols haben (Abs. 2 Var. 2). Aus vorwiegend politischen Gründen führte diese Bestimmung zwei Jahrzehnte lang ein Schattendasein[6], bis Kommission und Gerichtshof unter dem Einfluss des neoliberalen, globalisierungsfreundlichen Zeitgeistes Ende der 1970er Jahre ihres Liberalisierungspotenzials gewahr wurden. Art. 86 III EG verleiht der Kommission das Recht, in Anwendung des Artikels sekundärrechtliche Bestimmungen zu erlassen. Ihr Rechtssetzungsdebüt in diesem Bereich war die Transparenzrichtlinie vom 25. Juni 1980[7], worin insbesondere einer der Schlüsselbegriffe des Art. 86 EG - der des „öffentlichen Unternehmens" - definitorisch präzisiert wurde. Öffentlich ist danach „jedes Unternehmen, auf das die öffentliche Hand aufgrund Eigentums, finanzieller Beteiligung, Satzung oder sonstiger Bestimmungen, die die Tätigkeit des Unternehmens regeln, unmittelbar oder mittelbar beherrschen-

---

[6]Vgl. *Ehricke*, Der Art. 90 EWGV - eine Neubetrachtung, EuZW 1993, S. 211 (211).

[7]Richtlinie 70/723/EWG der Kommission über die Transparenz der finanziellen Beziehungen zwischen den Mitgliedstaaten und den öffentlichen Unternehmen sowie über die finanzielle Transparenz innerhalb bestimmter Unternehmen, ABl. 1980, Nr. L 195/35 vom 29.7.1980 (zuletzt geändert - einschließlich ihres Titels - durch die RL 2000/52/EG der Kommission, ABl. 2000, Nr. L 193 vom 29.7.2000, S. 75).

den Einfluss ausüben kann" (Art. 2 I). Die großen staatlichen oder staatlich beherrschten Eisenbahnverkehrs- und -infrastrukturunternehmen in den EU-Mitgliedstaaten, öffentliche Unternehmen par excellence, unterliegen nicht nur unter diesem Gesichtspunkt dem Geltungsbereich des Art. 86 EG, sondern auch kraft der ihnen möglicherweise übertragenen besonderen oder ausschließlichen (also monopolistischen) Rechte[8].

Von der ihr durch Art. 86 III EG verliehenen Befugnis zum Erlass von Richtlinien hat die Kommission bis heute mit dem Ziel, die Wettbewerbsregeln durchzusetzen, extensiven Gebrauch gemacht, auf den Erlass speziell auf Eisenbahnunternehmen gemünzter Bestimmungen aber verzichtet. Über die Gründe für diese Zurückhaltung mag man spekulieren. Generell ist das Interesse der Marktteilnehmer an der Liberalisierung notorisch defizitärer Wirtschaftsbereiche wie dem Eisenbahnsektor gedämpft; intensiver Wettbewerb ist auch auf mittlere Sicht nicht zu erwarten. Zumindest Schienenwegebetreibern lassen sich möglicherweise "natürliche Monopole" attestieren[9]. Als intrikat erweist sich die Frage, ob Eisenbahnunternehmen gemäß Art. 86 II EG von der Beachtung der Wettbewerbsbestimmungen entbunden sein dürfen, also zulässigerweise Monopolrechte ausüben können. Soweit sie Dienstleistungen im allgemeinen wirtschaftlichen Interesse erbringen, ist dies rechtmäßig, wenn die Anwendung der Vertragsvorschriften die Erfüllung der dem Unternehmen übertragenen Aufgabe rechtlich oder tatsächlich *ver*hindert - sofern nicht die Entwicklung des Han-

---

[8] vgl. *G. Schulz*, Das Eisenbahnwesen des Bundes und die Stellung der deutschen Bahnen auf dem Europäischen Binnenmarkt, 1995, S. 225 ff.
[9] vgl. *Fesenmair,* Öffentliche Dienstleistungsmonopole im europäischen Recht. Eine juristisch-ökonomische Analyse unter besonderer Berücksichtigung der Theorie der natürlichen Monopole, 1996, S. 154 ff.; *Schulz*, op. cit. (Fn. 8), S. 285 ff. m.w.N.

delsverkehrs in einem Ausmaß beeinträchtigt wird, das dem Gemeinschaftsinteresse zuwiderläuft. In der Literatur wird die Ansicht geäußert, die Verordnung (EWG) 1191/69 des Rates über die "Verpflichtungen des öffentlichen Dienstes"[10] regele das Recht zum Erlass von Ausnahmevorschriften abschließend, so dass Art. 86 II EG auf Eisenbahnunternehmen gar keine Anwendung mehr finden könne[11]; damit dürfte die Tragweite dieser Verordnung jedoch überzeichnet sein. Mit Bezug auf die Eisenbahnunternehmen lässt Art. 86 II EG gleichwohl Fragen offen. Insbesondere mit Blick auf Postunternehmen in Mitgliedstaaten der Gemeinschaft hat der EuGH dem "Rosinenpicken" privater Konkurrenten, also ihrem selektiven Eindringen in die lukrativen Geschäftsbereiche[12] monopolistisch agierender, aber zugleich unrentable Bereiche bedienender Unternehmen eine Absage erteilt. Beschränkungen des Wettbewerbs werden hingenommen und dürfen sich auch auf rentable Bereiche des gleichen Marktes ausdehnen; insbesondere können Quersubventionierungen zulässig sein[13]. Inwieweit sich diese Rechtsprechung auf den anders strukturierten, dem Wettbewerb weniger Aktionsraum bietenden Eisenbahnsektor sinnvoll übertragen lässt, ist unklar. Seit der Aufhebung des (auch nur faktischen) Traktionsmonopols der Deutschen Bahnen spielen diese Rechtsfragen hierzulande allerdings keine

---

[10]Verordnung (EWG) Nr. 1191/69 vom 26.6.1969 über das Vorgehen der Mitgliedstaaten bei mit dem Begriff des öffentlichen Dienstes verbundenen Verpflichtungen auf dem Gebiet des Eisenbahn-, Straßen- und Binnenschiffverkehrs, ABl. Nr. L 156 vom 28.6.1969, S. 1.

[11]*Schulz*, op. cit. (Fn. 8), S. 247.

[12]vgl. nur *Badura*, Das öffentliche Unternehmen im europäischen Binnenmarkt, ZGR 1997, S. 291 (302); *A. Heinemann*, Grenzen staatlicher Monopole im EG-Vertrag, 1996, S. 15 f., 183.

[13]grundlegend EuGH, Rs. 320/91 - Corbeau -, Slg. 1991, S. I-2533 (I-2568 ff., Rn. 12 ff., v.a. 19 f.).

Rolle mehr; die Wettbewerbsregeln des EG-Vertrags finden grundsätzlich Anwendung.

Eine für Eisenbahnunternehmen bedeutsame Ausnahme von den Wettbewerbsbestimmungen des EG-Vertrags, konkret: vom Beihilfeverbot des Art 87, statuiert allerdings Art. 73 EG, wonach Beihilfen, "die den Erfordernissen der Koordination des Verkehrs oder der Abgeltung bestimmter, mit dem Begriff des öffentlichen Dienstes [der sog. 'services publics'] zusammenhängender Leistungen entsprechen", mit dem Vertrag vereinbar sind. Der Rat erließ in Ausübung seiner für die Gemeinsame Verkehrspolitik eingeräumten Rechtssetzungskompetenz (Art. 71 EG) und zugleich in dem Bemühen, Art. 73 EG eng auszulegen, vor allem in den Jahren 1968-70 mehrere Verordnungen mit Geltung für den Eisenbahn-, Straßen und Binnenschiffverkehr[14]. Es sollte nicht unerwähnt bleiben, dass Art. 9 der Verordnung (EWG) 1017/68 über die Anwendung der Wettbewerbsregeln auf dem Gebiet des Eisenbahn-, Straßen- und Binnenschiffverkehrs vom 19. Juli 1968 den heutigen Art. 86 EG wortgetreu rezipiert.

In der Gesamtschau hat sich die Liberalisierung des Eisenbahnwesens in den EG-Mitgliedstaaten von Anfang an vornehmlich über die Hintertür der *gemeinsamen Verkehrspolitik* (Art. 70 ff. EG [ex-Art. 74 ff. EGV]) vollzogen. Sie stellt sich weniger als Primärziel des Gemeinschaftshandelns dar denn als Folge des legislativen Bemühens, primärrechtlichen Vorgaben Geltung zu verschaffen

---

[14]vgl. neben den in Fn. 5 genannten Bestimmungen die Verordnung (EWG) Nr. 1191/69 vom 26.6.1969, ABl. Nr. L 156 vom 28.6.1969, S. 1, sowie die Verordnung (EWG) Nr. 1192/69 vom 26.6.1969 über gemeinsame Regeln für die Normalisierung der Konten von Eisenbahnunternehmen, ABl. Nr. L 156 vom 28.6.1969, S. 8.

und Regeln im Interesse eines reibungslosen und diskriminierungsfreien Verkehrsbetriebes zu harmonisieren. (Auf ein weiteres Gemeinschaftsanliegen - die Herstellung von Interoperabilität - wird Herr *Dernbach* in seinem Referat eingehen.) Der sicherlich prominenteste unter den bisher gesetzten Rechtsakten - die den öffentlichen Nahverkehr übrigens meist ausklammern[15] - ist die *Richtlinie 91/440/EWG* vom 29. Juli 1991[16], welche in Weiterentwicklung einzelner älterer Gemeinschaftsrechtsakte[17] die Grundregeln bzw. Funktionselemente der Eisenbahnwirtschaft festschreibt; sie entwickelte sich in Deutschland und anderswo zum wichtigen Katalysator der Bahnreformen. Die Richtlinie 91/440 ordnet keine Privatisierung an, auch nicht organisatorischer Art, wohl aber im Lichte der Erfordernisse des Binnenmarktes eine gewisse Flexibilisierung und Verselbständigung der Eisenbahnunternehmen, seien sie in staatlicher oder, was seltener ist, in privater Hand. Die Mitgliedstaaten werden daher verpflichtet, durch geeignete Maßnahmen u.a. die folgenden Funktionselemente sicherzustellen[18]

---

[15]Nicht so die Verordnung (EWG) 1191/69; vgl. *Maaß*, Der Wettbewerb im örtlichen Personenbeförderungswesen, 1998, S. 156 ff.

[16]Zur Entwicklung der Eisenbahnunternehmen der Gemeinschaft, ABl. Nr. L 237 vom 24.8.1991, S. 25.

[17]Darunter die Entscheidung des Rates vom 13.5.1965 über die Harmonisierung bestimmter Vorschriften, die den Wettbewerb im Eisenbahn-, Straßen und Binnenschiffverkehr beeinflussen (ABl. 1965, S. 1500); Entscheidung des Rates vom 20.5.1975 zur Sanierung der Eisenbahnunternehmen und zur Harmonisierung der Vorschriften über die finanziellen Beziehungen zwischen den Eisenbahnunternehmen und den Staaten (ABl. Nr. L 152 vom 12.6.1975, S. 3; vgl. auch *Fromm*, Die Reorganisation der Deutschen Bahnen, DVBl 1994, S. 187 (189).

[18]Die Sanierungsvorschriften (Art. 9) werden bei der vorliegenden Betrachtung ausgeklammert.

1. Unabhängigkeit der Leitung, Geschäftsführung, Verwaltung und Rechnungsführung der Eisenbahnunternehmen sowie Trennung ihres Vermögens, ihres Haushaltsplans und ihres Rechnungswesens vom Staat, m.a.W. eine Relativierung ihrer eventuell vorhandenen Verwaltungsnatur (Art. 4);

2. flankierend hierzu, die Führung der Unternehmen nach marktwirtschaftlichen Kriterien, wie sie auch für Handelsgesellschaften gelten (Art. 5), insbesondere also einer Qualitätsgesichtspunkte einbeziehenden Kosten-Nutzen-Rechnung. Damit wird zwar der Gemein- gegenüber der Marktwirtschaftlichkeit der Vorrang aberkannt. Die Möglichkeit einer Verpflichtung auf das Allgemeininteresse nach Maßgabe der Verordnung (EWG) 1191/69 bleibt freilich unberührt; solche "Verpflichtungen des öffentlichen Dienstes" sind jeweils für sich anzufordern und zu entgelten[19].

3. Trennung der Verkehrsleistungen von der Eisenbahninfrastruktur bei der Rechnungsführung; ein Subventionstransfer zwischen diesen Bereichen ist verboten (Art. 6 I)[20]. Art. 6 II der Richtlinie stellt den Mitgliedstaaten frei, es bei einem einheitlichen Unternehmen zu belassen oder dieses - wie Deutschland - in zwei oder mehrere Unternehmen mit den Aufgabenbereichen Fahrweg bzw. Verkehrsinfrastruktur aufzuspalten. Der Bundesgesetzgeber hat sich bekanntlich "überobligatorisch" ver-

---

[19] vgl. auch Art. 14 dieser Verordnung, der Verträge über Verkehrsdienste aufgrund von Verpflichtungen des öffentlichen Dienstes für zulässig erklärt.
[20] Beihilfen für den Infrastrukturbereich sind nach Art. 7 III zulässig.

halten[21], indem er die deutschen Bahnen zunächst in eine Aktiengesellschaft überführte und sodann die Aufteilung in mehrere selbständige Unternehmen unter einer gemeinsamen Holding anordnete. In der Flexibilität der privatrechtlichen Organisationsformen dürfte sich Deutschland Erleichterungen bei der Erfüllung der Richtlinienvorgaben erhofft haben[22].

4. Erhaltung der Eisenbahninfrastruktur; mag diese Pflicht auch vager als in Art. 87 e IV GG formuliert sein (Art. 7);

5. diskriminierungsfreie Benutzung der Eisenbahninfrastruktur gegen Entgelt (Art. 8) und diskriminierungsfreie Zugangs- und Transitrechte für nationale und transnationale Eisenbahnunternehmen (Art. 10). Auch diese Postulate trugen zur Öffnung des Eisenbahnmarktes bei.

Zur Absicherung der von der Richtlinie 91/440 verlangten Zugangs- und Transitrechte erließ der Rat am 27. Juni 1995 abermals zwei Richtlinien: *Nr. 95/18/EG* über die Erteilung von Genehmigungen an Eisenbahnunternehmen[23] und *Nr. 95/19/EG* über die Zuweisung von Fahrwegkapazität der Eisenbahn und die Berechnung von Wegeentgelten[24]. Die erstgenannte Richtlinie stellt die von den Mitgliedstaaten bei der Erteilung, Aufrechterhaltung oder Än-

---

[21] vgl. *Loschelder*, Strukturreform der Bundeseisenbahnen durch Privatisierung? 1993, S. 71; *Schmidt-Aßmann/Röhl*, Grundpositionen des neuen Eisenbahnverfassungsrechts (Art. 87e GG), DÖV 1994, S. 577 (578).

[22] Vgl. auch *Schmidt-Aßmann/Röhl*, DÖV 1994, S. 577 (580).

[23] ABl. Nr. L 143 vom 27.6.1995, S. 70.

[24] AB. EG Nr. L 143 vom 27.6.1995, S. 75.

derung von Genehmigungen zu beachtenden Kriterien auf. Sie legt nach klassischer ordnungsrechtlicher Manier die Anforderungen fest, die das eine Genehmigung beantragende Eisenbahnunternehmen zu erfüllen hat, wie Zuverlässigkeit, finanzielle Leistungsfähigkeit, fachliche Eignung, Haftpflichtversicherung, und berechtigt die Genehmigungsbehörde unter bestimmten Voraussetzungen zum Widerruf, zur Aussetzung oder Änderung von Genehmigungen. Die Bestimmungen über die Genehmigungserteilung sollen künftig für alle Eisenbahnunternehmen mit Sitz in der EU gelten; damit soll verhindert werden, dass unterschiedliche Anforderungen der Mitgliedstaaten an die Erteilung von Genehmigungen den Markteintritt beeinträchtigen[25].

Was die Anwendung der 1980 von der Kommission erlassenen sog. Transparenzrichtlinie[26] betrifft, wurde den Verkehrsunternehmen zunächst eine Art "Schonfrist" gewährt, die 1985 endete[27]; seither gilt die Richtlinie auch für Eisenbahnunternehmen. Ihr Ziel ist, durch hohe Transparenz in Finanzangelegenheiten die Beachtung der Wettbewerbsregeln des EG-Vertrags zu gewährleisten.

---

[25] vgl. den Vorschlag für eine Richtlinie zur Änderung der Richtlinie 95/18/EG, Präambel, Erwägung Nr. 3, 4 (ABl. 1998, Nr. C 321, S. 8).

[26] Richtlinie 70/723/EWG der Kommission vom 25.6.1980 über die Transparenz der finanziellen Beziehungen zwischen den Mitgliedstaaten und den öffentlichen Unternehmen sowie über die finanzielle Transparenz innerhalb bestimmter Unternehmen, ABl. 1980, Nr. L 195/35 vom 29.7.1980 (zuletzt geändert - einschließlich ihres Titels - durch die RL 2000/52/EG der Kommission, ABl. 2000, Nr. L 193 vom 29.7.2000, S. 75). Vgl. dazu *Wilms*, Das europäische Gemeinschaftsrecht und die öffentlichen Unternehmen, 1996, S. 57 ff.; Beispiele bei *Hochbaum*, in: Groeben/Thiesing/Ehlermann, EUV/EGV, Band 2/II, 5. Aufl. 1999, Art. 90 EGV Rn. 10 mit Fn. 42.

[27] vgl. RL 85/413/EWG, ABl. 1985, Nr. L 229, S. 20, zuletzt geändert durch die RL 2000/52/EG, ABl. 2000, Nr. L 193, S. 75.

Soweit diese Transparenz bereits durch die Richtlinie 91/440/EWG des Rates hergestellt wird, bleibt die Transparenzrichtlinie für Eisenbahnunternehmen allerdings ohne Bedeutung; selbst die jüngsten Änderungen vom Juni 2000, die zur Eindämmung unerwünschter Quersubventionierungen getrennte Buchführung in den Unternehmensteilen anordnen[28], wurden von der Eisenbahnrichtlinie im Grunde vorweggenommen. Eigenständige Bedeutung gewinnt die Transparenzrichtlinie für Eisenbahnunternehmen nur dort, wo sie Vorschriften über die Notifikation durch die Mitgliedstaaten (Art. 5) bzw. Information durch die EU-Kommission (Art. 7) enthält.

Der jüngste Rechtssetzungsschritt der Gemeinschaft ist mit dem *"Eisenbahninfrastrukturpaket"* von 1998/99 in Angriff genommen worden[29]. Neben gewissen Änderungen bzw. Präzisierungen der Richtlinien 91/440/EWG und 95/18/EG, mit denen auf Unzulänglichkeiten bei der Umsetzung dieser Bestimmungen reagiert wird und die vor allem auf die Sicherstellung der Selbständigkeit des Fahrwegbetreibers gerichtet sind, schlägt die Kommission den Erlass einer weiteren Richtlinie des Rates über die Zuweisung von Fahrwegkapazitäten, die

---

[28]RL 2000/52/EG der Kommission vom 26.7.2000 zur Änderung der RL 80/723/EWG über die Transparenz der finanziellen Beziehungen zwischen den Mitgliedstaaten und den öffentlichen Unternehmen, ABl. 2000, Nr. L 193, S. 75, Präambel, Erwägung Nr. 8; vgl. nunmehr Art. 2 I lit. d i.V.m. Art. 3a der Transparenzrichtlinie.

[29]KOM (98) 408 endg./KOM (1999) 616 endg.; vgl. ABl. Nr. C 321 vom 20.10.1998, S. 6 (Vorschlag für eine Richtlinie des Rates zur Änderung der Richtlinie 91/440/EWG zur Entwicklung der Eisenbahnunternehmen der Gemeinschaft, ebd., S. 6; Vorschlag für eine Richtlinie des Rates zur Änderung der Richtlinie 95/18/EG über die Erteilung von Genehmigungen an Eisenbahnunternehmen, ebd., S. 8; Vorschlag für eine Richtlinie des Rates über die Zuweisung von Fahrwegkapazitäten, die Erhebung von Wegentgelten im Eisenbahnverkehr und die Sicherheitsbescheinigung, ebd., S. 10).

Erhebung von Wegeentgelten im Eisenbahnverkehr und die Sicherheitsbescheinigung vor. Sie soll die Richtlinie 95/19/EG ablösen und flankierend zu den bisher erlassenen Bestimmungen über den Zugang zur Schieneninfrastruktur die optimale Ausnutzung der vorhandenen Fahrwegkapazität (gerade auch im Interesse des Güterverkehrs) ermöglichen. Der Entwurf enthält vor allem detaillierte Vorgaben für die Festsetzung der an den Fahrwegbetreiber zu entrichtenden Entgelte und ebensolche über die Zuweisung von Fahrwegkapazitäten. Dabei wird weitgehend auf den gesetzlich regulierten Ausgleich der Marktkräfte vertraut; administrative Regulierung soll die Ausnahme bleiben.

In der Gesamtschau erweist sich die Liberalisierungswirkung der bis jetzt erlassenen Bestimmungen und auch die des jüngst geschnürten "Eisenbahn(infra)strukturpakets" im Vergleich mit anderen Marktbereichen wie der Telekommunikation oder der Energieversorgung als recht bescheiden. Ob dem Gemeinschaftsrecht dereinst im Eisenbahnbereich ein "Quantensprung" gelingt, hängt nicht zuletzt von dem Beitrag ab, den die Gemeinsame Verkehrspolitik der Gemeinschaft im wechselseitigen Zusammenwirken mit den Mitgliedstaaten für ein modernisiertes, flexibles, an die anderen Verkehrsbereiche angepasstes und damit sowohl wettbewerbsfähiges als auch wettbewerbsorientiertes Eisenbahnwesen zu erbringen vermag[30].

---

[30] Dazu *van Miert*, op. cit. (Fn. 1), S. 13 f.

Stefan Dernbach

Umsetzung der gemeinschaftsrechtlichen Vorgaben in das nationale Recht

Eu-Richtlinie	Umsetzung in nationales Recht
95/18 Richtlinie des Rates vom 19.06.1995 über die Erteilung von Genehmigungen an Eisenbahnunternehmen	§ 6 AEG, insbes. Abs. 2 sowie Eisenbahnunternehmer-Berufszugangsverordnung
95/19 Richtlinie des Rates vom 19.06.1995 über die Zuweisung von Fahrwegkapazität der Eisenbahn und die Berechnung von Wegeentgelten	§ 14 AEG und Eisenbahninfrastruktur-Benutzungsverordnung

Umsetzung der gemeinschaftsrechtlichen Vorgaben
- ein Überblick -

Eu-Richtlinie

91/440

Richtlinie 91/440/EWG
des Rates vom 29.07.1991
zur Entwicklung der Eisenbahnunternehmen der Gemeinschaft

↑

Umsetzung in nationales Recht

Art. 2 ENeuG
Deutsche Bahn Gründungsgesetz

Art. 5 ENeuG
Allgemeines Eisenbahngesetz

Eu-Richtlinie

96/48
Richtlinie des Rates
vom 23.07.1996
über die Interoperabilität
des transeuropäischen
Hochgeschwindigkeitsbahnsystems

Umsetzung in nationales Recht

Verordnung über die
Interoperabilität des transeuropäischen Hochgeschwindigkeitsbahnsystems
(Eisenbahn-Interoperabilitätsverordnung - EIV)

Mitteilung der Kommission an den Rat und das Europäische Parlament, Dok. COM 617

Integration Konventioneller Bahnsysteme

Vorschlag für eine

Richtlinie des Europäischen Parlamentes und des Rates

über die Interoperabilität des konventionellen

transeuropäischen Bahnsystems

Richtlinienentwurf

➤ Identifiziert Interoperabilitätsmängel des konventionellen Eisenbahnsystems

➤ Beschreibt Abhilfemaßnahmen

➤ **Macht weitere Schritte zur Verbesserung der Situation**

Geographischer Anwendungsbereich (Art.2, Anh. 1)

Richtlinie 96/48	RiLi Konv. Bahn
Eisenbahninfrastrukturen des transeuropäischen Netzes	
(Entscheidung Nr. 1692/96/EG vom 23.06.96 über gemeinschaftliche Leitlinien für den Ausbau eines transeuropäischen Verkehrsnetzes)	
die eigens dazu gebaut oder ausgebaut sind, um mit hoher Geschwindigkeit befahren zu werden, Art 2 a).	die für den konventionellen Eisenbahnverkehr und den kombinierten Eisenbahnverkehr gebaut oder ausgebaut sind, Art 2 a).

Sachlicher/technischer Anwendungsbereich (Art.2, Anh. 1)

Richtlinie 96/48

Strukturelle Teilsysteme

- Infrastruktur
- Energieversorgung
- Zugsteuerung, Zugsicherung, Signalgebung
- Fahrzeuge

RiLi Konv. Bahn

Strukturelle Teilsysteme

- Infrastruktur
- Energieversorgung
- Zugsteuerung, -sicherung, Signalgebung
- Fahrzeuge
- Verkehrsbetrieb und Verkehrssteuerung
- Telematikanwendungen im Personen- und Güterverkehr

Sachlicher/technischer Anwendungsbereich (Art.2, Anh. 2)

Richtlinie 96/48

funktionale Teilsysteme

- Instandhaltung
- Betrieb
- Umwelt
- Fahrgäste

RiLi Konv. Bahn

funktionale Teilsysteme

- Instandhaltung

Inhalt der neuen Teilsysteme (RiLi Konv. Bahn)

Verkehrsbetrieb und Verkehrssteuerung

- Normalbetrieb und Betriebsstörungen
- Führung der Züge
- Planung und Handhabung des Verkehrsbetriebes

Inhalt der neuen Teilsysteme (RiLi Konv. Bahn)

Telematikanwendungen

Personenverkehr
- Informationssystem für Reisende
- Buchungssysteme
- Zahlungssysteme
- Reisegepäckabfertigung
- Anschlüsse der Bahnen untereinander und mit anderen Verkehrsträgern

Güterverkehr
- Informationssysteme
- Rangier- und Zugbildungssysteme
- Buchungssysteme
- Zahlungs- und Fakturierungssysteme
- Anschlüsse zu anderen Verkehrsträgern

Verwirklichung der Interoperabilität

Richtlinie 96/48

„In einem Zuge"

RiLi Konv. Bahn

Schrittweise (Art 5 Abs. 4) und nach Prioritäten, die entsprechend dem Kosten-Nutzen-Verhältnis jedes einzelnen Vorhabens aufgestellt werden

Antonia Stein

Eisenbahnrecht in Frankreich

Durch das Gesetz Nr. 82-1153 vom Dezember 1982 wurde die SNCF (= Société nationale des chemins de fer) als öffentlich-rechtliche Anstalt mit wirtschaftlichem Charakter (Wirtschaftsanstalt) geschaffen. An dem Eisenbahnnetz insgesamt, das im Eigentum des Staates steht, wurde der SNCF durch dieses Gesetz eine Art „Nießbrauchsrecht" eingeräumt. Der Vortrag beschäftigt sich mit dem Thema, welchen Charakter dieses „Nießbrauchrecht" hat bzw. wieweit dieses „Nießbrauchsrecht" geht:

Aus diesem „Nießbrauchsrecht" ergeben sich dem Gesetz zufolge im Wesentlichen zwei Konsequenzen:

1. Die SNCF benötigt keine gesonderte Genehmigung, um sich das öffentliche/Staatseigentum, welches zum nationalen Eisenbahnnetz in irgendeiner Form gehört – also einschließlich aller wesentlichen Einrichtungen – anzueignen und zu betreiben.

2. Das „Nießbrauchsrecht" ist nicht befristet, d.h. das Recht besteht solange, wie diese öffentlich-rechtliche Anstalt das nationale Eisenbahnnetz betreibt.

Schon hieran wird deutlich, dass dieses „Nießbrauchsrecht" einem tatsächlichen Eigentum sehr nahe steht.
Aus diesem Recht folgen gemäß Art. 20 des oben zitierten Gesetzes Nr. 82-1153 Rechte und Zuständigkeiten, die sich grob in drei Kategorien einteilen lassen:

1. Das Recht alle Arbeiten/Ausbaumaßnahmen vorzunehmen bzw. vornehmen zu lassen, die zum Betrieb des Eisenbahnnetzes notwendig sind.

Der Conseil d'Etat hat hierzu Folgendes ausgeführt: Die SNCF verfügt bezüglich des Staatsbesitzes, der als öffentliche Einrichtung gewidmet ist und von ihr betrieben wird, über ein „Nießbrauchsrecht", welches ihr erlaubt, alle Arbeiten durchzuführen, die für den ordnungsgemäßen Betrieb notwendig sind.

Hieraus folgt sogar, dass der SNCF zur Durchführung der Arbeiten alle Rechte zustehen, die die Gesetze und Verordnungen normalerweise nur der direkten Verwaltung bzw. denen, die sie vertreten, verleihen (Enteignungsverfahren etc...).

2. Zweitens verfügt die SNCF über das Recht, Dritten Rechte an dem öffentlichen Eigentum einzuräumen (Mietrechte etc. ..) und darüber hinaus darf sie auch noch die Höhe des für die Rechtseinräumung zu entrichtenden Betrages festsetzen und diesen einkassieren.

Für einige Rechte/Verwendungen gibt es durch Rechtsverordnung festgelegte Tarife, an die die SNCF dann gebunden ist.

3. Die dritte Kategorie bildet das Recht der SNCF auf Schadensersatz bei Verletzung des öffentlichen bzw. Staatseigentums.

Bei genauerer Betrachtung bleibt also festzuhalten, dass das „Nießbrauchsrecht" der SNCF dem Eigentumsrecht sehr nahe ist.

Europarechtliche Auswirkungen

In Frankreich verwaltet/betreibt folglich die SNCF das nach wie im Staatseigentum befindliche Eisenbahnnetz im Rahmen ihres Nießbrauchsrechts. Eine vollständige Privatisierung des Netzes an sich hat nie stattgefunden.

Die Privatisierung des Verkehrs auf den Schienen ist demnach getrennt von dem Betrieb des Netzes zu sehen, da sich dieses nach wie vor in staatlicher Hand befindet. Ein Rückgriff auf die von Prof. *Ronellenfitsch* bereits gestern dargestellte „essential facilities"-Doktrin bedarf es daher in Frankreich nicht.

Diskussionsbeiträge zu den Vorträgen von Jörn Axel Kämmerer, Stefan Dernbach und Antonia Stein

Kramer:

Ich hätte noch eine Frage an Frau *Dr. Stein* zu der konkreten Ausgestaltung des Zugangsrechts in Frankreich. Wir hatten vorhin von Herrn Dr. Kämmerer etwas gehört zur Richtlinie 95/19/EG über diese Zugangsrechte, die verpflichtet ja genauso auch Frankreich zur Umsetzung, und deshalb würde mich jetzt interessieren, wie die konkrete Ausgestaltung dieses Zugangsrechts in Frankreich ist. Sie hatten ja gesagt, dass die SNCF im Grunde darüber entscheidet, ob sie Zugang gewährt oder nicht. Und man hört in der Presse, dass doch ein gewisser Unmut laut wird, dass die SNCF auf dem eigenen Netz keinen anderen fahren lässt, aber umgekehrt in Deutschland über Beteiligung an privaten Bahnunternehmen auf den Markt drängt. Insofern würde mich interessieren, wie die Praxis aussieht und ob das stimmt, dass die SNCF praktisch keine anderen Unternehmen auf das eigene Netz lässt. Gab es in diesem Bereich auch schon Rechtsstreitigkeiten bzw. wie ist das Problem eurooparechtlich zu werten, das wäre dann vielleicht eher eine Frage an Herrn *Dr. Kämmerer,* ob es irgendwelche Möglichkeiten oder Initiativen gibt, auf Frankreich einzuwirken.

Stein:

Wie sich die SNCF verhält, ist nicht ganz unberechtigt, weil sie, wie gesagt, eigentlich nicht dazu verpflichtet ist, zumindest aus meinem Blickwinkel, auch europarechtlich nicht dazu verpflichtet ist, andere zuzulassen. Das steht einfach in ihrem Ermessen. Die SNCF kann sagen: „Ich bin durch die öffentliche Widmung als domaine public gerechtfertigt, muss mich nicht an die SNCF- facilité de doctrines halten und insofern obliegt es mir, ob ich andere zulassen möchte. Das betrifft allerdings immer nur das nationale Eisenbahnnetz, niemals den lokalen Bereich. Da weiß ich auch nicht Bescheid, muss ich gleich vorwegschicken. Solange kann die SNCF das meiner Auffassung nach tun. Letztendlich ist es eine Frage der rechtlichen Durchsetzbarkeit. Aber ich denke, es lässt sich unter kartellrechtlichen Aspekten oder gemessen an der SNCF-facilité de doctrines auch durchsetzen.

Ronellenfitsch:

Herr *Kämmerer* wird hoffentlich die Gegenposition vertreten, das war jetzt die Position von Frau *Dr. Stein*, meine im übrigen natürlich auch, das haben Sie ja mitbekommen. Die Frage ist, wie man das mit Art. 86 EGV in Einklang bringen kann, ob man das hineininterpretieren kann oder nicht. Das wird von der europarechtlichen Sicht im konträren Duktus sicher Herr *Kämmerer* ausführen.

Kämmerer:

Sie gehen ganz richtig in der Annahme, dass ich hier dazu neige, die Gegenposition zu vertreten, es gibt nun im EG-Vertrag zwei Bestimmungen: Einerseits Art. 86, der die Wettbewerbsregeln und die Grundfreiheiten für anwendbar erklärt, andererseits Art. 295, der sagt, dass der Vertrag die Eigentumsverhältnisse in den Mitgliedstaaten unberührt lässt. Also, das ist natürlich eine Frage der Widmung, die Frage der Schaffung des öffentlichen Eigentums, mit der sich der EG-Vertrag - insofern gehe ich mit Ihnen konform - eigentlich nicht befassen darf. Das bleibt den Mitgliedstaaten überlassen und hier darf sich die Gemeinschaft nicht einmischen. Aber natürlich stehen diese beiden Beziehungen in praktischer Konkordanz, d.h. die eine der beiden Regeln darf die andere nicht beeinträchtigen. Und auch wenn die Mitgliedstaaten das Eigentum regeln, sind sie trotzdem noch an die Wettbewerbsregeln gebunden. Insofern ist die öffentliche Widmung ein rein innerstaatlicher Akt, der aber nicht von der Beachtung der Wettbewerbsbestimmungen entbindet, d.h. im Übrigen sehe ich hier auch keine Probleme, jedenfalls was den Transportbereich betrifft, diesen Wettbewerb herzustellen. Den haben wir auch auf der Straße. Hier besteht auch Wettbewerb zwischen den Spediteuren. Warum soll das nicht gleichzeitig auch auf der Schiene geschehen können, wo verschiedene Transportunternehmen miteinander konkurrieren. Ich sehe hier keinen strukturellen Unterschied. Was den Fahrweg betrifft, darüber kann man durchaus miteinander reden. Hier halte ich nach Art. 86 EGV sogar eine Monopolisierung beim Staat für rechtlich zulässig gem. Abs. 2. Man könnte den Fahrweg sogar ins Staatseigentum zurückführen. Meines Erachtens ist auch die SNCF verpflichtet, ihr Netz im Rahmen dessen, was das Europarecht anordnet und was tatsächlich möglich ist, für Konkurrenten zu öffnen. Es ist ganz klar, dass das Europarecht einen diskriminierungsfreien Zugang anderer Eisenbahntransportunternehmer fordert: Das ergibt sich aus der Richtlinie Nr. 91/440/EWG, und ich denke, das wird wahrscheinlich auch noch einmal gerichtlich geklärt werden müssen.

Thoenes:

Herr Professor *Ronellenfitsch*, Sie erwähnten das Untätigkeitsurteil. Dazu eine Frage. Gibt es denn Anzeichen, dass die Kommission die Liberalisierung im Eisenbahnwesen irgendwo schneller vorantreiben will als die Harmonisierung? Und dazu noch eine Bemerkung: dieses Urteil kommt, glaube ich, kommt aus dem Straßengüterverkehr. Muss man da nicht sagen, dass die Harmonisierung im Eisenbahnwesen eher technischer Natur ist und damit aus meiner Sicht schwieriger als im Straßengüterverkehr, wo sie überwiegend fiskalischer Natur ist und die technische Harmonisierung ein geringeres Gewicht hat als im allgemeinen Eisenbahnverkehr.

Ronellenfitsch:

Also, zunächst gibt es Tendenzen der Kommission, die Liberalisierung weiter zu treiben, allerdings mit Ausnahmeregelungen. Das ist der sogenannte Verordnungsvorschlag, in dem in den Erläuterungsgründen – die bei den europäischen Vorschriften starkes Gewicht haben - schon Formulierung getroffen wurden, wonach also der Wettbewerb jetzt voranschreiten soll. Im Übrigen, damit wir uns nicht missverstehen, den Wettbewerb auf der Schiene wollen eigentlich alle. Es geht um die Infrastruktur, es geht also um den Wettbewerb bei der Infrastruktur, und da freue ich mich, dass Herr *Kämmerer* auch der Meinung ist, dass bei der Infrastruktur unser vorauseilender Gehorsam vielleicht nicht europarechtlich geboten gewesen wäre. Was das Untätigkeitsurteil betrifft, da ging es um die Frage der Dienstleistungsfreiheit, bei den europäischen Grundfreiheiten darum, ob die Dienstleistungsfreiheit Vorrang hat vor fehlenden Harmonisierungstendenzen. Da wurde gesagt, die Dienstleistungsfreiheit gelte auch im Verkehrssektor. Und beim Güterverkehr, unterschätzen Sie das nicht, da ging es nicht um die Frage der Kontingentierung aus fiskalischer Erwägungen, sondern um technische Details, um die Achsabstände und derartige Dinge. Hier ging unsere Argumentation immer dahin, dass wir etwa größere Achsabstände bei LKW nicht zulassen könnten, weil unsere Autobahnen dafür gar nicht ausgelegt seien. Sie haben es sicher mitbekommen: Jetzt sind die größeren Achsabstände zugelassen und unsere Autobahnen sind kaputt. Auf solche Entwicklungen bezog sich das Harmonisierungsargument: Erst müssen wir unsere Autobahnen nachrüsten, ehe wir dann die großen Speditionsunternehmen zulassen können. Das ist natürlich technisch viel banaler als das, was Sie im Eisenbahnwesen umtreibt. Aber aus meiner Sicht sind solche technische Fragen die evident wichtigsten Fragen.

Diskussion zu den Vorträgen von Jörn Axel Kämmerer,
Stefan Dernbach und Antonia Stein

Kämmerer:

Ich möchte noch ganz kurz eine Anmerkung zur Frage der Unterscheidung von Liberalisierung und Harmonisierung machen. Ich denke, dass man hier keine klare Trennung durchführen kann. Die gemeinsame Verkehrspolitik der Mitgliedstaaten enthält Vorschriften, die man in die eine oder andere Kiste packen kann. Liberalisierung oder Harmonisierung. Liberalisierung ist übrigens auch kein Ziel des Europarechts, das muss man auch einmal festhalten, sondern nur eine Folge der Anwendung einer Regel. Die Grundfreiheiten und Wettbewerbsbestimmungen haben diese Liberalisierung zur Folge. Das ist allerdings nicht unbedingt in diesem Bereich ein Selbstzweck, die Grundfreiheiten dienen dazu, den freien wahren Dienstleistungsverkehr zu befördern. Das ist auch der Sinn des Verbots von Beihilfen und der Wettbewerbsregeln. Liberalisierung und Harmonisierung sind hier auch im gewissen Umfang deckungsgleich. Aber konstruktiv gibt es natürlich auch bestimmte Harmonisierungsvorschriften, die neben die Wettbewerbsregeln und Grundfreiheiten treten. Nur greift das insbesondere in Fragen der gemeinsamen Verkehrspolitik durcheinander.

Anmerkung:

Wir müssen, glaube ich, auf eines aufpassen. Es ist nicht allein a) die Initiative des Wettbewerbs auf der Schiene, es ist auch b) die Initiative des Wettbewerbs im Modal-Split-Vergleich zu verbessern und c) das Ganze dadurch zu erreichen, dass man den Wettbewerb der Industrie für den Schienenbereich öffnet. Das was wir bisher haben, sind Unikate, die auf der Schiene fahren, Einzelfahrzeuge, die sehr teuer sind. Wenn ich das in einem europäischen Markt bekomme, wird sich die Produktion des Schienenmaterials wesentlich verbilligen. Dadurch wird sich die Wettbewerbssituation der Bahnen insgesamt verbessern, weil der Schienenverkehr einfach kostengünstiger wird. Man sollte alle drei Bereiche zusammen betrachten und sich nicht nur auf einen Bereich spezialisieren.

Anmerkung:
Ich habe eine Frage zu dem, was Frau *Dr. Stein* gesagt hat, und zwar will mir nicht einleuchten, warum die Widmung und die Eigenschaft als öffentliche Sache und die doctrine von dem domaine public der Zulassung Dritter zum Netz entgegenstehen soll. Denn wenn ich sage, es ist eine öffentliche Sache, eine öffentliche Sache im Anstaltsgebrauch, so heißt das ja, dass bei der Sache im Anstaltsgebrauch, der Anspruch, also eine Zulassung zum Gebrauch der Sache, aufgrund einer Zulassungsentscheidung möglich ist. Wenn ich das mit anderen Sachen im Anstaltsgebrauch vergleiche, wie beispielsweise einer Stadthalle, dann besteht dort ja auch der Anspruch auf Zulassung nach gleichen Grundsätzen. Deswegen würde ich sagen, gerade dieser domaine public ist eigentlich keine Rechtfertigung für den Ausschluss von Wettbewerb.

Stein:
Wenn ich an die Auslegung des Begriffs "Missbrauch" herangehe, muss ich mich ja fragen, ob der Ausschluss auch irgendwie gerechtfertigt sein kann. Als Rechtfertigungsgrund würde ich ansehen, dass das Nutzungsrecht eben nicht privat ist. Es geht ja nach wie vor um Staatseigentum, das in Form eines Gebrauchsrechts durch die SNCF verwaltet wird. Und zur Widmung als domaine public gehört die Berechtigung zur Leistungsverweigerung. Deshalb kann die SNCF nicht gezwungen werden, im Rahmen der dargestellten SNCF-facilité de doctrines Zugang zu gewähren.

Kämmerer:
Darf ich Sie aber mit dem Wortlaut des Art. 86 Abs. 1 EGV konfrontieren: *"Die Mitgliedstaaten werden in bezug auf öffentliche Unternehmen (...) keine diesem*

Vertrag und insbesondere dessen Art. 12 und 81 bis 89 widersprechenden Maßnahmen treffen oder beibehalten."

Ein öffentliches Unternehmen ist unter anderem ein Unternehmen, das dem Staat gehört, in welcher Rechtsform auch immer. Also heißt das ganz klar, die Wettbewerbsvorschriften sind zu beachten, der Markt ist zu öffnen.

Stein:

Ja, aber es ist doch die Frage: Ist denn missbräuchlich, was die SNCF macht.

Kämmerer:

Das beantwortet Abs. 2: Dass die SNCF Dienstleistungen im allgemeinen wirtschaftlichen Interesse erbringt, das will ich gelten lassen, aber ob die Aufgaben der SNCF verhindert werden, wenn man auf ihren Gleisen auch andere Unternehmen fahren lässt, das will ich nicht einsehen.

Stein:

Ich würde es schon vorher hinausnehmen und sagen, durch die öffentliche Widmung fällt es schon gar nicht in den Zugriffsbereich.

Ronellenfitsch:

Noch mal, noch mal! Öffentliche Unternehmen sind europarechtlich definiert. Da ist völlig egal, wer der Eigentümer ist, auch wenn der Staat Eigentümer ist, betreibt er ein Unternehmen, selbst mit einer öffentlichen Stoßrichtung. Solche öffentlichen Unternehmen unterliegen dem Wettbewerb, es sei denn, der Wettbewerb wäre im Hinblick auf die Zweckrichtung des öffentlichen Unternehmens missbräuchlich. Das ist Art. 86 EGV, nicht? Gut! Das ist aber nicht das gleiche wie der domaine public. Das ist etwas anderes! Domaine public bedeutet nicht, das ist ein öffentliches Unternehmen, sondern domaine public bedeutet, das ist eine Sache, die im Eigentum des Staats verblieben ist. Nicht unternehmerisch oder sonst etwas, sondern man geht davon aus, das ist eine Einrichtung, auf die der Staat sein Hoheitsrechts erstreckt. Das ist eine Einrichtung, die dem privaten Rechtsverkehr entzogen ist. Deswegen haben wir in Deutschland die Lehre vom domaine public nicht ganz abgelehnt. Trotzdem dürfen Sie die Lage in Frankreich nicht an den Kriterien des deutschen öffentlichen Sachenrechts messen. Der Vergleich mit Sachen im Anstaltsgebrauch passt nicht! Wir haben den domaine public nur teilweise übernommen. Der Versuch von *Otto Mayer*, das französische Recht insoweit vollständig zu übernehmen, ist ja gescheitert. Wir haben das nur bei Deichen, beispielsweise in Hamburg, wir haben das bei Wasserläufen in Baden-Württemberg. Da haben wir die Figur des öffentlichen Eigentums. Das sind Sachen, für die eine Sondersituation besteht. Die Sache ist dem privatem eigentumsmäßigen (§ 903 BGB) Rechtsverkehr entzogen. Das öffentliche Eigentum drückt aus, dass eine Sache nicht kommerziell nutzbar ist. Das ist eigentlich die Idee, die dahinter steckt. Die Franzosen haben in bestimmten Bereichen diesen domaine public aufrecht erhalten, um den Zugriff der privaten Rechtsordnung zu verhindern. Und die Frage lautet: Kann man das gemeinschaftsrechtlich verewigen? Die Eigentumsordnung im Sinne des privaten Eigentumsrechtes ist dem Europarecht zugänglich. Aber das was unmittelbar Staat ist, was Staatlichkeit ist, ist dem Europarecht nicht zugänglich, es sei denn, der Staat führt sein öffentliche Eigentum dem Wirtschaftsverkehr zu. Was Sie umtreibt, vermute ich jedenfalls, ist Folgendes: Kann ich mich hinter dem domaine public verstecken, wenn ich es doch kommerziell durch ein Institut nutzbar gemacht habe, das man sinngemäß mit Nießbrauch beschreiben könnte? Ist durch die Übertragung des Nießbrauchs dieser Sache an ein privates Unternehmen der Nießbraucher in die Rolle des öffentlichen Unternehmens eingerückt, was unter Art. 86 EGV fällt? Da sind die Franzosen offenbar noch auf einer Mauerstellung, aus der heraus sie entgegnen: Im Augenblick ist die Eisenbahn

Staatlichkeit. Gemeint ist nicht der "rollende Verkehr", denn diesen mussten auch die Franzosen kraft Gemeinschaftsrecht liberalisieren. Aber ansonsten haben die Franzosen die finstere Meinung vertreten und vertreten sie immer noch, die Infrastruktur, das sei domaine public, das sei öffentliches Eigentum. Wenn dann die französische Eisenbahngesellschaft die Infrastruktur verwaltet, geht man davon aus, dass, solange das Unternehmen des sekundären Markts die Infrastruktur betreibt und das zu deren Erhalt und Funktionstauglichkeit der Infrastruktur unerlässlich ist, Wettbewerb hintan gestellt werden kann. Die Argumentation ist natürlich wackelig, darüber sind wir uns im Klaren. Ob das Verschanzen hinter alten Rechtsinstituten sich auf Dauer halten lässt, weiß ich nicht. Wenn Sie nachweisen können, dass die Funktionsfähigkeit der Eisenbahninfrastruktur genauso gewährleistet ist, wenn konkurrierende Unternehmen aus Europa auf dem Schienennetz fahren, und das die Existenz des französischen Unternehmens nicht in Schwierigkeiten bringt, dann lassen sich auf lange Sicht die Zugangsbehinderungen nicht halten.

Heinrichs:

Vielleicht verstehe ich ja die Kompliziertheit des Sachverhalts nicht, aber in der Richtlinie Nr. 91/440/EWG steht unter Art. 10 der einfache Satz: *"Die internationalen Gruppierungen erhalten Zugangs- und Transitrechte in den Mitgliedstaaten, in denen die angeschlossenen Eisenbahnunternehmen ihren Sitz haben."* Es muss also nur gelingen, in Frankreich einen Kooperationspartner zu finden außerhalb und unterhalb der SNCF, da gibt es genauso wie in der Bundesrepublik Deutschland kleine Eisenbahnunternehmen. Was eine internationale Gruppierung ist, das klärt Art. 3: Das ist der Zusammenschluss von Eisenbahnunternehmen, Eisenbahnverkehrsunternehmen in diesem Fall, die in mindestens zwei unterschiedlichen Mitgliedstaaten ihren Sitz haben und dann ist auch schon nach dem direkten oder nach dem einfachen Wortlaut der Richtlinie Nr. 91/440/EWG nach meinem Verständnis der Zugang aus EG-Recht nicht abzuwehren. Die Richtlinie selbst klärt, unter welchen relativ simplen Voraussetzungen andere Eisenbahnverkehrsunternehmen auf einer fremden Infrastruktur ein unabweisbares Zugangs- und Transitrecht haben.

Pöhle:
Noch eine Frage an Herrn *Dr. Kämmerer*: Ist Art. 86 EGV denn konkret genug, denn die Nr. 91/440/EWG beschreibt ja die Zugangsrechte für den Güterverkehr oder beschränkt die Zugangsrechte für den Güterverkehr auf den grenzüberschreitenden kombinierten Verkehr. Wie ich gehört habe, liegt es unter anderem an dieser Unzulänglichkeit der Richtlinie Nr. 91/440/EWG, dass Frankreich diese Blockadehaltung aufrecht erhalten kann, und das soll jetzt mit dem neuen Infrastruktur-Paket verbessert werden, da soll es also erweitert werden auch für andere Verkehre.

Kämmerer:
Ja, danke! Das ist eigentlich eine ganz wichtige Frage. Das habe ich auch versucht herauszustellen, dass hier das Europarecht, dass hier insbesondere die Kommission bei der Umsetzung des Art. 86 EGV, durch die Rechtsetzungsbefugnisse des Abs. 3 weniger erreicht hat, als sie hätte erreichen können. Meines Erachtens ist Art. 86 Abs. 1 und 2 hier durchaus konkret genug. Diese Bestimmungen sind hier unmittelbar anwendbar. Es bedarf eigentlich keiner Umsetzung. Die Kommission konkretisiert das nur, um hier tatsächlich für die Durchsetzung dieser Bestimmungen, insbesondere der Wettbewerbsregeln, also z.B. des Beihilfeverbots zu sorgen. Das ist vom Gerichtshof auch bestätigt worden. Man kann unmittelbar auf Art. 86 EGV zurückgreifen, um Verpflichtungen zu aktivieren. Die Kommission ist hier, wie gesagt, etwas zurückhaltender. Meistens geschieht das erst, wenn tatsächlich sekundärrechtliche Bestimmungen nach

Art. 86 Abs. 3 EGV erlassen sind. Auf der anderen Seite steht die gemeinsame Verkehrspolitik, die in einem merkwürdigen Halbzusammenhang mit Art. 86 EGV steht, die sich aber eben auf Art. 70 ff. EGV stützt. Ich kann nur mutmaßen, warum es innerhalb der europäischen Institutionen, innerhalb der Kommission keine ausreichende Zusammenarbeit gibt, um hier zwischen dem Verkehrs- und dem Wettbewerbsressort bessere Abstimmungen zu bekommen.

Anmerkung::

Ich muss nochmals auf den domaine public zurückkommen, denn eigentlich bewirkt dieses Rechtsinstitut des öffentlichen Eigentums ja nur die Herausnahme der Sache aus dem privaten Rechtsverkehr, d.h. ich kann meine Schiene nicht mehr verkaufen, sie ist öffentliches Eigentum und insoweit aus dem privaten Rechtsverkehr ausgenommen. Das bewirkt aber nicht, dass es keine privaten Nutzungsrechte mehr daran gibt. Die Straße ist auch öffentliches Eigentum, trotzdem darf jeder darauf gehen, fahren, Omnibus fahren, Omnibus- oder Taxiunternehmen betreiben. Das ist vielleicht eine Parallele zu diesen Eisenbahnverkehrsunternehmen. So ist es auch meiner Meinung nach bei der Schiene, d.h. nur weil es öffentliches Eigentum ist und ich die Schiene nicht verkaufen kann, bedeutet das nicht, dass nicht ein privates Unternehmen Zugangrecht zur Nutzung dieser Schiene hat. Das hat mit der domaine public und der Herausnahme aus der Eigentumsordnung nichts zu tun!

Delbanco:

Herr Heinrichs hat eigentlich schon einen Teil dessen gesagt, was ich einwerfen wollte, ich möchte es noch dahingehend ergänzen, dass die Richtlinie Nr. 91/440/EWG die hier meines Erachtens tatsächlich einschlägig ist, gerade die Organisationsform für die Infrastrukturunternehmen den Staaten völlig offen lässt. Also es ist völlig gleichgültig, ob das als öffentliches Unternehmen im

Staatseigentum geführt wird, ob es privatisiert wird, formal privatisiert, wie auch immer, Fakt bleibt, dass die von Herrn *Heinrichs* genannten Zugangsrechte durch das nationale Recht gewährt werden müssen. Insofern verschanzen sich auch die Franzosen meines Erachtens nach nicht hinter einem domaine public. Das steht ihnen, finde ich, durchaus offen, so wie wir auch mit der Konstruktion der Widmung arbeiten können. Die andere Frage, die, wie Sie auch richtig gesagt haben, daneben bestehen bleibt, ist eben: Welche Zugangsrechte haben Dritte? Und ich habe ein bisschen das Gefühl, dass es hier auch durcheinander geht, weil die Konstruktion, Herr Professor *Ronellenfitsch*, die Sie hier gestern im Zusammenhang mit dem Puttgardenfall ausgeführt haben, eigentlich eine andere Konstellation betraf. Hier ging es nämlich um die Frage, wie ich eine nutzungsfremde, eine eisenbahnfremde Nutzung von meinem Gelände fernhalten kann. Hier ist sicherlich die Widmung das einschlägige Institut. Auf der anderen Seite habe ich, wenn ich mir die Frage stellen muss, ob andere Eisenbahnunternehmer meine Infrastruktur benutzen dürfen, eigentlich nach deutschem Recht eine widmungskonforme Nutzung. Insofern ist das eigentlich eine ganz andere Problemlage, die meines Erachtens weder mit der domaine public noch mit der Widmung wirklich gelöst werden kann.

Hennes:
Der Vorschlag, den hier Herr *Heinrichs* skizziert hat, scheitert in der Praxis daran, dass es dem Vernehmen nach in Frankreich sehr schwer sein soll, ein Unternehmen einzutragen - also sprich: zu konstituieren -, das sich mit der Erbringung von anderem als nur lokalem Verkehr beschäftigt. Infolgedessen wird auf diese Art und Weise praktisch ein Monopol erhalten. Ob das gemeinschaftsrechtskonform ist, ist eine ganz andere Frage. Aber auf diese einfache Art und Weise bleibt das Netz eben konkurrenzfrei.

Diskussion zu den Vorträgen von Jörn Axel Kämmerer, Stefan Dernbach und Antonia Stein

Ronellenfitsch:

Irgendwie habe ich das Gefühl, wir tasten europarechtlich im Nebel, zumal das eine Materie ist, in der - außer Herrn *Kämmerer* natürlich - sowieso niemand unmittelbar und originär zu Hause ist. Das Problem ist, das hat Herr *Schweinsberg* schon gesagt, das eine: Wir können die europarechtlichen Normen nicht so auslegen wie unser nationales Recht nach unserem Verständnis. Die europarechtlichen Normen sind völlig anders aufgebaut und konzipiert. Aber es gibt ein paar Grundsätze, die gelten im Europarecht wie im nationalen Recht auch. Das gilt für den Grundsatz, dass beim Bestehen einer Normenhierarchie das nachrangige Recht im Einklang mit dem vorrangigen Recht gehalten werden muss. Deshalb prüfen deutsche Jurastudentinnen und –studenten seit dem 1. Semester, ob einschlägige einfachgesetzliche Vorschriften mit dem Grundgesetz im Einklang stehen. Das Gleiche gilt auf europäischer Ebene selbstverständlich auch. Warum unterscheiden wir denn Primärrecht und Sekundärrecht? Die Unterscheidung ergibt ja nur dann Sinn, wenn man sagt, dass das Sekundärrecht, also die Verordnungen, Richtlinien und dergleichen, im Einklang stehen mit dem Primärrecht, mit dem Vertragsrecht, stehen müssen. Diese Aussage sollte auch auf europäischer Ebene konsensfähig sein. Herr *Kämmerer*, Sie werden das auch attestieren. Also müssen wir europäische Verordnungen und Richtlinien nicht von vornherein blind und gläubig einhalten, sondern zunächst einmal prüfen, ob diese Verordnungen und Richtlinien mit dem Primärrecht vereinbar sind. Diese Vorgehensweise sollte man eigentlich ebenfalls für akzeptabel halten. Gut. Also schauen wir ins Primärrecht, und da gibt es Vorschriften über den Wettbewerb, die Art. 81 ff. EG, mit Einschränkungen in Art. 86 EG. Das haben wir bisher die ganze Zeit gemacht. Da waren wir uns auch einig. Dann gibt es aber auch Vorschriften über das Verkehrswesen. Auch hierauf hat Herr *Kämmerer* hingewiesen. Im Verkehrstitel des EG gibt es nun eine zentrale Vorschrift. Das ist der Art. 73 EG, der besagt, dass das Verkehrswesen den Anforderungen des öffentliches Dienstes Rechnung tragen muss. Öffentlicher Dienst meint „service public". Jedenfalls haben wir diesen Sprachgebrauch wörtlich übernommen. Der Ausdruck „service public" ist natürlich wieder mit deutschen Kategorien interpretiert worden. „Öffentlicher Dienst", hat man gesagt, das müssen Beamte sein. Völliger Unsinn! „Service public", das haben wir gestern gesehen, ist sinngemäß genau das, als Staatsaufgabe betrachtet, was wir in Deutschland mit Daseinsvorsorge meinen. Wenn die Belange des „öffentlichen Dienstes", d.h. der Daseinsvorsorge, es erfordern, dass von den Wettbewerbsvorschriften Ausnahmen gemacht werden, dann müssen diese Ausnahmen auch möglich sein. Im Beihilfebereich gibt es Sonderregelungen. In Art. 87 EG steht ja, dass Beihilfen unzulässig sind, es sei denn, dieser Vertrag sieht Ausnahmen vor. Bei den normalen Wettbewerbsvorschriften gibt es diese Ausnahmeklausel nicht, aber trotzdem haben Sie selbst, Herr *Kämmerer*, gesagt, es muss im öffentlichen Vertragswesen praktische Konkordanz hergestellt werden zwischen den einzelnen Artikeln. Also muss ich praktische Konkordanz herstellen zwischen dem Verkehrsartikel und dem Wettbewerbsartikel des Europäischen Vertrags. Das bedeutet, dass es im Verkehrswesen Wettbewerb geben und geben können muss. Aber der Wettbewerb wird eingeschränkt, wenn Belange des Öffentlichen Dienstes nach Art. 73 EG dem entgegenstehen.

Kämmerer:

Das ist die Frage. Bei Ausschluss des Wettbewerbs haben Sie keine praktische Konkordanz.

Ronellenfitsch:

Es gibt Belange des öffentlichen Dienstes, die auch im Wettbewerbsbereich gelten. Wie diese Belange konkretisiert werden, hängt von der Ausgestaltung des öffentlichen Dienstes des jeweiligen Mitgliedstaates ab. Der service public ist eine Leistung, die in jedem Mitgliedstaat anders gestaltet ist. Das, was Daseinsvorsorge in Spanien und in Portugal ist, muss nicht Daseinsvorsorge in der Bundesrepublik Deutschland sein. Wir können, vor allem, wenn Sie an die Beitrittsländer denken, ganz andere Standards haben, obwohl diese sich allmählich angleichen.

Kämmerer:

Natürlich kann man unter Berufung auf diesen service public den Wettbewerb in einem gewissen Maße einschränken, und das erlaubt Art. 86 Abs. 2 EGV, wenn jedenfalls die Aufgabe des Unternehmens anderenfalls verhindert würde. Es reicht nicht aus, wenn diese Aufgabe nur behindert würde. Wenn das Unternehmen Verluste macht, reicht das nicht für eine Einschränkung des Wettbewerbs, allerdings kommt dann der Nachsatz: *"Die Entwicklung des Handelsverkehrs darf nicht in einem Ausmaß beeinträchtigt werden, das dem Interesse der Gemeinschaft zuwiderläuft."* Interesse der Gemeinschaft, das können Sie aus Art. 3 EG-Vertrag ablesen, ist es, den Wettbewerb hier überhaupt herzustellen und zu erhalten, wenn er hergestellt ist, d.h. das Interesse der Gemeinschaft am Wettbewerb hat im Zweifel bei der Abwägung Vorrang.

Heinrichs:

Mir scheinen bei den Wettbewerbsgedanken zwei Aspekte ein bisschen durcheinander zu geraten. Ich kann Wettbewerb auf der Infrastruktur durchführen. Ich kann auf keinen Fall Wettbewerb mit einer Infrastruktur durchführen, weil eine Infrastruktureinrichtung nun einmal etwas Immobiles ist. Da gibt es einen Infrastruktur-Betreiber, und der ist es dann halt für die Zeit. Womit soll der denn in den Wettbewerb treten? Das kann er ja eigentlich nur, wenn er sozusagen parallele Anlagen daneben hat und der Konkurrent wirklich auswählen kann. Diese Situation haben wir aber gar nicht. In der Regel habe ich einen Knappheitstatbestand, es gibt einen Bahnhof, vielleicht einen zweiten am anderen Ende und dazwischen liegt Infrastruktur, liegen Gleise, da liegen Signale und Telekommunikationseinrichtungen, insofern ist, das muss man sagen, der Wettbewerbsgedanke zunächst einmal darauf beschränkt, dass jemand auf einer vorhandenen Infrastruktur, die in einem betriebssicheren Zustand ist, Verkehrsleistungen erbringen kann. Da kann Wettbewerb stattfinden. Allerdings müssen wir bei allen juristischen Betrachtungen auch einmal zur Kenntnis nehmen, dass die einzigen Bahnen, - und es geht ja nicht darum, dieses oder jenes zu erzeugen gewissermaßen als Laborversuch, sondern es geht darum, denke ich mal, für die Gemeinschaft ein Eisenbahnwesen zu erzeugen, was bezahlbar und sicher bleibt - die bisher dieses Ziel einigermaßen nachweislich erreicht haben, die japanischen Bahnen sind, und die haben auf keinen Fall Wettbewerb auf der Infrastruktur. Die haben einen Wettbewerb der ganz anderen Art. Die haben das ganze Land in bestimmte Sektionen geteilt, und nur zwischen den Unternehmen, die jedes für sich Infrastruktur-Betreiber und Verkehrsunternehmer sind, da findet Wettbewerb statt, d.h. auf der einzelnen Infrastruktur findet im Prinzip kein Wettbewerb statt. Aber offensichtlich scheint das ein System zu sein, das natürlich auch von den japanischen regionalen Besonderheiten geprägt ist. In Japan kann man nicht mit dem PKW so herumfahren wie bei uns, weil das Straßennetz das nicht hergibt. Aber das scheint ein Weg zu sein, die Einheit, die technische Einheit des Eisenbahnwesens zu wahren, die Kostengesichtspunkte nicht aus den Augen zu verlieren und einen sicheren Eisenbahnbetrieb - und das muss man den Japanern wirklich zugestehen, das können die auch - zu gestalten. Und die haben ja nun auch vorher rote Zahlen geschrieben. Insofern darf man hier bei aller rechtlichen Betrachtung nicht unberücksichtigt lassen, dass es offensichtlich Systemabhängigkeiten gibt, die bei anderen Verkehrsteilnehmern oder anderen Verkehrsträgern überhaupt nicht gegeben sind.

Diskussion zu den Vorträgen von Jörn Axel Kämmerer,
Stefan Dernbach und Antonia Stein

Anmerkung:

In direkter Erwiderung nur ein Beispiel. Wer einmal im Eisenbahngütertarif gearbeitet hat, weiß, dass es seit ungefähr 70 Jahren einen heftigen Infrastruktur-Wettbewerb gibt, und zwar z.B. Karlsruhe-Basel. Seit 70 Jahren versuchen die Beteiligten auf beiden Seiten, die französische Eisenbahn und die deutsche Eisenbahn, gerade für diese Oberrheinstrecke sich gegenseitig die Verkehre abzujagen, weil dort zufälligerweise zwei Infrastrukturen parallel nebeneinander liegen in der gleichen Zugrichtung.

Ronellenfitsch:

Ich gehe davon aus, dass wir jetzt das Thema einigermaßen ausgereizt haben, Ich sehe Ermüdungserscheinungen im Publikum, und ich würde sagen, wir brechen an der Stelle ab. Ich möchte Ihnen einen Punkt trotzdem noch in die Pause mitgeben: Warum gibt es denn die ganze Diskussion um den service public und den Wettbewerb? Ich habe das vorhin nicht grundlos gesagt: Bei uns geht es um den Öffentlichen Dienst als Institution. Es geht um Personalkosten und deshalb ist der Wettbewerb auch so schwierig. Sowohl die Franzosen wie auch die Deutschen bauen Verteidigungspositionen auf, um ihr Personal zu schützen. Diesen Aspekt sollten wird redlicherweise nicht ganz unter den Tisch fallen lassen.

Vielen Dank noch, Frau *Dr. Stein*, Herr *Dernbach* und Herr Dr. *Kämmerer.*

Anke Borsdorff

Aufgaben des Bundesgrenzschutzes im Bereich der Eisenbahnen des Bundes

I. Bahnpolizeiliche Aufgabenwahrnehmung

Die bahnpolizeiliche Aufgabe ist dem Bundesgrenzschutz präventiv durch § 3 Abs. 1 BGSG und repressiv durch §§ 12 I Nr. 5 i.V.m. II zur Strafverfolgung und gem. § 13 I u. III BGSG zur Erforschung und Verfolgung von Ordnungswidrigkeiten übertragen. Hierbei ist auch die Gefahrenvorsorge und Verhütung von Gefahren im Bereich der Eisenbahnen des Bundes erfasst.[1]. Die bahnpolizeiliche Aufgabe ist räumlich begrenzt auf das Gebiet der Bahnanlagen der Deutschen Bahn AG und funktional begrenzt auf die Abwehr eisenbahntypischer Gefahren für und die Verfolgung hiermit verbundener bestimmter Straftaten und Ordnungswidrigkeiten. Schutzgüter sind die Benutzer, Anlagen und der Betrieb der Bahn. Letzterer wird zudem auch dadurch geschützt, dass die bahnpolizeiliche Aufgabe auch die Gefahrenabwehr für die sich aus dem Betrieb ergebenden Gefahren, z.B. den Bahnbetriebsunfall, umfasst. Hierbei ist die bahnpolizeiliche Aufgabe nicht sachlich begrenzt. Es kommt somit nicht auf das Ausmaß des drohenden Schadens bei größeren Schadensereignissen oder auf die Anzahl der gefährdeten Reisenden an.[2] Strafverfolgend ist der Bundesgrenzschutz zuständig für die Verfolgung von allen Vergehen gegen die Benutzer, Anlagen oder den Betrieb und das Vermögen der Bahn sowie für die Ver-

---

[1] vgl. dazu *Heesen/Hönle*, Kommentar zum BGSG, Hilden 2000, § 1, Rn. 205.

[2] vgl. auch *Heesen/Hönle*, Kommentar zum BGSG, Hilden 2000, § 3 Rn.13, unzutreffend dagegen *Albrecht*, Die Polizei 1998, 251, 254.

folgung des Verbrechens des gefährlichen Eingriffs in den Bahnverkehr gem. § 315 Abs. 3 Nr. 1 StGB. Eine weitergehende sachliche Einschränkung auch dieser repressiven Aufgabenwahrnehmung besteht auch hier nicht, da der Straftatenkatalog nach § 12 Abs. 1 S.1 BGSG in Form einer Rechtsverordnung bisher nicht erlassen worden ist. § 12 I S.2 BGSG stellt die Forderung nach der Schaffung eines Straftatenkataloges zu § 12 I S.1 BGSG auf. Der alte Straftatenkatalog, der zu § 3 des BGSG in der Fassung von 1991 erlassen worden ist, ist ebenso wie der dazugehörige Beschluss der Innenministerkonferenz vom 03.05.1991, wonach der Bundesgrenzschutz im Rahmen seiner Strafverfolgungskompetenz nur die Straftaten bis zur Abgabe an die Staatsanwaltschaft bearbeitet, soweit diese Straftaten auf dem Gebiet der Bahnanlagen begangen wurden und sie in dem sog. Straftatenkatalog aufgeführt sind, ist nicht mehr anwendbar. Mit dem Inkrafttreten des neuen BGSG hat aber der Gesetzgeber in § 69 BGSG das Bundesministerium des Inneren verpflichtet, die erforderlichen Verwaltungsvorschriften zur Durchführung des BGSG zu erlassen. Insofern ist der Beschluss der IMK vom 03.05.1991 nicht mehr anwendbar. Mit Inkrafttreten des neuen BGSG 1994 sind das alte Gesetz und alle aufgrund dieses Gesetzes erlassenen Rechtsverordnungen außer Kraft getreten. Der alte Straftatenkatalog ist nicht durch neue Rechtsverordnung auch für das neue Gesetz erlassen worden. Solange zum neuen BGSG keine Rechtsverordnung erfolgt, gilt somit der Wortlaut des Gesetzes, wonach der Bundesgrenzschutz die Zuständigkeit zur Strafverfolgung für alle Vergehen hat, die sich gegen die Benutzer, Anlagen oder den Betrieb der Bahn richten. In Zweifelsfällen sollte gem. § 12 Abs. 3 Satz 4 BGSG die Staatsanwaltschaft im Rahmen ihrer Schiedsrichterfunktion um klare Zuständigkeitsregelung gebeten werden. Auch hier ist die Entscheidung nach Maßgabe der vorhandenen Kompetenzen zu treffen. Die Staatsanwaltschaft kann somit keine nie vorhandene Zuständigkeit neu begründen, sondern nur in Zweifelsfällen, wenn sowohl Aufgaben des Bundesgrenzschutzes als auch der Landespolizei betroffen sind (Gemengelagen), eine der beiden Stellen mit der Strafverfolgung beauftragen.

Die örtliche und instanzielle Zuständigkeit des Bundesgrenzschutzes ist in § 58 BGSG i.V.m. § 3 Abs. 2 Nr. 3 der Verordnung über die Zuständigkeiten der Bundesgrenzschutzbehörden in der Fassung vom 17.12.1997 geregelt[3].

Die bahnpolizeiliche Aufgabe wurde dem Bundesgrenzschutz durch das sog. Aufgabenübertragungsgesetz „Gesetz zur Übertragung der Aufgaben der Bahnpolizei und der Luftsicherheit auf den Bundesgrenzschutz" vom 23. Januar 1992 übertragen[4]. Damit wurde das polizeiliche Aufgabenspektrum des Bundesgrenzschutzes erheblich erweitert. In dem Rechtsstreit zwischen dem Land Nordrhein-Westfalen und dem Bund hat der 2. Senat des BVerfG in einem Normenkontrollverfahren entschieden, dass die Wahrnehmung dieser sonderpolizeilichen Aufgabe durch den Bundesgrenzschutz als verfassungskonform anzusehen ist. Das Land Nordrhein-Westfalen vertrat die Auffassung, dass die Abwehr allgemeiner Gefahren für die öffentliche Sicherheit und Ordnung sowie die polizeilichen Aufgaben der Strafverfolgung den Ländern – und nicht dem Bund – obliegen. In der Begründung heißt es u.a.: Der Bundesgesetzgeber darf dem Bundesgrenzschutz über die in Art. 87, 35, 91 und 115f GG genannten polizeilichen Aufgaben hinaus eine weitere Verwaltungsaufgabe zuweisen, wenn er sich für deren Wahrnehmung auf eine Kompetenz des GG stützen kann. Dieses hat das BVerfG sowohl für die sonderpolizeiliche Aufgabe Bahnpolizei als auch

---

[3] BGBl. I 1997 S. 3132.
[4] BGBl. I 1992, S. 178.

für den Zuständigkeitsbereich Luftsicherheit in seiner Entscheidung bejaht[5]. Allerdings darf der Bundesgrenzschutz nicht zu einer allgemeinen, mit den Landespolizeien konkurrierenden Bundespolizei ausgebaut werden und damit seinen Status als Polizei mit begrenzten Aufgaben verlieren. Dieses »Aufgabenerweiterungsverbot« ergibt sich auch aus § 1 Abs. 2 BGSG.

II. Zuständigkeitsabgrenzung zur Landespolizei

Im Rahmen größerer Veranstaltungen wie z.b. der EXPO 2000[6], Demonstrationslagen, Castortransporten sowie Fußballeinsätzen oder im Zusammenhang mit größeren Schadensereignissen ergeben sich vielfältige Berührungspunkte bei der Zuständigkeit von Bundesgrenzschutz und Landespolizei. Im Rahmen der Gefahrenabwehr könnte es hier beispielsweise zu Überschneidungen zwischen Bundes- und Landesbehörde kommen, wenn diese Gefahr sich im Zuständigkeitsbereich einer Behörde darstellt und aufgrund der Tragweite des Anlasses die Zuständigkeit der anderen Behörde tangiert wird. Hierbei ist zunächst festzustellen, dass es keine alles überlagernde Zuständigkeit der Landespolizei gibt, die die bahnpolizeiliche Aufgabenwahrnehmung des Bundesgrenzschutz verdrängt. Vielmehr ist die landespolizeiliche Gefahrenabwehraufgabe für den Bereich der sonderpolizeilichen Aufgabe des Bundesgrenzschutzes ausgeschlossen. Der Landespolizei bleibt in dem sonderpolizeilichen Aufgabenbereich lediglich gem. § 1 VII BGSG die allgemeine Gefahrenabwehr. Grundlage hierfür ist die gesetzliche Aufgabenzuweisung aufgrund der §§ 3, 12 I Nr. 5 BGSG sowie die ausdrückliche Zuweisung einer Eilkompetenz

---

[5] Grundlegend hierzu *Ronellenfitsch*, Verwaltungsarchiv 1999, 139-161.

[6] Vgl. zur Rechtsproblematik der EXPO, *Borsdorff/Lange*, ASPi BGS 2000, Heft 7, S. 139-160.

für die Landespolizei im Aufgabenbereich des Bundesgrenzschutzes durch die Regelung des § 64 BGSG. Insbesondere letztere schließt eine alles überlagernde Zuständigkeit der Landespolizei aus. Denn wenn es eine solche gäbe, dann wäre eine Regelung über eine Eilzuständigkeit nicht erforderlich gewesen, da dann die Landespolizei aus eigener Zuständigkeit hätte tätig werden können. Insbesondere aber auch das verfassungsrechtliche Verbot der Mischverwaltung verbietet eine Aufgabenzuweisung an Bund und Land zugleich. Nach Art. 83 ff. GG kennt die Verfassung die Ausführung von Bundesgesetzen als eigene Angelegenheit der Länder (näher Art. 84 GG), die Ausführung der Bundesgesetze im Auftrage des Bundes (Art. 85 GG) oder die Ausführung der Gesetze durch bundeseigene Verwaltung (Art. 86, 87-90, 108, 114 und 120a GG). Die gemeinsame Ausführung von Bundesgesetzen durch Bundes- und Landesbehörden ist als allgemeine Verwaltungsform nicht vorgesehen[3]. Das BVerfG hat dazu ausgeführt, dass Mitplanungs-, Mitverwaltungs- und Mitentscheidungsbefugnisse des Bundes – gleich welcher Art – im Aufgabenbereich der Länder, ohne dass das Grundgesetz dem Bund entsprechende Kompetenzen übertragen hat, gegen das verfassungsmäßige Verbot der Mischverwaltung verstoßen[4]. Eine Aufgabe kann somit immer nur einer Behörde übertragen werden. Somit ist die bahnpolizeiliche Aufgabe des Bundesgrenzschutzes aus der allgemeinen Gefahrenabwehraufgabe der Landespolizei ausgeschlossen. Wehrt die Landespolizei dennoch bahnpolizeiliche Gefahren ab, kann dies nur im Rahmen der hierfür bestehenden Eilzuständigkeit gem. § 64 BGSG erfolgen. Damit wird jedoch ein koordinierendes Zusammenwirken von Bund und Ländern nicht ausgeschlossen[5]. Jede Aufgaben ist folglich einer zuständigen Behörde zuzuord-

---

[3] *von Münch/Kunig* (1996), *Broß, Siegfried* in Band 3, S. 338, Art. 83 Rn 15.
[4] BVerfGE 39,96 (120); 41,291 (311).
[5] *Katz, A.;* Staatsrecht, 13., neubearbeitete Auflage, Heidelberg 1996, S.228, Rn. 474

nen. Bei der Wahrnehmung der Aufgaben im originären Zuständigkeitsbereich des Bundesgrenzschutzes zur Gefahrenabwehr gem. §§ 2, 3, 4 BGSG ist somit eine gleichzeitige gefahrenabwehrende Aufgabenwahrnehmung durch die Landespolizei unzulässig. Zu berücksichtigen bleibt auch § 1 Abs. 7 BGSG. Danach ist die Zuständigkeit der Länder für den Aufgabenbereich des Bundesgrenzschutzes ausgeschlossen[6]. Möglich ist allenfalls bei größeren Gefahrensituationen im Rahmen der Gefahrenabwehr eine Absprache mit anderen Behörden (z.B. THW, Katastrophenschutz, Rettungskräfte), um die Gefahr abzuwehren oder eine Schadensvertiefung zu verhindern. Auch ein enges Abstimmen mit der DB AG und den Notfallmanagern kann erforderlich sein. Die Deutsche Bahn AG trifft ihre Maßnahmen im Zusammenhang mit Betriebsunfällen nach der Konzernrichtlinie 423. Was den Bereich der Strafverfolgung bei einem „größeren Schadensereignis" betrifft, so ist gem. § 12 Abs. 3 Satz 4 BGSG die Staatsanwaltschaft ermächtigt, die zuständige Strafverfolgungsbehörde zu bestimmen. Sinnvollerweise sollte hier der Bundesgrenzschutz beauftragt werden, da er die Behörde ist, die im Falle eines Bahnbetriebsunfalls über den erforderlichen, größtmöglichen Sachverstand verfügt.

III. Die Aufgabe nach § 3 BGSG

1. Gebiet der Bahnanlagen

Die polizeiliche Aufgabe des Bundesgrenzschutzes im Aufgabenbereich des § 3 I BGSG beschränkt sich auf das Gebiet der Bahnanlagen. Das Gebiet der

---

[6] amtl. Begründung zum BGSG, S. 36.

Bahnanlagen umfasst alle Flächen oder das Gelände[7], auf denen sich Schienenwege und für den Betrieb dieser Schienenwege notwendige Anlagen befinden. Es bezeichnet zugleich die räumliche Beschränkung der sachlichen Zuständigkeit der Aufgabe Bahnpolizei. Ein Handeln außerhalb des Gebietes der Bahnanlagen liegt im Zuständigkeitsbereich der Polizeibehörde des jeweiligen Landes. Diese räumliche Beschränkung hat ihre Gültigkeit gem. § 12 Abs. 2 Satz 1 BGSG auch für die Verfolgung von Straftaten[8]. Für die Ahndung von Ordnungswidrigkeiten gilt § 13 Abs. 1 Satz 2 BGSG entsprechend.

2. Bahnanlagen[8]

Zu den Bahnanlagen zählen gemäß der Legaldefinition des § 4 EBO alle Grundstücke, Bauwerke und sonstigen Einrichtungen, die für den Betrieb der Eisenbahnen des Bundes erforderlich sind oder unmittelbar mit diesen in Zusammenhang stehen und den Benutzern oder dem Betrieb dienen und zu diesem Zweck von einem Eisenbahnunternehmen geschaffen sowie in Betrieb genom-

---

[7] Der Begriff des Gebiets der Bahnanlage dürfte insoweit dem Begriff der Eisenbahninfrastruktur näher kommen, wobei die Eigentumsverhältnisse hierfür keine Rolle spielen, ähnlich auch: *Heesen/Hönle*, Kommentar zum BGSG, § 3, Rn. 16.

[8] § 12 Abs. 1 Nr. 5 BGSG beschränkt die Strafverfolgungszuständigkeit des BGS ebenfalls „auf das Gebiet der Bahnanlagen des Bundes".

[8] 1. *Thoma/Pätzold/Wittenberg*; Kommentar zur EBO § 4 (1994), S. 42 ff.
2. BMI P III 4 – 648 101/3 vom 02.12.1994.
3. Fortbildungsbrief GSPM 1/95, S. 6 ff..
4. BMI P III 4 – 648 101/3 vom 02.12.1994.
5. *Fischer u. a.* (1995) Kommentar zum BGSG § 3, Rd.-Nr. 14 – 18.
6. *Riegel, Reinhard* (1996). Kommentar zum BGSG, § 3.

men bzw. gewidmet worden sind. Dazu sind u.a. zu zählen Gleisanlagen, Bahnhofshallen, Empfangsgebäude, Güterabfertigungen, Anlagen der Eisenbahninfrastruktur[9] wie Servicebetriebe[10], Signal- und Fernmeldeanlagen, Anlagen für den elektrischen Zugbetrieb, Schranken und andere Anlagen zur Bahnübergangssicherung, Bahnhofswirtschaften und -Verkaufsstellen, soweit sie funktional der Abwicklung des Eisenbahnbetriebes dienen. Die Frage der Zuständigkeit im Falle von Bahnhofsvorplätzen oder Auf- und Abgängen zur U-Bahn sowie Unterführungen und Durchgängen hat in der Vergangenheit des öfteren zu Rechtsproblemen geführt[11]. Durch den jetzt eindeutigen Wortlaut des § 4 EBO,

---

7. *Heesen/Hönle,* Kommentar zum BGSG, Hilden 2000, § 3, Rd-Nr. 16 und 17 (Anm. Verf.: umfassende, nahezu vollständige Erfassung der Bahnanlagen)

[9] § 2 AEG (dieser umfasst den Bau und die Unterhaltung von Schienenwegen sowie die Führung von Betriebsleit- und Sicherheitssystemen und ist verbal dem Art. der Richtlinie des Rates vom 29.07.1991 zur Entwicklung der Eisenbahnunternehmen der Gemeinschaft (91/440/EWG) nachgebildet).

[10] *Neumann,* Kommentar zum Gesetz über den Ladenschluss, 1992, § 8. Hier führt dieser aus, dass zu den Sevicebetrieben der Eisenbahnen auch solche gehören, die sich nicht unmittelbar in einen Bahnhof befinden, sondern auf dessen Gelände oder innerhalb sog. Verkehrsknotenpunkte wie z. B. die sog Klettpassage in Stuttgart (Anm. des Verf.: Dies dürfte auch für die modernisierten Bahnhöfe wie Leipzig oder Düsseldorf gelten. Fraglich bleibt, wo der Servicebetrieb (Nebenbetrieb) aufhört und der Erlebnispark mit (von der Zweckbestimmung her untergeordnetem) Gleisanschluss beginnt).

[11] In einem Beschluss des OLG Frankfurt/Main hat dieses Gericht für den Vorplatz des Kasseler Bahnhofs entschieden, dass es sich bei einer unmittelbar vor dem Bahnhof befindlichen Freifläche und ein sich daran anschließendes Treppenbauwerk um einen wesentlichen Bestandteil des Bahnhofs handelt (OLG Frankfurt am Main, 2 Ss 742/79/13 Js 6270/78 1 Ns). In seiner Begründung führte der 2. Senat u.a. aus, dass der Fahrgast die Treppe benötigt, um über sie und die sich anschließende Plattform die Bahnhofshalle zu betreten und den Zug zu errei-

der auch die Bereiche, die den unmittelbaren Zu- und Abgang zu den Bahnanlagen als Bahnlage legaldefiniert, ist dieses Problem gelöst, denn Bahnhofsvorplätze gewähren den unmittelbaren Zugang zu den Bahnanlagen und gehören somit zum Zuständigkeitsbereich des Bundesgrenzschutz. Lediglich bei großen Bahnhofsvorplätzen, die über Bereiche und Zonen verfügen, die mit dem unmittelbaren Zugang zu den Bahnanlagen nicht mehr in Zusammenhang stehen, ist die Zuständigkeit des Bundesgrenzschutzes abzulehnen.

3. Der Objektivierte Benutzerbegriff

Der Gefahrenbegriff des § 3 I BGSG verlangt lediglich eine abstrakte Gefahr. Für ein präventiv polizeiliches Handeln müssen keine Anhaltspunkte für eine konkrete Gefährdung vorliegen, um die Aufgabe Bahnpolizei wahrzunehmen. Somit ist ein schlicht hoheitliches Handeln jederzeit rechtlich möglich. Nach § 3 I Nr. 1 BGSG dürfen jedoch nur die Gefahren abgewehrt werden, die dem Benutzer der Bahn drohen. Die Definition „Benutzer der Bahn" erfasst nach dem BMI-Erlass BGS II 4 – 648 101/1 vom 08.09.1995 den Personenkreis, der sich mit dem Willen zur Teilnahme oder als Teilnehmer am Bahnbetrieb auf dem Gebiet der Bahnanlagen aufhält. Danach sind diese Benutzer auch dann Schutzobjekt im Sinne des § 3 BGSG, wenn sie sich im Rahmen der Personen- und Güterabfertigung in Warteräumen, Bahnhofs- und Güterhallen, Ladehöfen sowie Nebenbetrieben wie Bahnhofswirtschaften oder Geschäften für den Reisebedarf aufhalten. Unter diesem subjektiv orientierten Begriff des Benutzers ist somit ein engerer Personenkreis zu verstehen. Für den Polizeibeamten ist dieser subjektive Begriff in der Anwendung jedoch kaum praktikabel, da er stets er-

---

chen. Ohne die Treppe wäre ein ungehinderter Zugang für Reisende und Bahnbedienstete zu den Bahnsteigen nicht möglich und das Bahnhofsgebäude nicht als solches nutzbar.

mitteln müsste, mit welcher Absicht sich die betreffende Person auf dem Gebiet der Bahnanlagen aufhält Es kann nicht Aufgabe des Bundesgrenzschutz sein, zunächst die Absicht der Person festzustellen, und erst im Anschluss polizeiliche Maßnahmen einzuleiten. Weit praktikabler dagegen erscheint der weite Benutzerbegriff, wonach alle Personen unter den Begriff „Benutzer" fallen, die das Gebiet der Bahnanlagen betreten. Allerdings erscheint in Anbetracht der Aufgabenübertragungsentscheidung des BVerfG dieser weite Benutzerbegriff als bedenklich, da hiermit auch Personen, die eigentlich der allgemeinen Gefahrenabwehr Aufgabe der Landespolizei unterfallen, durch die weite Benutzerdefinition in den sonderpolizeilichen Aufgabenbereich hineingezogen werden und somit der Landespolizei ein Aufgabenbereich genommen wird, denn gem. § 1 VII BGSG bleibt ja auch auf dem Gebiet der Bahnanlagen die Zuständigkeit der Landespolizei unberührt. Ein weiter Benutzerbegriff ohne jegliche Beschränkungen durch die sonderpolizeiliche Aufgabe erscheint daher zu weitgehend. Jedoch muss die Einschränkung objektiv erfolgen, so dass die Benutzereigenschaft ohne Ermittlung von Absichten erkennbar ist, die dem Polizeirecht ohnehin fremd sind. Vielmehr ist nach dem objektivierten Benutzerbegriff jeder Benutzer, der das Gebiet der Bahnanlagen betritt, es sei denn, es ist für den Polizeibeamten erkennbar, dass ein Bezug zu dem Angebot der Bahn nicht besteht.[12]

4. Betrieb der Bahn

Unter dem Begriff „Betrieb der Bahn" versteht man neben dem Bewegen von Fahrzeugen auf dem Schienenweg auch die Handlungen und Maßnahmen, die im Zusammenhang mit diesem stehen, die Abfertigung und Beförderung der

---

[12] vgl. *Borsdorff, Anke*, ASPi BGS 2000, Heft 7, 154.

transportierten Personen und Güter sowie die dazu erforderlichen Bewegungen der Reisenden und der Nebengeschäfte. Für die Zuständigkeit des Bundesgrenzschutzes ist dabei nicht entscheidend, ob es sich um eine Privatbahn oder eine Bahn im Besitz des Bundes handelt. Entscheidend allein ist, dass der Betrieb auf dem Gebiet der Bahnanlagen stattfindet. Nach der Vorschrift des § 3 I Nr. 2 BGSG richtet sich die Abwehr von Gefahren für die öffentliche Sicherheit oder Ordnung auf dem Gebiet der Bahnanlagen des Bundes gegen die betriebsbedingten Gefahren. Diese Gefahren stehen im unmittelbaren Zusammenhang mit dem Bahnbetrieb. So fallen darunter unter anderem Gefahren im Zusammenhang mit der Beförderung gefährlicher Güter, Missachtung von Signalen des Fahrpersonals der DB AG oder Unfälle infolge technischer Mängel. Eine Verlagerung der präventiven Aufgaben gem. § 3 BGSG auf andere Stellen findet auch in schweren Gefahrenfällen nicht statt – es kommt insoweit z.B. nicht darauf an, ob durch einen Bahnunfall drei oder dreihundert Reisende gefährdet werden. Die Aufgabe nach § 3 BGSG ist nicht beschränkt auf die Gefahrenabwehr zugunsten der Deutschen Bahn AG. Vielmehr kann auch zum Schutz ausländischer oder anderer privater deutscher Verkehrsunternehmen gehandelt werden.[13]

IV. Ordnungsbehördliche Aufgabenwahrnehmung

Bei der Wahrnehmung von ordnungsbehördlichen Aufgaben durch den Bundesgrenzschutz im Rahmen des § 3 I BGSG ist zunächst diese von der Aufgabenzuweisung des Eisenbahnbundesamtes (EBA) abzugrenzen. Die bahnspezifische Aufgabe wird von zwei Bundesbehörden wahrgenommen. Während das EBA als Bundesordnungsbehörde Auflagen im Vorfeld an die DB AG und evtl.

---

[13] *Heesen/Hönle*, Kommentar zum BGSG, Hilden 2000, § 3 Rn.15.

auch an Fahrzeughersteller erteilen kann, ist der Bundesgrenzschutz als Bundespolizeibehörde grundsätzlich für die konkrete Gefahrenabwehr gegen die gefahrenverursachenden Personen zuständig. Gefahrenverursachende Person kann hierbei auch eine juristische Person wie die DB AG sein, so dass der Bundesgrenzschutz Polizeiverfügungen auch gegen die DB AG erlassen kann. Der Bundesgrenzschutz hat erstrangig die Aufgabe, konkrete Gefahren abzuwehren, während das EBA durch Auflagen auch im Vorfeld von konkreten Gefahren - also grundsätzlich ordnungsbehördlich - tätig wird. Allerdings beinhaltet die Gefahrenabwehraufgabe aus §§ 3, 14 BGSG[14] ebenfalls eine ordnungsbehördliche Aufgabenzuweisung, nämlich dann, wenn diese durch das EBA aufgrund von Zeitlagen nicht mehr wahrgenommen werden kann und somit die zunächst abstrakte Gefahr konkretisiert ist. Der Bundesgrenzschutz wird somit ordnungsbehördlich durch Regelungen im Vorfeld von Gefahren im Falle einer konkretisierten abstrakten Gefahr tätig. Eine solche konkretisierte abstrakte Gefahr liegt immer dann vor, wenn eine Wiederholungsgefahr oder die Möglichkeit einer Schadensvertiefung gegeben ist. Denkbar wären hier Ordnungsverfügungen an die DB AG, Gleisbauwerkzeuge wegzuschließen, damit sie nicht zu gefährlichen Eingriffen verwendet werden, Auflagen zur Reisestromlenkung oder Auslastung von Zügen bei Sonderanlässen etc., aber auch Verfügungen gegen Dritte, wie Anlieger, die der Sicherheit der Bahnanlagen dienen, wie das

---

[14] Diese ordnungsbehördliche Aufgabenwahrnehmung aus § 14 BGSG umfasst nach älterer Rechtsauffassung sogar die Befugnis zum Erlass einer ordnungsbehördlichen Verordnung. Danach könnte der Bundesgrenzschutz eine Verordnung ähnlich wie die frühere Bahnordnung erlassen.

Sichern von Baumaterial, damit es nicht von spielenden Kinder auf die Gleise gelegt wird.[15]

V. Lageabhängige Kontrollen auf Bahnhöfen

Zur Verhinderung und Unterbindung der unerlaubten Einreise ist durch das „Erste Gesetz zur Änderung des BGSG" (BGBl. I, 1998, 2486) eine lageabhängige Kontrollmöglichkeiten eingeführt worden.[16] Diese Regelung enthält für den Bereich der Inlandsbahnhöfe eine lageabhängige Kontrolle gem. § 22 Ia BGSG, die Lageerkenntnisse oder grenzpolizeiliche Erfahrungen voraussetzt. Die Frage, ob der Bundesgrenzschutz auf Inlandsbahnhöfen überhaupt eine Aufgabenzuweisung für diese Kontrollen aus § 22 Ia BGSG hat, lässt sich aus § 2 I BGSG beantworten, der die Aufgabenwahrnehmung Grenzschutz überall dort ermöglicht, wo sie anfällt, wenn durch die jeweiligen Maßnahmen letztlich die Grenze geschützt wird.[17] Der Grenzschutz als solcher ist nicht wie die Aufgabe der Abwehr von Gefahren für die Sicherheit der Grenze nach § 2 II Nr. 3 BGSG auf das Grenzgebiet bis zu einer Tiefe von 30 km beschränkt. Diese räumliche Beschränkung gilt nämlich nur für die Aufgabenzuweisung nach § 2 II Nr. 3 BGSG, nicht aber für die Grenzschutzaufgaben nach § 2 I und II Nr. 1 und 2 BGSG. Für letztere gilt lediglich, dass die Schutzwirkungen der

---

[15] Dieses könnte auch in Form einer Bahnordnung geregelt werden und somit ein Einschreiten des BGS bei der Überwachung einer solchen BahnO erleichtern. Derzeit besteht aber grds. noch keine Verordnungskompetenz des EBA, so dass diese Fälle größtenteils durch ordnungsbehördliche Verfügungen und Auflagen durch EBA und BGS im Einzelfall geregelt werden müssen. Die Schaffung einer BahnO wäre aber vorrangig zu begrüßen.

[16] grundlegend dazu *Borsdorff*, Bargeldkontrollen und verdachtsunabhängige Fahndung, ASPi BGS 5/1999, 87ff.

[17] So schon *Ronellenfitsch*, Verwaltungsarchiv 1999, 160f

getroffenen Maßnahmen an der Grenze bzw. im Grenzgebiet eintreten müssen. Die räumliche Begrenzung ist kein Wesensmerkmal des Grenzschutzes.[18] Ebenso lässt sich mit dieser Begründung eine Zuständigkeit des Bundesgrenzschutzes für Maßnahmen nach §§ 23, 44 BGSG am Küstenstreifen begründen, da selbst, wenn man die Ansicht vertritt, dass in manchen Bereichen durch Proklamation der 12 sm (v. 11.11.94, BGBl. I, 3428) der 30 km-Bereich im Wasser endet, durch die Maßnahmen aber tatsächlich die Grenze und das Grenzgebiet geschützt werden und somit aufgrund der Aufgabenzuweisung aus § 2 I und II BGSG eben gerade keine Bindung an die 30 km-Grenze besteht.[19] Vielmehr muss insbesondere hier gelten, dass ein „ein funktional verstandener Schutz der

---

[18] *Ronellenfitsch*, Verwaltungsarchiv 1999, 161f

[19] Aber selbst dann, wenn man die Maßnahmen in Küstennähe auf die Aufgabenzuweisung nach § 2 II Nr. 3 BGSG stützen will, ist die räumliche Beschränkung der sachlichen Zuständigkeit im Küstenbereich nicht vom 12 sm-Bereich zu berechnen. Denn dieses würde dazu führen, dass die Aufgabe Grenzschutz am Küstenstreifen nicht mehr möglich wäre. Es kann jedoch nicht Wille des Gesetzgebers sein, dass der Bundesgrenzschutz im Binnenland auf Bahnhöfen zur Verhinderung unerlaubter Einreise tätig wird, nicht aber unmittelbar am Küstenstreifen. Eine teleologische Auslegung muss folglich zu dem Ergebnis gelangen, dass die Festlegung der räumlichen Bereiche nach § 6 BGSG auf § 2 BGSG nicht übertragbar ist. Als Auslegungshilfe kann für die Berechnung des 30 km-Bereichs nach § 2 II Nr. 3 BGSG die Dienstanweisung zum 3 sm-Bereich herangezogen werden (Anlage 1 zur DA-BGS v. 5.7.62), was auch der gesetzgeberischen Systematik der Schaffung von verdachtsunabhängigen Kontrollen auf Binnenbahnhöfen entspricht. Allerdings ist mit oben dargestellter Anwendung der Aufgabe nach § 2 I u. II BGSG die Berechnung des 30 km Bereichs nur dann erforderlich, wenn die Maßnahmen lediglich zur Gefahrenabwehr für die Sicherheit der Grenze erfolgen und nicht generell der Aufgabe Grenzschutz dienen.

Grenze dort stattfindet, wo sich die Verletzung der Grenze faktisch auswirkt bzw. wo der Verletzung am effektivsten begegnet werden kann".[20]

VI. Versammlungslagen

Fraglich ist, ob der Bundesgrenzschutz Polizei i.S.d. Versammlungsrechts ist. Das Bundesministerium des Inneren hat dieses mit Erlass vom 07.11.1994 grundsätzlich bejaht[30]. Allerdings obliegt gem. Art. 30 GG die Ausübung der staatlichen Befugnisse und die Erfüllung der staatlichen Aufgaben den Ländern. „Art. 30 GG bestimmt als Grundsatz des Verhältnisses von Bund zu den einzelnen Ländern für die Ausübung der staatlichen Befugnisse und für die Erfüllung der staatlichen Aufgaben eine Vermutung für die Zuständigkeit der Länder"[31]. Diese Vermutung für die Zuständigkeit der Länder wird für den Bereich der Verwaltung in Art. 83 GG konkretisiert. Art. 83 GG stellt eine Spezialvorschrift gegenüber Art. 30 GG dar. Insoweit unterliegt das Versammlungsrecht ausschließlich der Landeskompetenz. Auch § 1 Abs. 2 BGSG beschränkt die Aufgaben des Bundesgrenzschutzes auf die dem Bundesgrenzschutz nach dem BGSG übertragenen Aufgaben. In der bereits oben zitierten Entscheidung des BVerfG[32] zur Übertragung der Aufgaben Bahnpolizei und Luftsicherheit hat das Bundesverfassungsgericht auch entschieden, dass der Bundesgrenzschutz nicht zu einer allgemeinen, mit den Polizeien der Länder konkurrierenden Bundespolizei ausgebaut werden darf und damit sein Gepräge als Polizei mit begrenzten

---

[20] *Ronellenfitsch*, Verwaltungsarchiv 1999, 160f

[30] BMI v. 07.11.1994, P III – 648 305/2.

[31] *von Münch, I./Kunig, P.* (1996). Grundgesetz-Kommentar, Band 3, 3., neubearbeitete Auflage, München 1996; *Siegfried Broß*, Band 3, S.330, Rn. 2

[32] BVerfG, 2. Senat, Beschluss vom 28.01.1998 – Az. 2 BvF 3/92.

Aufgaben verliert. Gem. Art. 19 Abs. 1 GG unterliegen alle einschränkungsfähigen Grundrechte dem Zitiergebot, sofern sie durch Gesetz oder aufgrund eines Gesetzes eingeschränkt werden können. Dieser Bestimmung trägt § 70 BGSG Rechnung. Auch nach diesem Zitiergebot verbietet es sich, den Bundesgrenzschutz als eine Polizei im Sinne des Versammlungsrechts anzusehen, da dort eine Einschränkung des Art. 8 GG nicht aufgeführt ist. Im bahnpolizeilichen Aufgabenfeld müsste folglich eine Gefahrenabwehr erforderlich sein, die sich auf § 3 BGSG stützen ließe. Dieses ist dann zu bejahen, wenn von der Gruppe eine Gefahr für die öffentliche Sicherheit oder Ordnung ausgeht, die den Benutzern, den Anlagen oder dem Betrieb der Bahn droht. Dieses ist im Einzelfall zu untersuchen. Die Abwehrmaßnahmen aufgrund des BGSG, z.B. ein Abdrängen der Versammlung, dürften dann nur insoweit erfolgen, als die Versammlung als solche dadurch nicht tangiert wird.

VII. Hausrecht

Der Bundesgrenzschutz hat vor dem Inkrafttreten des BGSG in der Fassung von 1994 für die DB AG das Hausrecht ausgeübt. Die Ausübung des Hausrechts wurde in den neuen Ländern dem Bundesgrenzschutz bereits mit Verfügung vom 06.03.1991 übertragen.[33] Diese Regelung wurde dann auf die alten Länder mit Erlass vom 15.04.1992 übertragen. Mit Wirkung zum 1.1.1994 wurde die staatliche deutsche Bundesbahn mit der Reichsbahn in die juristische Person des Privatrechts DB AG umgewandelt. Damit entfällt die staatliche Bahn, für die sich ein Hausrechtsschutzauftrag durch eine staatliche Polizei hätte begründen lassen. Mit Inkrafttreten des BGSG von 1994 entspricht jedoch eine Hausrechtswahrnehmung für einen Privaten nicht mehr den rechtlichen Vorausset-

---

[33] veröffentlicht im Amtsblatt der Deutschen Reichsbahn Nr. 15 vom 13.09.1991, Nr. 70

zungen einer Polizei, die zur Abwehr von Gefahren gem. § 3 BGSG aufgrund des Vorbehalts des Gesetzes einzuschreiten hat, so dass die Übertragung auch nicht mehr erneuert worden ist. Das BGSG 1994 als Parlamentsgesetz geht auch jeglicher früheren Erlasslage der Exekutive vor. Darüber hinaus bestehen gegen eine Wahrnehmung des Hausrechts durch eine staatliche Polizei grundsätzliche Bedenken, da hierin sowohl eine versteckte Subventionierung als auch ein unzulässiger Privatrechtsschutz liegt. Fraglich erscheint zudem, ob überhaupt ein echtes Bedürfnis dafür besteht, dass das Hausrecht durch die zuständige Polizei wahrgenommen wird, obwohl die DB AG selbst private Sicherheitsunternehmen eingesetzt hat. Das Hausrecht wird somit nicht durch den Bundesgrenzschutz, sondern allein durch private Sicherheitskräfte der DB AG wahrgenommen. Das geschützte Rechtsgut des Hausrechts mit der Folge des Hausfriedensbruchs (§ 123 StGB) beinhaltet u.a. die Freiheit der Entscheidung darüber, wer zu Geschäftsräumen oder zu einem befriedeten Besitztum Zutritt haben soll. Dem Haurecht steht der Gemeingebrauch gegenüber. Der Gemeingebrauch verdrängt die Eigentümerrechte, maßgebend ist die jeweilige Widmung des Schutzbereiches. Als zulässige Maßnahmen[21] nach dem Hausrecht kommen Bahnhofsverweise und Bahnhofsverbote in Betracht.

---

[21] *Heesen/Hönle*, Kommentar zum BGSG, § 3 Rn. 26ff.

Horst-Peter Heinrichs

Möglichkeiten der Zusammenarbeit von EBA und BGS aufgezeigt anhand praktischer Erfahrungen

Aus Großmutters Sprichwortschatz stammt unter anderem der Satz: *"Rom wurde nicht an einem Tag erbaut."*

Daher mag es dann auch nicht wirklich verwundern, dass Gedanken an eine über Einzelsachverhalte hinausreichende Zusammenarbeit der beiden Behörden BGS und EBA nicht bereits im Jahr 1994, sondern erst in den letzten beiden Jahren mit Erfolg in der Verwaltungspraxis umgesetzt wurden.

"Der Markt wird enger." Diese Nachricht hört man regelmäßig aus Wirtschaftskreisen. Bei Behörden hört man ihn derzeit noch selten, aber er trifft auch hier schon jetzt uneingeschränkt zu. Unter der politischen Maßgabe, behördliche Tätigkeiten permanent auf die Frage zu untersuchen, ob denn die eine oder andere Aufgabe zwingend von einer Behörde erfüllt werden müsse, wird auch der Markt für behördliche Dienstleistungen enger. Parallel zeigt die europäische Entwicklung, dass etliche Aufgaben, deren Einordnung als staatliche Aufgabe lange Zeit auch in der Rechtswissenschaft kaum ernstliche Zweifel entgegengebracht wurden, privaten oder zumindest privatisierten Organisationen übertragen werden. Die Schlagwörter vom Zusammenrücken und von Kosten- und Leistungsoptimierung machen daher auch bei Behörden die Runde, behördliche oder private Kooperationspartner werden gesucht.

Eine behördliche Leistung vor allem im Bereich von Zulassungen, welche die Einsatzmöglichkeit eines Produktes im öffentlichen Verkehr ermöglichen soll, wird von den "Begünstigten" nur dann nicht als überflüssig und hinderlich empfunden, wenn sie mit einem nachvollziehbaren Maß an Belastungen verbunden ist. Entscheidende Faktoren sind Vorsehbarkeit und Planbarkeit hinsichtlich Art und Umfang von Prüfungen, sowie der Kosten und als wohl wichtigster Punkt die zeitliche Nähe einer behördlichen Leistung zu mit Dritten vertraglich vereinbarten Terminen.

Diesen Ansprüchen müssen Behörden trotz sich ständig verknappender Etats gerecht werden. Daher liegt es nahe, dass auch bei Verwaltungsbehörden das Interesse an Zusammenarbeit mit anderen Behörden oder privaten Partnern wächst.

Wie bei Allianzen zwischen Wirtschaftsunternehmen sind auch bei Behörden vor der Aufnahme einer Zusammenarbeit Chancen und Risiken derselben zu analysieren, wenn eine Zusammenarbeit mit Aussicht auf Erfolg realisiert werden soll.

Nur wenn die eigene Aufgabe mit Hilfe des behördlichen Partners erkennbar effizienter erledigt werden kann als im Alleingang, bestehen Chancen, dass Konzepte für eine behördliche Zusammenarbeit das Planungsstadium überwinden und behördliche Praxis werden.

Bei derlei Betrachtungen – die vielleicht zeitgemäß, vielleicht auch nur zeitgeistgemäß sind - darf die rechtliche Seite nicht aus der Betrachtung ausgeblendet werden, denn Art. 20 Abs. 3 GG bindet bekanntlich jede behördliche Tätigkeit an Gesetz und Recht.

Üblicherweise bestimmt der Gesetzgeber durch seine Willensäußerungen in Form eines Gesetzes oder einer Verordnung, in welchem Bereich und welcher

Form Behörden zusammenarbeiten. Gängige Formen sind Benehmens- oder Einvernehmensherstellung, Organleihe, Vollzugs- oder Amtshilfe.

In allgemeiner Form enthält das Grundgesetz in Art. 35 Abs. 1 GG den Grundsatz, dass alle Behörden des Bundes und der Länder sich gegenseitig Rechts- und Amtshilfe leisten. Das VwVfG enthält in §§ 4 bis 8 differenzierte Bestimmungen zur Amtshilfe.

Daher ist zu prüfen, ob die Zusammenarbeit zwischen EBA und BGS unter das Institut der Amtshilfe fällt.

Amtshilfe ist die auf Ersuchen zwischen verschiedenen Behörden geleistete Hilfe im Einzelfall[1]. Dabei muss die ersuchte Behörde außerhalb einer eigenen Zuständigkeit tätig werden und darf zur ersuchenden Behörde nicht in einem hierarchischen Verhältnis stehen. In der Literatur werden auch generelle und wiederholte Ersuchen für zukünftige Fälle nicht von vornherein ausgeschlossen[2]. Zum Teil wird auch das Betreiben gemeinsamer Einrichtungen zur Erledigung von Aufgaben als zulässig erachtet[3].

Tatsächliche Voraussetzung für eine in rechtlicher Hinsicht zulässige Zusammenarbeit zwischen Behörden sind durch Gesetze zugewiesene Aufgaben, die auf identische Lebenssachverhalte gerichtet sind.

---

[1] Vgl. Ernst Forsthoff, Lehrbuch des Verwaltungsrechts, Bd. 1. Allgemeiner Teil, 1973, 10. Aufl., § 6 I., S. 91 "das von Verwaltungsbehörden erbetene und gewährte Beistandsleisten".

[2] Vgl. Stelkens / Bonk / Sachs, Komm. z. VwVfG § 4 Rn. 25, 30 f.

[3] Vgl. aaO Rn. 27.

Der Bundesgrenzschutz[4], der – gleich dem Eisenbahn-Bundesamt[5] - in bundeseigener Verwaltung geführt wird, ist eine Polizei des Bundes. Ihm obliegen auf dem Gebiet der Bahnanlagen der Eisenbahnen des Bundes[6] Aufgaben der Gefahrenabwehr einschließlich der Verhütung von Straftaten.

Das Eisenbahn-Bundesamt[7] ist die auf dem Gebiet der Eisenbahnen des Bundes umfassend zuständige Sonderordnungsbehörde[8], insbesondere die Aufsichts- und Genehmigungsbehörde im Sinne des Allgemeinen Eisenbahngesetzes[9].

Die örtliche Zuständigkeit beider Behörden ist somit auf das Gebiet der Bahnlagen der Eisenbahnen des Bundes ausgerichtet. In sachlicher Hinsicht sind beiden Behörden Aufgaben der Gefahrenabwehr übertragen.

Über die Frage, welche Grundstücke zum Gebiet der Bahnanlagen der Eisenbahnen des Bundes gehören, entscheidet auf Antrag das EBA in Verfahren gemäß § 18 AEG. Von den Entscheidungen des EBA hängt die Zuständigkeit des BGS hinsichtlich einer einzelnen Bahnanlage und damit maßgeblich die Rechtmäßigkeit seiner Handlungen ab. Daher ist in diesem Punkt eine enge Zusammenarbeit zwischen BGS und EBA nicht lediglich vernünftig, vielmehr erscheint sie unerlässlich.

---

[4] Vgl. § 1 Abs. 1 BGSG.

[5] Vgl. Art. 87e Abs. 3 GG.

[6] Vgl. § 12 Abs. 5 BGSG.

[7] Vgl. § 5 Abs. 7 AEG sowie § 3 Abs. 2 BEVVG.

[8] Def.: Sonderordnungsbehörden sind die Behörden, denen durch Gesetz oder Verordnung auf bestimmten Sachgebieten Aufgaben der Gefahrenabwehr übertragen worden sind. – vgl. dazu auch § 2 OBGnw.

[9] AEG vom 27. Dezember 1993 (BGBl. I S. 2378, 2396), zuletzt geändert durch Gesetz v. 03.05.2000.

Für den umgekehrten Fall, dass die Aufgaben des BGS die Aufgaben anderer Behörden des Bundes oder der Länder berühren, hat der Gesetzgeber den BGS ausdrücklich zur Benehmensherstellung[10] verpflichtet.

Weitergehende gesetzgeberische Vorstellungen über eine Zusammenarbeit des BGS mit anderen Behörden finden sich in §§ 9 und 10 BGSG. Allerdings ist bei genauerer Betrachtung dieser Vorschriften festzustellen, dass der Gesetzgeber offenbar keinen Zwang gesehen hat, das EBA ausdrücklich in die Riege der vom BGS zu unterstützenden Behörden aufzunehmen. Da das BGSG jedoch an mehreren Stellen ausdrücklich klarstellt[11], dass die Grundsätze der Amtshilfe unberührt bleiben, ist festzustellen, dass einer Zusammenarbeit keine grundsätzlichen gesetzlichen Verbote entgegenstehen.

Dem BGS[12] ist die Aufgabe übertragen, auf dem Gebiet der Bahnanlagen der Eisenbahnen des Bundes Gefahren für die öffentliche Sicherheit oder Ordnung abzuwehren, die den Benutzern, den Anlagen oder dem Betrieb der Bahn drohen oder beim Betrieb der Bahn entstehen oder von den Bahnanlagen ausgehen einschließlich der Aufgabe der Strafverfolgung (§§ 161, 163 der Strafprozessordnung), soweit der Verdacht eines Vergehens (§ 12 Abs. 2 des Strafgesetzbuches) besteht[13].

Eine sich auf gleiche Sachverhalte beziehende Aufgabe überträgt das BEVVG dem EBA[14].

---

[10] Vgl. § 1 Abs. 6 BGSG.
[11] Vgl. § 9 Abs. 3 u. § 11 Abs. 5 BGSG.
[12] Vgl. § 3 Abs.1 BGSG.
[13] Vgl. § 12 Abs. 5 BGSG.
[14] Vgl. § 3 Abs. 2 Nr. 2 BEVVG.

In der Verwaltungspraxis wird es also erforderlich sein, dass beide Behörden den Begriff "Sicherheit" im Rahmen der Beurteilung eines Einzelfalls auslegen und dabei – vernünftigerweise – zu gleichen Ergebnissen kommen.

Für eine zutreffende wertende Auslegung des Begriffes "Sicherheit" ist umfangreiches Systemwissen über den Verkehrsträger Eisenbahn unabdingbar. Vorhaltung und ständige Aktualisierung des Systemwissens erfordern einen erheblichen Aufwand. Es liegt auf Hand, diesen kostenerzeugenden Aufwand nicht ohne zwingende Gründe doppelt zu erzeugen, sondern die entsprechenden Anstrengungen bei einer Behörde – in diesem Fall beim auch für die Zulassung von Eisenbahnmaterial zuständigen EBA - zu konzentrieren.

Dies hat zur Folge, dass in der Praxis das EBA die für die Erhaltung oder Wiederherstellung der Sicherheit notwendigen Maßnahmen im Einzelfall inhaltlich vorgibt und der BGS diese Festlegung im Rahmen seiner Zuständigkeiten gegenüber den Adressaten von Verwaltungsakten durchsetzt.

Dazu ein Beispiel im Zusammenhang mit der Besetzung von Zügen mit Reisenden:
Wie bei anderen Fahrzeugen spielt auch bei Eisenbahnfahrzeugen die Zuladung, im Schienenpersonenverkehr auch als "Reisende" bezeichnet, für die Betriebssicherheit eine Rolle. Bei Straßen- und Luftfahrzeugen ist das Verhältnis von Sitzplatz zu Reisenden meist 1:1. Bei Eisenbahnfahrzeugen ist die Zahl der Sitzplätze an der Außenseite angeschrieben, jedoch können deutlich mehr Reisende befördert werden, ohne dass dies zu Einbußen bei der technischen Fahrzeugsicherheit führen würde. Daher hat die ehemalige Deutsche Bundesbahn unter Zugrundelegung der technischen Parameter die technische Zuladungsgrenze für

Reisezugwagen durch Reisende auf 200 % der angeschriebenen Sitzplätze festgesetzt[15], diesen Wert hat das EBA gestützt auf § 2 Abs. 4 EBO bekräftigt.

Wie Versuche, die im Zusammenwirken von BGS und EBA durchgeführt wurden, ergeben haben, ist bei einer derartigen Besetzung eines Reisezugwagens mit Reisenden weder das unternehmerische Sicherheitskonzept (Eigenmaßnahmen des Reisenden bei gefährlichen Situationen, z. B. Brand; Maßnahmen durch Zugbegleiter; Fremdmaßnahmen) umsetzbar, noch ist ein Tätigwerden von Ordnungskräften zur Aufrechterhaltung der öffentlichen Sicherheit in Zügen, insbesondere zur Vermeidung von Straftaten oder zum Feststellen eines Täters bei begangenen Straftaten, möglich.

Daher ist unter Berücksichtigung des Schutzzieles aus § 2 Abs. 1 EBO - nämlich der Wahrung der öffentlichen Sicherheit und Ordnung - für bestimmte Fälle (etwa Fan-Züge) die Zahl der Reisenden auf ein Maß, welches nach derzeitigem Kenntnisstand deutlich unter der technischen Obergrenze anzusiedeln ist, zu begrenzen. Hier wird deutlich, dass ein solcher Wert, der in rechtlicher Hinsicht eine Konkretisierung des unbestimmten Rechtsbegriffs "Sicherheit" darstellt, nur einheitlich festgelegt werden kann.

Für einen Konfliktfall enthält das AEG[16] die Regelung, dass Maßnahmen des EBA diesen widersprechenden Maßnahmen des BGS ausschließen. Dieser Vorbehalt entspricht den Festlegungen, wie sie üblicherweise im Gefahrenabwehrrecht anzutreffen sind[17].

---

[15] Vgl. Bescheid EBA – Pr.3214 Wwr v. 30.06.1995)

[16] Vgl. im Entwurf der Novelle, § 7a AEG.

[17] Vgl. § 1 Abs. 3 PolG nw; § 2 OBG nw.

Eine weitere Aufgabe, bei dem ein Zusammenwirken der beiden Behörden bereits heute stattfindet, ist die fachliche Untersuchung von Störungen im Eisenbahnbetrieb[18] und deren strafrechtliche Bewertung.

Zur Klarstellung:
Bei der Untersuchungen von Störungen oder gefährlichen Ereignissen sind nicht Verfügbarkeit oder Pünktlichkeit des Eisenbahnverkehrs Gegenstand der behördlichen Untersuchungen, sondern die Untersuchungen setzen Ereignisse voraus, die bei nicht unterbrochenem Ablauf zu einem Schaden führen können, mithin Ereignisse, von denen eine Gefahr für die Sicherheit des Eisenbahnbetriebs ausgeht.

Im Rahmen der Aufklärung eines Unfallereignisses ist es regelmäßig erforderlich, Gegenstände zu beschlagnahmen, um diese in Laboreinrichtungen oder Versuchsanstalten eingehend zum Zwecke der Ursachenfeststellung untersuchen zu können. Für diese Handlung verfügt das EBA bislang nicht über eine zweifelsfreie Ermächtigungsgrundlage[19].

Demgegenüber eröffnet das BGSG[20] die Möglichkeit, dass der BGS eine Sache sicherstellen kann, um eine Gefahr abzuwehren.
Fraglich, wann das Merkmal "Gefahr" erfüllt ist. Eine Gefahr ist über den Zeitpunkts eines erstens Schadenseintritts solange anzunehmen, wie die Möglichkeit der Beeinträchtigung oder der Vertiefung einer Beeinträchtigung für eines der im BGSG[21] genannten Rechtsgüter besteht.

---

[18] Vgl. § 3 Abs. 2 Nr. 7 BEVVG, § 12 Abs. 1 Nr. 5 BGSG.
[19] Vgl. dazu BVerwG, Beschl. v. 17.10.1994 – 7 VR 10/94, zukünftig im AEG (z. Zt. im Entwurf).
[20] Vgl. § 47 Nr. 1 BGSG – Sicherstellung.
[21] Vgl. § 14 Abs. 2 BGSG.

Die Frage, ob der BGS eine Sache sicherstellen kann, die er nicht zur Erfüllung seiner Aufgaben, sondern ausschließlich das EBA zur Erfüllung der ihm obliegenden Aufgaben benötigt, stellte sich in der Praxis bislang nicht, da sich bei Sachen einschließlich technischer Aufzeichnungen, die für ein gefährliches Ereignis kausal sein könnten oder über die Unfallursache Aufschluss geben könnten, immer die Frage anschließt, ob die dort getroffenen Feststellungen zu einem individuellen Schuldvorwurf führen. Im Übrigen erlaubt § 5 Abs. 1 Nr. 1 VwVfG ausdrücklich Amtshilfe für Fälle, in denen die ersuchende Behörde die Amtshandlung nicht selbst vornehmen kann.

Austausch von Daten

Bei der Aufklärung eines Unfallgeschehens fallen naturgemäß in Folge umfangreicher Ermittlungen erhebliche Datenbestände an.

Die Daten sollen zur Klärung der Fragen beitragen:

- "Was ist passiert?"
- "Kann sich dieses Ereignis an diesem oder einem anderen Ort wiederholen?"
- "Muss gegen Personen, welche zum Ereignis kausal etwas beigetragen haben, ein Schuldvorwurf erhoben werden?"

Die ersten beiden Fragen sind sowohl für die Aufgabenstellung des EBA als auch des BGS erheblich, die letztere betrifft allein die Aufgabe des BGS (als Hilfsbeamte der Staatsanwaltschaft).

Spätestens seit dem Inkrafttreten des BDSG und des § 30 VwVfG sind bei der Weitergabe von Daten gesetzliche Bestimmungen zu beachten.

Der freizügigen Weitergabe personenbezogener Daten steht ein grundsätzliches Verbot des BDSG[22] entgegen.

Der freizügigen Weitergabe anderer Daten, insbesondere Daten, die in Verbindung mit einem Unternehmen stehen, also Betriebs- und Geschäftsgeheimnisse darstellen, steht § 30 VwVfG entgegen. Dieser verbietet jede eine Weitergabe an Dritte, soweit nicht eine Befugnis zur Offenbarung besteht.

In der Literatur ist umstritten, ob allein ein Amtshilfeersuchen die Befugnis zu einer Weitergabe von Betriebs- und Geschäftsgeheimnissen erzeugt. Aus grundsätzlichen Erwägungen dürfte derartigen Daten kaum ein höherer Schutz zukommen als personenbezogenen Daten. Bei diesen ist eine Weitergabe (Übermittlung) zulässig, wenn sie zur Erfüllung der in der Zuständigkeit der übermittelnden Stelle oder der empfangenden Stelle liegenden Aufgaben erforderlich ist und die Daten auch bei der empfangenden Stelle zu Zwecken genutzt werden, für die die Daten erhoben wurden[23].

In analoger Anwendung dieses Gedankens aus dem BDSG besteht für beide Behörden im Rahmen der Unfalluntersuchung die Befugnis zur gegenseitigen Weitergabe von Daten, die als Betriebs- und Geschäftsgeheimnisse einzustufen sind.

Für den Bereich der personenbezogenen Daten besteht im BGSG[24] eine gesetzliche Regelung, die dem BGS erlaubt, personenbezogene Daten zu speichern, zu

---

[22] Vgl. § 4 BDSG.

[23] Vgl. § 15 Abs. 1 iVm § 14 Abs. 1 BDSG.

[24] Vgl. § 29 BGSG Speicherung, Veränderung und Nutzung personenbezogener Daten.

verändern und zu nutzen, soweit dies zur Erfüllung seiner jeweiligen Aufgabe erforderlich ist.

Für den Aufgabenbereich des EBA bestehen keine spezialgesetzlichen Regelungen, so dass die Regelungen des BDSG selbst einschlägig sind. Aus § 13 BDSG ergibt sich für das EBA die Befugnis, personenbezogene Daten zu erheben, da im Rahmen der Untersuchung eines gefährlichen Ereignisses persönliche Umstände der am Vorgang Beteiligten oftmals Indizien für eine sich abzeichnende Entwicklung im Sicherheitsbereich aufzeigen.

Zum Beispiel wäre nur unter Hinzunahme personenbezogener Daten erkennbar, ob eine bestimmte Altersgruppe der Triebfahrzeugführer in überdurchschnittlichem Maß bei bestimmten gefährlichen Ereignissen in Erscheinung tritt.

Für die Aufgabenerfüllung des EBA ist daher die Erhebung personenbezogener Daten unbedingt erforderlich.[25]

Noch nicht geklärt ist damit, ob personenbezogene Daten, die die eine Behörde erhoben hat, der jeweils anderen Behörde zur Verfügung gestellt werden dürfen.

Der Bundesgrenzschutz[26] kann personenbezogene Daten an andere öffentliche Stellen übermitteln, soweit dies zur Abwehr von Gefahren erforderlich ist.

Das EBA[27] kann personenbezogene Daten an andere öffentliche Stellen übermitteln, wenn die Übermittlung zur Erfüllung der in der Zuständigkeit der übermittelnden Stelle oder des Empfängers liegenden Aufgaben erforderlich ist und

---

[25] Um den Schutz dieser Daten zu gewährleisten, setzt des EBA neben entsprechenden organisatorischen Anweisungen an die Mitarbeiter/innen Informationstechnik mit hohem Sicherheitsniveau ein.

[26] Vgl. § 32 Abs. 2 Nr. 2 BGSG.

[27] Vgl. § 15 Abs. 1 Nr. 1 und 2 BDSG.

die Daten auch bei der empfangenden Stelle zu Zwecken genutzt werden, für die die Daten erhoben wurden.

Infolge der beiden übereinstimmenden rechtlichen Regelungen ist unter o.g. Voraussetzung ein Austausch von Daten zulässig.

Gemeinsame Nutzung von technischen Einrichtungen und sonstigem Material

Die Bewältigung von großen gefährlichen Ereignissen hat in der Vergangenheit zu der Erfahrung geführt, dass mobile Verwaltungseinrichtungen für die Durchführung von sich über z. T. mehrere Tage hinziehenden Untersuchungshandlungen nahezu unverzichtbar sind. Angesichts der Seltenheit derartiger Ereignisse ist eine Anschaffung durch das EBA kaum zu rechtfertigen, eine kurzfristige Beschaffung im Ereignisfall selbst (innerhalb weniger Stunden am Ereignisort einsatzbereit) ist am Markt nicht möglich. Zu berücksichtigen ist auch, dass derartige Einrichtungen - ebenso wie Hubschrauber, mit denen ein Ereignisort in konkurrenzlos kurzer Zeit sicher erreicht und auch in bemerkenswerten Umfang dokumentiert werden kann - beim BGS bereits vorgehalten werden.

Eine Nutzung dieser Geräte im Ereignisfall auch durch das EBA bietet sich also an. Da auch Behörden ihren Etat verantworten müssen, stellt sich ganz beiläufig die - zu bestimmten Zeiten im Rheinland meist auch musikalisch vorgetragene - Frage: "Wer soll das bezahlen?" Dem Grunde nach hat der Gesetzgeber in § 8 VwVfG diese Frage entschieden.

Danach sind bei Inanspruchnahme vom behördlichen Leistungen im Rahmen der Amtshilfe:

Möglichkeiten der Zusammenarbeit von EBA und BGS aufgezeigt anhand praktischer Erfahrungen

- grundsätzlich keine Verwaltungsgebühren zu entrichten

- grundsätzlich Auslagen zu entrichten,

es sei denn:

- es handelt sich um Bagatellbeträge (kleiner als DM 50,00 im Einzelfall),

- bei ersuchter und ersuchender Behörde handelt es sich um Behörden desselben Rechtsträgers, z. B. der Bundesrepublik Deutschland.

Da als Auslagen gegenüber einem Dritten nur tatsächlich entstandene Auslagen geltend gemacht werden können, könnte dies zu einer ungleichen Kostenbelastung der Dritten führen. Dies würde kostenrechtlichen Grundsätzen zu wiederlaufen. Dagegen hilft gegebenenfalls die Einbeziehung eines Rechtsgedankens, der in § 8 Abs. 2 VwKostG ausdrücklich verankert ist. Danach träte die Befreiung nicht ein, soweit die ersuchende Behörde berechtigt ist, die Auslagen von Dritten (Kostenschuldner gem. § 13 VwKostG) zu verlangen.

Sehr geehrte Damen und Herren,

für die meinem Vortrag entgegengebrachte Aufmerksamkeit darf ich mich herzlich bedanken und stehe für Ihre Nachfragen zur Verfügung.

Diskussionsbeiträge zu den Vorträgen von Anke Borsdorff und Horst-Peter Heinrichs

Ronellenfitsch:

Für die Neigung, die Bahnpolizei dem Bundesgrenzschutz zu übertragen, gab es viele Gründen, die jetzt keine Rolle spielen. Die Frage war: Was für eine verfassungsrechtliche Legitimation gibt es für die Übertragung? Für die Legitimation wurde geltend gemacht, dass der Bund immer dort, wo er eine Verwaltungszuständigkeit hat, als Annexkompetenz auch die Polizeizuständigkeit hat. Das ist ein alter Grundsatz. Die Verwaltungszuständigkeit im Bahnbereich erstreckte sich aber im Zeitpunkt der Bahnstrukturreform gegenständlich auf die Eisenbahnen des Bundes. Daraus ergab sich ein Problem für das Bundesinnenministeriums, das die Reform betrieb: Konnte es sein, dass die Zuständigkeit des Bundesgrenzschutzes davon abhängt, ob der Bund seine Eisenbahn veräußert oder nicht? Das wäre die Konsequenz gewesen, wenn der Bund nur für die Eisenbahnanlagen des Bundes zuständig wäre. Es gab ein langes Hin und Her, und dann hat man gesagt, der Bundesgrenzschutz nehme die Polizeizuständigkeit als Annex zu den funktionellen Verwaltungskompetenzen des Bundes wahr. Solche Verwaltungskompetenzen bestehen nicht nur im Hinblick auf Bahnanlagen. Das bedeutet ins Unreine gesprochen, dass der Bundesgrenzschutz ist kompetenziell vom EBA abhängig ist. Immer dort, wo das EBA zuständig ist, kommt auch eine Zuständigkeit des Bundesgrenzschutzes in Betracht. Das ist die verfassungsrechtliche Konstruktion. Ein anderes Verständnis wäre auch gar nicht praktikabel. Also, soweit das EBA seine Zuständigkeit verneint oder ablehnt, entzieht es auch dem Bundesgrenzschutz die Zuständigkeit. Das ist der eine Aspekt. Weitere verfassungsrechtliche Implikationen erwähne ich nur am Rande. Das Verbot der Mischverwaltung spielt hier eine Rolle, da eine gleichgerichtete Bundeszuständigkeit besteht. Als zweiten Aspekt will ich nur eine Warnung aussprechen: Machen Sie es sich mit den Zuständigkeiten des Bundesgrenzschutzes nicht zu leicht! Der Vertreter der Gegenseite im Prozess vor dem Bundesverfassungsgericht, Prof. *Papier*, ist jetzt selbst Richter am Bundesverfassungsgericht, und es war ein langes Stechen und Hauen, um die Zuständigkeit des Bundesgrenzschutzes überhaupt zu begründen. Warum ist hier eine Bundesbehörde zuständig? Ich wollte die Marschrichtung gehen, wonach der Bundesgrenzschutz die Grenzen dort schützt, wo sie faktisch verletzt werden, nicht dort, wo sie sich formal befinden. Das würde bedeuten, dass nicht der Ort des Grenzübertritts maßgeblich ist, sondern der Ort, wo die Grenzübertretung geahndet werden kann. Nicht ohne Grund ist der Bundesgrenzschutz in den großen internationalen Flughäfen zuständig. Insoweit bin ich aber vom Bundesinnenministerium zurückgepfiffen worden. Man hat gesagt: Um Gottes Willen, der Bundesgrenzschutz ist die Polizei des Bundes. Schon allein das greift in die Kompetenzen der Länder ein. Machen Sie ja nicht geltend, dass der Bundesgrenzschutz auch fernab von den Bundesgrenzen innerhalb der Länder zuständig sein kann! Der Bundesgrenzschutz ist weiterhin nur die Annexpolizei zu der Verwaltungspolizei des Bundes. Wir können daher nicht sagen, der Bundesgrenzschutz übe auf den Bahnstrecken originäre Grenzschutzaufgaben aus. Und deswegen bin ich fast erschrocken, als Frau Borsdorff in dies Richtung argumentiert und mich im Grund bestätigt hat. Rauschgiftdelikte in Bahnhöfen und Zügen lassen sich sehr wohl als Grenzübertretungen begreifen. Aber das war jedenfalls bislang nicht das Verständnis der Bundesregierung. Trotzdem: Es gibt eine originäre Grenzschutzkompetenz, eine originäre Aufgabe des Bundesgrenzschutzes, Grenzverletzungen zu ahnden, und das kann auch in Bahnhöfen und in Flughäfen geschehen. Daneben gibt es eine abgeleitete Kompetenz des Bundesgrenzschutzes. Immer dort, wo Bundesbehörden an sich zuständig sind, haben sie auch Polizeigewalt. Dann sind sie aber keine Sonderpolizei, sondern die allgemeine Polizei des Bundes. Das Bundesgrenzschutzgesetz unterscheidet sich materiell-rechtlich nicht von den Polizeigesetzen der Länder. Die Regelungen von der zur Aufgabenwahrnehmung bis zum Störerbegriff sind inhaltsgleich. Der Bundesgrenzschutz ist nur „Sonderpolizei," weil eben nicht die allgemeine Landespolizei handelt. Aber normalerweise handeln die Behörden des Bundesgrenzschutzes als Polizeibehörden, und wenn man ihnen keine materielle Polizeifunktion zuspricht, dann ist das außergesprochen schwierig, ihre Kompetenzen von denen des EBA als Ordnungsbehörde abzugrenzen. So, das war mein allerletzter Diskussionsbeitrag!

Borsdorff:

Nochmals zur grenzpolizeilichen Aufgabenwahrnehmung. Nicht nur Sie sind vielleicht erschrocken gewesen, sondern ich auch, als das Gesetz durch den Bundestag gegangen ist. Ich war erschrocken darüber, dass gerade grenzpolizeilichen Kontrollen verdachtsunabhängig auf Binnenbahnhöfen stattfinden durften. Für mich ergibt sich da zunächst einmal die Frage der Zuständigkeit. Und wenn man dann in das Bundesgrenzschutzgesetz hineinschaut, stellt man fest, eine Zuständigkeit gibt es nicht; der Grenzschutz ist nämlich beschränkt auf einen 30 km-Bereich, in dem gerade die Grenzschutzaufgabe nach § 2 wahrgenommen werden kann. Durch die Hintertür hat man dann das gemacht, was Sie sehr schön ausgedrückt haben - ich habe es mir extra aufgeschrieben -: Der BGS schützt die Grenzen, wo sie verletzt werden. Im Grunde ist das genau das, was das BMI vertreten hat, als es jetzt die verdachtsunabhängigen Kontrollen auf den Bahnhöfen eingeführt hat. Eine sehr schwierige und nach meiner Meinung eigentlich nicht ganz glatte Vorschrift und Kontrollmöglichkeit. Ich freue mich darauf, wenn Herr *Papier* diese Frage vielleicht einmal beim Bundesverfassungsgericht vorliegen hat, ob das richtig ist, was da so alles passiert.

Kühlwetter:

Zwei Fragen: Erstens, wie erfährt der Bundesgrenzschutz von einer Entwidmung einer Bahnanlage mit der Folge, dass er nicht mehr zuständig ist? Zweitens eine etwas historische Frage: Zu Zeiten der Behördenbahn und der damaligen Bahnpolizei: Hat es Verträge zwischen der Bahnpolizei und der Landespolizei gegeben über die Zuständigkeit auf Bahnhofsvorplätzen, die damals umstritten war? Halten Sie solche Verträge für rechtlich zulässig?

Hoppe:

Ich habe nur eine kurze Frage. Sie hatten von Amtshilfe gesprochen, Herr *Heinrichs*. Können Sie einmal Fälle nennen, in denen Amtshilfe zu leisten ist, weil ja derjenige, der Amtshilfe leistet, keine Zuständigkeit hat für das, was er besitzen darf.

Schmidt

Eine kurze Bemerkung zu der Frage: Wie erfährt der Bundesgrenzschutz von der Entwidmung? Er bekommt vom EBA eine Kopie der Entwidmung, also zur Sachlage, und natürlich auch ein Verzeichnis mit den Flächen der Bahnanlagen, die entwidmet werden. Damit ist eigentlich der Bogen geschlossen.

Meißner.

Nach meiner Meinung endet eigentlich die Zuständigkeit des Bundesgrenzschutzes praktisch nicht mit der Entwidmung, sondern mit der Stilllegung, denn der Bundesgrenzschutz soll ja eisenbahnspezifische Gefahren abwenden. Wenn auf einer bestimmten Strecke kein Betrieb mehr durchgeführt wird, dürften meines Erachtens auch die eisenbahnspezifischen Gefahren nicht mehr gegeben sein. Da die Stilllegung ja auch im Verkehrsblatt veröffentlicht wird, sehe ich hier eine gewisse Sicherheit.

Heinrichs:

Das Merkmal "keine eigene Zuständigkeit" ist in der Tat das schwierigste Merkmal. Am deutlichsten zeigt sich das vielleicht bei der Untersuchung von Eisenbahnunfällen. Diese Aufgabe wird im Aufgabenkatalog für das Eisenbahn-Bundesamt ausdrücklich erwähnt, Beim BGS steht diese Aufgabe nicht im Aufgabenkatalog. Beim BGS scheint mir mehr der Aspekt der Strafverfolgung maßgeblich zu sein. Aber das eine oder andere lässt sich rechtlich kaum voneinander trennen. Allerdings gebe ich zu, wenn Sie die ganzen anderen Institute der Zusammenarbeit ebenfalls untersuchen, ist das Amtshilfeinstitut am naheliegendsten. Vollzugshilfe allein reicht nicht, und Benehmen und Einvernehmen reichen noch weniger aus. Organleihe haut auch nicht hin, so dass wir dazu übergegangen sind, das Ganze unter den Amtshilfebegriff subsumieren. Abgesehen von der Untersuchung von Eisenbahnunfällen einschließlich der Strafverfolgung gibt es auch im Moment keine Tätigkeitsfelder, bei denen sich eine Zusammenarbeit tatsächlich anbietet und rechtlich geboten erscheint. Die Zuständigkeit des Eisenbahn-Bundesamts und des BGS erstreckt sich schlicht und einfach auf das Gebiet der Bahnanlage. Und die Bahnanlage fängt an, wo sie gewidmet ist und hört auf, wo sie entwidmet ist. Betrieb steht im Gesetz nicht drin. Deswegen habe ich nicht das Problem, das Sie schildern.

Meißner:

Die Zuständigkeit des EBA erstreckt sich auf die Eisenbahnen des Bundes, und solange eine Anlage noch zu diesem Gebiet gehört, hat das EBA auch eindeutig noch die Gefahrenabwehraufgabe. In diesen Bereichen können sch durchaus noch Gefahren ergeben: Beispielsweise spielende Kinder in dem Bereich. Man kann sich auch im Schienenbereich verletzen. Auch kann es immer noch sein, dass ein stillgelegtes Gleis irgendwann doch wieder befahren wird; wir haben das immer dann, wenn es zu Castor-Transporten kommt. Die benutzten Bahnanlagen sind nicht entwidmet. Sie sind zunächst nur stillgelegt, und man entscheidet sich jetzt, um vielleicht Demonstrationen zu entgehen, einen Umweg zu fahren, womit andere nicht rechnen. So benutzt man ein stillgelegtes Gleis doch noch einmal. Insofern ist die Fragestellung schon wichtig. Die Vorgehensweise entspricht der Rechtslage und der Rechtsauffassung beim Eisenbahn-Bundesamt. Darf ich dann noch auf die Problematik von Verträgen über die Zuständigkeit eingehen: Das Bundesgrenzschutzgesetz sieht diese Möglichkeit zunächst einmal vor: Wir haben also über § 65 BGSG die Möglichkeit, im landespolizeilichen Bereich oder auch in dem Bereich anderer Behörden Maßnahmen zu treffen und verweisen dort auf die entsprechende Korrespondenzvorschrift, die ja in jedem Landespolizeigesetz enthalten ist. Die Regelungen sehen auch die Möglichkeit vor, Verwaltungsabkommen zu schließen, wobei ich das etwas kritisch sehe. Diese Verwaltungsabkommen dürfen keine generelle Zuständigkeitsabweichungen beinhalten. Ich kann vielleicht ein bisschen an der Zuständigkeit kratzen, aber nicht das ändern, was eigentlich vom Gesetz her gewollt ist. Allerdings wird das jetzt teilweise durch Kooperationsabkommen umgangen, auf deren Grundlage man etwa gemeinsame Streifen macht. Akzeptabel erscheinen gemeinsame Kooperationsmodelle, bei denen jederzeit rund um die Uhr immer ein Beamter des Landes und des Bundes gemeinsam vorhanden sind, deren Maßnahmen auch immer dem jeweiligen zugeordnet werden können, den es angeht. Solche Kooperationsmodelle könnte ich mir auch in der Zusammenarbeit mit dem Eisenbahn-Bundesamt gut vorstellen.

Anmerkung:
Herr *Meißner*, ich warne davor, die ohnehin schon existierenden Beschränkungen, denen sich der Bundesgrenzschutz unterworfen sieht, noch zu erweitern. Wie wollen Sie im praktischen Fall Verwaltungszwang ausüben, wenn er nötig wird, und der Bundesgrenzschutz dann auf stillgelegten Strecken kein Eingriffs-

recht mehr hat. Also, das sollten Sie sich reiflich überlegen! Da nehmen Sie sich selbst ein wichtiges Mittel, um andere zu verfassungs- und gesetzmäßigem Handeln anzuhalten. Also, das würde ich an Ihrer Stelle nicht in Frage stellen.

Bahrenberg:

Herr *Heinrichs*, Sie lachen schon, Sie wissen ja wahrscheinlich, worauf ich Sie ansprechen werde. Es geht um dass Thema „Besetzung der Reisezüge", das im Moment sehr heikel ist, und hierbei insbesondere um die Facette Fußballsonderzüge. Ich hätte nur eine Anregung bezüglich des künftigen Verfahrens, weil ja hier auch die Mitarbeiter der EBA-Außenstellen vertreten sind, und wir als Eisenbahn-Verkehrsunternehmen letztendlich die Leidtragenden sind. Wir haben gerade, was dieses gewaltbereite Fanpotential betrifft, erhebliche Schäden zu verzeichnen, und hier möchte ich doch einmal anregen, dass eine rechtzeitige Abstimmung mit uns stattfindet. Leider ist das nicht immer der Fall. Grundlage dieser Klage sind zwei Bescheide aus jüngster Vergangenheit, die ohne Anhörung bzw. nicht in der gesetzlich vorgeschriebenen Form ergangen sind. Wenn das Eisenbahn-Bundesamt Bescheide im Hinblick auf Fußballsonderzüge oder andere Großveranstaltungen erlässt, erfordert dies, dass mit einem vernünftigen Vorlauf mit den beteiligten Eisenbahn-Verkehrsunternehmen zunächst einmal gesprochen wird. Das hat dann nämlich zur Folge, dass wir unsere Umlaufplanung vernünftig planen können. Denn das Problem ist folgendes: Wenn wir einen Bescheid bekommen, in dem uns vorgeschrieben wird: „Bitte besetzt die Züge nur mit 120 %", stehen wir vor der Schwierigkeit, dass wir einen Wagen anhängen müssten. Nur ist ein zusätzlicher Wagen nicht immer verfügbar. Und wenn der Bescheid zwei Tage vor dem Ereignis eintrifft, haben wir ein echtes Problem. Dem kann man vorbeugen, indem man mit ordentlichem Vorlauf die Sache im Konsens bespricht. Die anderen rechtlichen Probleme möchte ich hier nicht ausführen. Stichwort: "Inanspruchnahme von Nichtverantwortlichen", nämlich der Bahn AG, gerade bei der Beförderung von gewaltbereiten Fans. Die Lösung dieses Problems überlassen wir lieber unserer Diskussion, die erst am Anfang steht, aber hoffentlich bald zu einem fruchtbaren Ergebnis kommt. Das war einfach nur eine Bitte an die Mitarbeiter der Außenstellen des EBA.

Heinrichs:
Das Gesetz selbst sieht Möglichkeiten vor, in denen Verwaltungsakte ergehen können, bei denen man die Anhörung im Nachhinein durchführt oder auf eine Anhörung ganz verzichtet. Das ist bei entsprechenden Gefahrensituationen der Fall. Bei den beiden angesprochenen Fällen ist das Eisenbahn-Bundesamt davon ausgegangen, dass diese Gefahrensituation einfach vorlag. Deswegen ist in der Tat, insofern kann ich Herrn *Bahrenberg* schon verstehen, der Vorlauf zwischen Bescheid und umzusetzenden Handlungen relativ kurz gewesen, in einem Fall zwei Tage, im anderen Fall mehr oder weniger wenige Stunden. Aber, wie gesagt, die Frage, ob das ein Handeln außerhalb des gesetzlichen Rahmens war, haben wir natürlich geprüft und genau umgekehrt beurteilt. Wir haben eine konkrete Gefahr angenommen, und in der Tat verhält es sich bei Fußballsonderzügen eben so: Entweder man hängt Wagen an oder man lässt Reisende am Bahnsteig stehen. Die weitere Frage, die Sie angeschnitten haben, die Frage nach der Störereigenschaft, da muss ich auch bei aller Bereitschaft, die Diskussion später noch ausführlich zu führen, einfach folgendes sagen: Das Eisenbahn-Bundesamt geht schon davon aus, dass der Eisenbahnverkehrsunternehmer hier in die Gruppe der Störer einzubeziehen ist. Dies ist dann der Fall, wenn ein Sachverhalt gegeben ist, der dazu führen kann, dass die öffentliche Sicherheit und Ordnung in Zügen nicht mehr gewährleistet sein wird, weil Sachbeschädigungen und andere Straftaten begangen werden, die aber nicht mehr zugeordnet werden können. Dann ist derjenige, der den Zug betreibt, also der Eisenbahnverkehrsunternehmer, Störer. Ob er nun Zustandshandlungsstörer ist oder Zweckveranlasser, das

ist eine Feinunterscheidung, die man durchaus im Nachhinein noch treffen kann. Aber an der Störereigenschaft des Eisenbahnverkehrsunternehmers habe ich, ehrlich gesagt, keine ernstlichen Zweifel.

Bahrenberg:

Dazu möchte ich nur sagen: Vielleicht sollte wir dann auch die Wahl der Mittel nochmals näher beleuchten. Sie geben uns auf, dass wir z.B. nur noch 100 % Besetzung durchführen können. Technisch und betrieblich sind aber 200 % möglich. Technisch, gut, müssen wir uns noch einmal darüber unterhalten. Die Frage ist aber folgende: Der BGS kennt seine Pappenheimer. Die Fans, die gewaltbereit sind, sind bekannt. Kann man hier nicht effektiver und mit einem vor allem für uns schonenderen Mittel vorgehen, etwa indem der BGS Busse bereitstellt, in denen die Randalierer gesondert abgefahren werden. Ja, Sie lachen vielleicht.

Schweinsberg:

Kurzer Einwurf, Herr *Bahrenberg*, das tut der BGS in der Regel nach der Veranstaltung.

Bahrenberg:

Ich rede nicht nur vom BGS, sondern auch vom EBA. Sie schicken einfach einen Bescheid los, der uns vorgibt, drei Wagen dranzuhängen, ob wir die Wagen haben oder nicht. Den wirtschaftlichen Aspekt sollten wir auch nicht aus den Augen verlieren. Das ist ja im Grunde unser Hauptproblem. Und da stellt sich wirklich die Frage: Gibt es nicht schonendere Mittel, um den gleichen Effekt zu zeitigen. Das ist so mein Ansatz, den ich hier mal ein bisschen unter das Volk streuen möchte.

Maul:

Wir haben in unserer Außenstelle ganz erhebliche Probleme mit Beschwerden über das Laufenlassen von Lokomotiven. Recht häufig beschweren sich Anwohner, dass Diesellokomotiven die ganze Nacht über durchlaufen und Emissionen verursachen, dass Lärm, Abgase und dergleichen mehr entstehen. Für mich stellt sich jetzt die Frage, wie man da vorgeht? Nach der Gesetzeslage und jetzt auch nach den Vorträgen ist der BGS nach § 3 BGSG zuständig und möglicherweise auch das Eisenbahn-Bundesamt zur Wahrung des Minimierungsgrundsatzes nach § 38 BImSchG i.V.m. § 4 Abs. 2 AEG. Wie geht man denn da vor? Der Bundesgrenzschutz hat in einem Fall schon gesagt: Wir machen es jedenfalls nicht. Damit stellt sich ist die Frage, ob das EBA zuständig ist. Ich weiß es nicht!

Schweinsberg:

Herr *Maul*, wenn es jetzt die Meldung für das Thema im nächsten Jahr sein soll, nehme ich das gerne auf und mit, aber ansonsten scheint mir das eine Frage zu sein, die in diesen Kontext nur schwer hineinpasst. Aber eine Bemerkung möchte ich schon machen: Wenn Sie § 2 Abs. 4 und § 2 Abs. 1 EBO lesen, dann denke ich schon, dass die Zuständigkeit des Eisenbahn-Bundesamtes für derartige Sachverhalte gegeben ist. Danach ist das Eisenbahn-Bundesamt zuständig für Anweisungen im Rahmen des betriebssicheren Zustandes. Die Sicherheit ist in § 2 Abs. 1 EBO definiert, das ist die öffentliche, sichere Ordnung und damit das gesamte materielle geschriebene öffentliche Recht und damit habe ich keine ernsten Zweifel, dass das Eisenbahn-Bundesamt für Verfügungen zuständig ist, die in diesen Bereich hineinreichen.

Fislake:

Ich kann nur sagen, die letzten Beiträge - auch den von Herrn *Heinrichs* im Ohr - geben natürlich einem Anwalt zu Spekulationen Anlass. Wenn die Bahn stören soll, wenn sie überbelegt ist, wenn da also eine ganze Menge Fußballfans drin ist, wenn die Bahn Störer sein soll, dann kann man ja mal die Frage stellen: Was machen wir denn eigentlich, wenn ein ICE ausfällt, der nächste kommt, alles hineindrängt, bequemes Stehen nicht mehr möglich ist, Umfallen auch nicht? 120 - 140 % Belegung ist dann eine illusionäre Zahl, in einer Konservenbüchse ist mehr Platz. Stört die Bahn, wenn sie dann transportiert? Und wenn dann irgendjemand sich beim bequemen Stehen durch einen hochhackigen Pumps verletzt, ist die Bahn dann Mittäter? Also, wissen Sie, das ist für einen Strafrechtler äußerst spannend. Es tut sich da ein weites Betätigungsfeld auf. Ich warne jedenfalls davor, sich in diesem Bereich so schnell so weit herauszulehnen und zu sagen, die Bahn sei Störer. Denn für so einer Situation kann man der Bahn eigentlich nur raten: Wenn du potentieller Störer bist, stell' den Bahnbetrieb ein, transportiere zumindest keine Fußballfans mehr! Dann ist die Gefahrensituation erst recht da. Das gilt dann auch für Veranstaltungen, nehmen wir mal die Expo, die störungsfrei funktionieren. Die Leute werden dann sagen: Zur Expo fahren wir nicht! Wir fahren auch nicht zum Katholikentag, zum evangelischen Kirchentag, und und und..., weil wir potentielle Störer sind oder sukzessive Mittäter. Das kann ja wohl nicht sein!

Bahrenberg:

Es ist erforderlich, auch eine Wirtschaftlichkeitsprognose durchzuführen. Letztendlich entscheidet sich dann an Hand dieser Prognose, ob der Verkehr durchgeführt wird oder nicht Und das ist das Problem. Es ist nun einmal so. Wir sind dem Primat der Wirtschaftlichkeit verpflichtet. Wenn das Eisenbahn-Bundesamt einfach Bescheide verfügt oder erlässt, die uns dann gewisse massive Beschränkungen aufgeben, muss man wirklich die Frage stellen, ob wir den Verkehr noch wirtschaftlich durchführen können. Das ist in vielen Fällen jetzt schon nicht mehr der Fall!

Anmerkung:
Ich möchte an dieser Stelle sagen, dass man die Bahn vielleicht nicht so böse als "Störer" bezeichnen muss, Aber es muss die Möglichkeit geben, hier Gefahrenabwehr zu betreiben, und zwar rechtzeitig und im Vorfeld. Das ist auch, um nachher eventuell in der Bahn einschreiten zu können, ganz besonders wichtig. Insofern meine ich, dass, wenn wir das Wort "Störer" nicht benutzen wollen, wir im Polizeirecht immer noch die Möglichkeit haben, den Nichtverantwortlichen in Anspruch zu nehmen. In diesem Zusammenhang meine ich schon, dass die Voraussetzungen durchaus vorliegen sollten, die der § 20 BGSG verlangt.

Grauf:
Ich glaube, da ist eine gewisse Schieflage in der Darstellung entstanden. Ich zitiere nochmals, Herr *Bahrenberg*, „einfach Bescheide verschicken". Dieses "Einfach-Bescheide-verschicken" ergibt sich aus dem Zeitablauf. Wir gehen natürlich davon aus, dass die DB AG als qualifizierter Verkehrsunternehmer sich rechtzeitig Gedanken macht, welches Potential an Reisenden zu erwarten ist und ihre Kapazitätsplanung darauf abstellt. Wenn wir dann zwei Tage, einen Tag vor dem Spiel erfahren, dass die Kapazitätsplanung auch nicht annähernd mit dem übereinstimmt, was tatsächlich zu erwarten ist, dann ergibt sich einfach der Zwang, kurzfristig handeln zu müssen. Das ist die Problematik.

Dernbach:
Herr *Grauf* hat das vorweggenommen. Es geht hier in der Tat nicht darum, dass sozusagen einfach Bescheide verschickt werden, selbstverständlich versuchen

wir, dem Bescheidadressaten die Möglichkeit zu geben, das, was wir verfügen, auch umzusetzen. Nur, wenn die Situation so ist, dass sofortiges Handeln erforderlich ist, dann ergibt sich eben eine andere Situation. Der Gedanke, der von Herrn Fislake angesprochen wurde, geht natürlich noch tiefer. Dieses Fass wollten wir gar nicht anstechen. Uns ging es im Grunde genommen um die Sondersituation bei Massenbelegungen in Zügen von einem nicht durchschnittlich strukturierten Publikum. Das sind ganz andere Gefährdungssituationen, und Herr *Fislake*, wenn Sie das Thema der täglich vollbesetzten oder zumindest am Wochenende vollbesetzten ICE-Züge ansprechen, möchte ich, sollte ich doch aber wohl schon darauf hinweisen, dass dieser Hinweis nicht vom Eisenbahn-Bundesamt kam, denn das ist eine Brisanz, die den Eisenbahnverkehr möglicherweise bis ins Mark treffen kann.

Schweinsberg:.

O.K. Ich fand das jetzt sehr schön. Ich habe auch gar nicht erwartet, dass dieses Thema jetzt so zur Diskussion kommt, aber ich glaube, einen Satz haben Sie völlig zu Recht gesagt: Wir sind am Beginn einer Diskussion. Und daher glaube ich, würden wir jetzt den Rahmen sprengen, wenn wir jetzt hier heute diese Diskussion beenden würden. Ihre Wünsche sind deutlich bei uns angekommen. Da besteht, glaube ich, auch kein Zweifel daran. Aber ich möchte wirklich einfach ganz gerne hier abbrechen.

Heribert Fislake

Vollständigkeit von Unterlagen in der Planfeststellung

Wenn man über Planfeststellung nach der Mittagspause reden soll, dann steht man natürlich vor dem Problem, dass Sie hoffentlich gesättigt sind. Das hat den Vorteil, dass man dann nach dem Hyänenphänomen mich nicht fressen wird, weil Sie ja satt sind und deshalb über mich nicht herfallen werden. Das Thema ist doch von einer gewissen Brisanz, und ich erlaube mir, Ihnen heute Gedanken vorzutragen, die möglicherweise doch diesem oder jenem von Ihnen zumindest als Angriff auf den Rechtsstaat vorkommen könnten. Vielleicht ist auch dieser oder jener dabei, der mich einer exorzistischen Behandlung zuführen möchte. Ich will jedenfalls eine These vorweg stellen, damit Sie merken, in welche Denkrichtung ich gehen möchte. Ich halte Weichen nicht für planfeststellungsbedürftig. Weichen haben in einer Planfeststellungsunterlage für ein Eisenbahnvorhaben nichts zu suchen.

Vor diesem Hintergrund, meine Damen und Herren, muss man sich einmal die Frage stellen, wenn man sich das Thema „Vollständigkeit von Planfeststellungsunterlagen" anschaut, wie es denn eigentlich kommt, dass die Planfeststellungsunterlagen so gigantisch umfangreich geworden sind. Wenn wir uns, die älteren unter Ihnen werden es sicherlich tun können, an die Planfeststellungsunterlagen für die U-Bahn München erinnern wollen, dann wundert man sich schon. Damals bestanden die Planfeststellungsunterlagen aus ganz dünnen Leitz-Schnellheftern. Andererseits bestehen, als extremstes Beispiel natürlich, die Unterlagen für die Verkehrsanlagen im Zentralen Bereich Berlin aus einem dicken Ordner für den Planfeststellungsbeschluss und, wenn ich mich recht erinnere, aus 45 Ordnern Anlagen. Oder wenn man für die Wiederinbetriebnahme einer teilungsbedingt stillgelegten Strecke, bei der es in der Planfeststellung nur um die Errichtung von Oberleitungsanlagen und die neue Entwässerung ging, die Planfeststellungsunterlagen in den Blick nimmt und diese Unterlagen bereits drei dicke Leitz-Ordner für die Planfeststellung ausmachten, dann fragt man sich schon, wie das denn eigentlich möglich ist.

Als Jurist ist man es ja gewohnt, sich der Rechtslage dadurch zu nähern, dass man ins Gesetz guckt. Und ein Blick in das Gesetz soll ja angeblich die Rechtsfindung erleichtern. Das tut er aber nicht. Das AEG enthält zu unserem Thema gar nichts. Aber immerhin enthält das Verwaltungsverfahrensgesetz eine Vorschrift, und ich habe die Kühnheit, Ihnen ein Gesetz vorzulesen:

"§ 73 Abs. 1 Satz 2 VwVfG: Anhörungsverfahren
Der Plan besteht aus den Zeichnungen und Erläuterungen, die das Vorhaben, seinen Anlass und die von dem Vorhaben betroffenen Grundstücke und Anlagen erkennen lassen."

Jetzt müsste man eigentlich eine Kunstpause einlegen und sagen, dass Sie sich das einmal durch den Kopf gehen lassen mögen. Ich könnte Sie auch necken und Ihnen sagen, dass ich Ihnen das noch einmal vorlese. Das mache ich aber nicht. Diese Vorschrift ist ja verdammt weit gehalten und eigentlich ziemlich abstrakt. Die Frage ist aber, ob es noch etwas Besseres gibt. Das Gesetz über die Umweltverträglichkeitsprüfung ist schon relativ detaillierter. Hierzu möchte ich Ihnen eigentlich nur den Hinweis auf § 6 UVPG geben, und zwar zu den Absätzen 3 und 4. Dort finden Sie einige Angaben zu den erforderlichen Plänen und zu den Unterlagen, was sie beinhalten müssen. Aber selbst beim späteren Lesen werden Sie feststellen, dass die Vorschriften genauso allgemein gehalten sind. Sie enthalten im übrigen auch nur Planungsgrundsätze, die wir sowieso schon kennen. Beispielsweise die Vorgabe, dass Planungsalternativen dargestellt werden müssen. Ich wäre Ihnen dankbar, wenn Sie sich das an dieser Stelle merken: Planungsalternativen sind darzustellen.

Wenn man sich die genannten allgemeinen Texte anschaut, dann fragt man sich, ob es denn von Gesetzes wegen erforderlich ist, dass in den Planfeststellungsunterlagen beispielsweise Weichen dargestellt werden. Von interessierter Seite höre ich dann sofort, was daran denn schädlich sei, wenn „Mehr" in den Planfeststellungsunterlagen stünde. „Interessierte Seite" ist hier, das will ich ganz deutlich sagen, sowohl die Bahn als auch das Eisenbahn-Bundesamt. Beide sagen in aller Regel: Was passiert denn, wenn mehr in den Unterlagen steht? Das sei doch völlig harmlos. Dazu kann ich nur sagen, wenn man so argumentiert, verrät das sehr deutlich, dass man sich bei der Bahn und auch beim Eisenbahn-Bundesamt noch nicht hinreichende Klarheit über diese Fragestellung gemacht hat. Denn eins dürfen wir nicht vergessen, je voller die Planfeststellungsunterlagen, je mehr man hineinpackt, um so teurer wird die ganze Planungsaktion. Wenn ich hier heute zu dem Thema des Vortrags rede, dann rede ich in Wahrheit über Geld. Weil es auch um Planungszeit geht, geht es um furchtbar viel Geld.

Nun muss man sich natürlich die Frage stellen, wie es denn eigentlich kommt, dass die Planunterlagen so voll, so umfangreich sind. Dazu, meine Damen und Herren, bin ich der Meinung, dass ein Systemfehler vorliegt. Zunächst einmal muss man die Bahn ansprechen. Wer stellt denn die Planfeststellungsunterlagen zusammen? Das ist doch die Bahn selbst, nämlich die sog. Vorhabenträgerin. Und wer macht denn die Pläne? Meine Damen und Herren, in diesem Zusammenhang ist schon das hübsche Wort "Entwurfsplanung" eine Offenbarung! Die Ingenieure der Bahn, das sage ich mal ganz frech, haben ein Vorhaben im Auge. Die Ingenieure wollen bauen und deshalb malen sie in ihre Pläne Sachen hinein, von denen sie glauben, die seien für den Bau erforderlich. So z. B. Weichentypen und dergleichen, natürlich Brücken, und Bahndämme sowie Einschnitte. Aber was wir dann in diesen Unterlagen alles lesen müssen, das ist schon sehr erstaunlich.

Bei der Zusammenstellung der Planfeststellungsunterlagen werden die Juristen oder die Juristinnen bei der Bahn, d. h. bei der DB Netz AG, überhaupt nicht beteiligt, weil man das Gefühl dafür nicht hat, dass man Planfeststellungsunterlagen überhaupt braucht. Erfahrungsgemäß fällt irgendeinem Planer, wahrscheinlich nur einem alten Hasen, während der Entwurfsplanung auf, dass die Planfeststellung „ja auch noch kommt!" Das wollen nur die Juristen, die Verhinderer. Also bitte schön! Was nehmen wir für die Planfeststellung denn für Pläne? Natürlich die Pläne, die wir sowieso schon haben. Folglich werden keine spezifischen Planfeststellungsunterlagen erstellt, sondern es werden - hilfsweise - die Pläne genommen, die man für das Bauen ohnehin schon hat. Zum vorläufigen Ende der Planung lässt man die Juristen auf die Pläne gucken und sie abzeichnen und die Juristen können dann - in aller Regel - nichts mehr machen.

Wenn ich hier jetzt kübelweise, sagen wir einmal, Gülle über die Bahn ausschütte, dann mache ich das natürlich genauso gerne gegenüber dem Eisenbahn-Bundesamt. Denn, meine Damen und Herren, wer glaubt, beim Eisenbahn-Bundesamt wäre das besser, der täuscht sich. Vom Eisenbahn-Bundesamt werden teilweise Forderungen an den Inhalt von Planfeststellungsunterlagen und an die Darstellung erhoben, dass man sich nur wundern kann. Ich rede nicht von kollusivem Verhalten zwischen Bahn und EBA, aber vielleicht sind es auch die gleichen historischen Wurzeln, die hier eine Rolle spielen, aber beim Eisenbahn-Bundesamt ist es nicht viel besser als bei der Bahn. Hinzu kommt eine Schwierigkeit für die Vorhabenträgerin, die ich gern anspreche und ich bin ganz froh, dass ich hier auch mehrere Vertreter der Zentrale des Eisenbahn-Bundesamtes sehe. Ich sage Ihnen: Es gibt überhaupt kein System. Das ist das reinste Lotteriespiel. Wenn Sie als bundesweit tätiges Unternehmen wie die DB Netz AG Planfeststellung betreiben wollen und müssen, dann hat der Inhalt der Planfeststellungsunterlagen fatale Ähnlichkeiten mit der sonnabendlichen Ziehung der Lottozahlen. Es kommt nur darauf an, bei welcher Außenstelle des EBA Sie gerade antreten und welches Team gerade zuständig ist. Wehe dem, dessen Team im Verfahren in Pension oder in den Urlaub geht, versetzt wird oder in Mutterschaft geht. Das ist sogar von Zimmer zu Zimmer unterschiedlich. Meine Damen und Herren, es ist nicht prognostizierbar, welche Planfeststellungsunterlagen welchen Inhalt haben müssen. Sie könnten natürlich erwidern: "Na ja, gut, Du musst Dich als Vorhabenträgerin eben arrangieren."

Ich will in diesem Zusammenhang aber auf einen Systemfehler hinweisen, der meines Erachtens immer wieder gemacht wird. Er besteht darin, dass nicht zwischen den einzelnen oder den verschiedenen Plänen unterschieden wird. Es gibt ein Anhörungsverfahren und es gibt eine Planfeststellung. Es wäre ein Irrtum zu glauben, dass der Plan für die Anhörung, also für das Anhörungsverfahren, genauso aussieht wie derjenige Plan für die Planfeststellung, also für den Planfeststellungsbeschluss. Insofern gibt es einen Unterschied zwischen dem Plan nach § 73 Abs. 1 Satz 2 VwVfG und dem Plan nach § 18 Abs. 1 AEG. Worin liegt denn der Unterschied? Dazu gibt es eine Rechtsprechung, meine Damen und Herren. Sie kennen alle die Rechtsprechung zur sog. „Anstoßfunktion". Wie das Bundesverwaltungsgericht immer wieder für das Anhörungsverfahren festgestellt hat, müssen die Unterlagen so hinreichend deutlich sein, dass der Betroffene erkennt, ob er in seinen Belangen betroffen ist oder nicht, oder - salopp gesagt -, dass eine Behörde erkennen kann, ob ihre Belange betroffen oder ob sie eben nicht betroffen sind. Der Plan für den Planfeststellungsbeschluss schreibt doch hingegen inhaltlich konkret, gegebenenfalls mit Nebenbestimmungen vor, was jetzt rechtens sein soll. Im Planfeststellungsbeschluss wird im Übrigen über die Einwendungen entschieden.

Genau diese Unterscheidung, meine Damen und Herren, wird in der Praxis nicht berücksichtigt. Bahn und EBA glauben immer, es müsse eine Identität zwischen dem ausgelegten Plan und dem planfestgestellten Plan geben. Dafür gibt es überhaupt keine Rechtsgrundlage. Das können Sie auch aus der Rechtsprechung nicht ableiten. Dazu gibt es auch keine gesetzliche Regelung. Es gibt keine Planungsidentität. Und wie unsinnig diese Identitätsideologie ist, sieht man daran, dass es keine Planung ohne sog. „Blaudecker" gibt. Meine Damen und Herren, ich will jetzt nicht aus dem Nähkästchen plaudern, aber es gibt in Planfeststellungsunterlagen Pläne, die sind so blau, dass man das Rote schon gar nicht mehr erkennt. Ich bin einmal freundlicherweise beim Bundesverwaltungsgericht von einem Bundesrichter lächelnd aufgefordert worden, auf einen an der Wand hängenden Plan zu schauen und gebeten worden, ihm das „planfestgestellte Vorhaben" zu erklären. Ich musste resignieren, ich konnte es nicht! Das Vorhaben war rot, dunkelrot, und hatte mehrere Blautöne und dergleichen mehr. Das, was planfestgestellt worden ist, konnte nach den Kriterien des § 37 Abs. 1 VwVfG, wonach ein Verwaltungsakt inhaltlich hinreichend bestimmt sein muss, nicht festgestellt werden. Das hängt damit zusammen, dass man bei Bahn und EBA glaubt, man müsse die Pläne fortschreiben. Kluge Leute merken das und schmeißen nach der Anhörung, also in der Planfeststellung, eigentlich alle Pläne weg und erstellen neue Pläne, wobei sie aber zum Verständnis der Planung die alten Pläne auch in die Planfeststellungsunterlagen hineingeben. Dann haben sie zwei Pläne, die alten ersetzt durch neue, aber so, dass die alten Pläne als solche gekennzeichnet sind und dadurch die neuen Pläne in den Planfeststellungsunterlagen natürlich auffallen.

Meine Damen und Herren, im Rechtsfall, d. h. im Rechtsstreit, interessiert es niemanden, welche Planunterlagen geändert worden sind. Seit Jahren wissen wir aus den Verhandlungen vor dem 11. Senat des Bundesverwaltungsgerichts ganz genau, dass die Bundesrichter nur darauf gucken, was planfestgestellt worden ist. Was hingegen im Laufe der Zeit geändert worden ist, interessiert niemanden. Vor diesem Hintergrund ist die Identität der Pläne gar nicht erforderlich. Man könnte natürlich als Gegenargumente einwerfen, dass die Bundesrichter in den Planungsunterlagen anhand der Blaueinträge leichter erkennen können, ob was geändert worden ist und ob insoweit den vorgebrachten Einwendungen und Stellungnahmen Genüge getan worden ist. Das Geänderte lässt sich aber nur leichter erkennen, was die Bundesrichter auch auf Nachfrage zugestehen, sie sagen aber gleichwohl, rechtlich zwingend sei das nicht. Wenn sich aus der Begründung der Planfeststellung deutlich entnehmen lässt, dass den Einwendungen Genüge getan worden ist, dann reiche das völlig aus.

Ein weiteres Argument. Auf die ausgelegten Pläne kann es unter zwei Aspekten in der Tat einmal ankommen. Bei den 29-iger Verbänden muss man prüfen, ob sie in der Lage waren, sich ausreichend zu dem Vorhaben zu äußern. Konnten die Verbände anhand der ausgelegten Pläne ihre Mitwirkungsrechte wirklich wahrnehmen? Dazu kennen wir ja auch eine Rechtsprechung. Das zweite Problem: Präklusion. In Wahrheit ist das aber auch kein Gegenargument, denn zur Frage der Präklusion muss man im Grunde genommen nur beantworten, ob die ausgelegten Pläne so konkret waren, dass der Betroffene auch seine Belange hinreichend vortragen konnte. Nachher, für die Erfolgsaussichten der Klage, ist das dann völlig belanglos.

Ich habe Sie jetzt konfrontiert mit der Idee, dass wohl Einiges zuviel in den Planfeststellungsunterlagen vorhanden ist. Vielleicht ist aber auch Einiges zu wenig in den Planfeststellungsunterlagen. Im Grunde ist von mir noch offen gelassen worden, was denn der Maßstab dafür ist, warum denn, wie ich gesagt habe, Weichen nicht in die Planfeststellungsunterlagen gehören. Sie haben natürlich das Recht, die Frage zu stellen, nach welchen Kriterien denn die Bahn oder das EBA über den Inhalt der Planfeststellungsunterlagen entscheidet. Dazu darf ich Bezug nehmen auf den Vortrag des Vizepräsidenten des Bundesverwaltungsgerichts, Herrn *Hien*, vom gestrigen Tage. Er hat nämlich zu Recht zwei Aspekte vorgetragen, nämlich einmal den Aspekt „Abwägungsgebot" und dann auch noch zur Weiche für einen speziellen Einzelfall.

Meine Damen und Herren. Das allein maßgebliche Kriterium für den Inhalt der Planfeststellungsunterlagen ist das Abwägungsgebot. Das Abwägungsgebot ist der Maßstab dafür, welche Unterlagen zur Planfeststellung gehören. Danach sind die Fragen zu beantworten, was denn eigentlich in die Planfeststellung hinein muss und welchen Inhalt müssen Pläne haben, um dem Abwägungsgebot zu genügen. Wenn man sich diese Fragen nicht stellt, wenn man sie nicht in den Blick nimmt, dann produziert man natürlich Planfeststellungsunterlagen, die nur etwas mit schlichtem Bauen zu tun haben. Mit Blick auf die Erfahrungen der Praxis sage ich Ihnen, meine Damen und Herren, das Abwägungsgebot wird bei der Zusammenstellung der Planunterlagen, bei dem Malen der Pläne in aller Regel überhaupt nicht in den Blick genommen.

Ich will jetzt hier nichts Näheres zum Abwägungsgebot sagen. Das setze ich mal als bekannt voraus, insbesondere auch die Rechtsprechung des Bundesverwaltungsgerichts zur Abwägungsfehlerlehre. Ich komme dann aber auch noch zu den Weichen. Allerdings will ich meine Anmerkungen aber nicht auf die Weichen beschränken, sondern Ihnen hier einige paar Aspekte vortragen, die immer wieder in den Planfeststellungsunterlagen und den Plänen auftauchen, die überflüssig sind. Um es gleich vorweg zu sagen, die Überflüssigkeit führt in aller Regel zu einer Verfahrensverzögerung, zu Planergänzungsverfahren und Fummeleien hinterher bei der Ausführungsplanung.

Meine Aufzählung ist, wohlgemerkt, nicht vollständig. Sie soll Sie eigentlich nur ein bisschen sensibilisieren. Erstes Beispiel: Maststandorte für eine Oberleitungsanlage. Meine Damen und Herren, mir ist unter dem Aspekt der Betroffenheit öffentlicher und privater Belange überhaupt nicht erkennbar, warum Maststandorte planfestgestellt werden können. Jetzt ruft mir bestimmt gleich einer entgeistert zu: „Alles Quatsch, Oberleitungsanlage, Landschaftsbild, Abwägungsergebnis". Dann rufe ich sofort zurück: Denkfehler! Es geht nicht um die Oberleitungsanlage selbst, sondern um die einzelnen Maststandorte! Für diese einzelnen Maststandorte ist in aller Regel Grunderwerb überhaupt nicht erforderlich, die Oberleitungsanlage wird auf einer Bahnanlage gebaut. Dafür wird nicht zusätzlicher Grund und Boden in Anspruch genommen. Diese Maststandorte stehen zum Zeitpunkt der Auslegung der Pläne, aber auch zum Zeitpunkt der Planfeststellung überhaupt nicht fest: Erst wenn im Rahmen der Ausführungsplanung, ich sage das immer frecherweise, die "Strippenzieher" auf die Matte kommen, dann sagen die Ihnen haargenau, wo eigentlich die Maststandorte genau sind. Und aus Erfahrung weiß man auch, dass kaum ein Standort, ein planfestgestellter Maststandort, mit dem späteren, tatsächlichen Standort identisch ist. Regelmäßig rückt er tatsächlich vom planfestgestellten nicht selten um mehrere Meter ab. Vor diesem Hintergrund kann man sich leicht vorstellen, dass natürlich die Planfeststeller beim EBA Fracksausen kriegen, wenn die Kollegen, die für die Bauausführung zuständig sind, bei den Planfeststellern vorstellig werden und entsetzt rufen: Die tatsächlichen Maststandorte rücken alle von den planfestgestellten Standorten ab! Bevor wir dann eine Planänderung durchführen, geht erst die argumentative Prügelei los, Zeit vergeht, der Vorhabenträger wird gefragt und dergleichen mehr.

In diesem Zusammenhang darf erwähnt werden, dass wir schon ein Planfeststellungsänderungsverfahren erleben durften, meine Damen und Herren, in dem es um eine Gleisachsverschiebung um 10 cm ging. Diese Gleisverschiebung mussten wir öffentlich auslegen.

Wie ist das eigentlich mit Signalstandorten, meine Damen und Herren? Es bereitet mir immer Vergnügen, wenn die Signalstandorte im Plan festgestellt sind. Zunächst darf festgehalten werden, dass die Planfeststeller das Signalsystem der Bahn nicht beherrschen, denn es werden immer nur Hauptsignale im Plan festgestellt. Die typischen Weichensignale, also diejenigen für eine einfache Weiche, ich weiß nicht genau, ob dafür die Nummer 2b oder 2a lautet, der Signalstandort für eine einfache Weiche wird jedenfalls nicht planfestgestellt. Wahrscheinlich wohl deshalb nicht, weil man das Signal für eine einfache Weiche ohnehin nur sieht, wenn man sich im Dunkeln auf die Höhe der Schienenoberkante legt. Das kleine Signal beeinträchtigt sicherlich nicht das gemeine Landschaftsbild.

Welcher öffentlich-rechtliche Belang, welcher private Belang erfordert eine Planungsentscheidung über einen Signalstandort. Solche Belange gibt es nicht! Signalstandorte dienen der Sicherheit! Und über Sicherheit, meine Damen und Herren, das hat Herr *Hien* ja gestern angedeutet, pflegt die Deutsche Bahn AG oder die DB Netz AG im Rahmen der Abwägung völlig zu Recht überhaupt nicht zu diskutieren. Wenn man weiterhin bedenkt, meine Damen und Herren, dass möglicherweise eine Signalbrücke ein denkmalgeschütztes Ensemble oder die Blickbeziehung auf irgendein Weltkulturerbe tangieren könnte oder möglicherweise auf eine frühkeltische Kläranlage - man weiß ja nie, was alles denkmalgeschützt ist und auch noch vorgetragen wird -, dann kommt es aber nicht vor, dass ein Signalstandort nur deshalb weggewogen wird, weil irgendwo ein Weltkulturerbe steht! Vor diesem Hintergrund kann ich nur sagen, dass auch Signalstandorte nicht planfeststellungsbedürftig sind.

Zu den Weichen, meine Damen und Herren. Weichen sind im Netz der DB Netz AG ubiquitär. Herr Professor *Häussler*, den ich auf der Hinfahrt nach Tübingen getroffen habe und der mich in meinen Ansichten bestätigt hat, weist zu Recht darauf hin, dass das Drama der Eisenbahn mit der Erfindung der Weiche anfing. Meine Damen und Herren, welcher öffentliche Belang erfordert eine Planungsentscheidung des EBA zu einem Weichenstandort? Ich lobe hier und jetzt eine Flasche Champagner aus für das überzeugende Argument, dass eine Weiche, generell eine Weiche, überhaupt und dann auch noch mit ihrer konkreten Lage im Netz abwägungserheblich sein soll. Jetzt werden Sie fragen, wo denn da das Problem liege. Ich sage Ihnen: Ganz einfach. Typisch ist die planfeststellungsbedürftige Änderung einer bestehenden Bahnanlage. Wenn eine bereits vorhandene Weiche um einen Meter verrückt wird, wird sie rot in die Planunterlagen gemalt. Dann wird die rot angemalte Weiche in ihrem Standort planfestgestellt. Danach kommen dann die Fahrdynamiker oder weiß der Himmel wer, und es wird die Ausführungsplanung gemacht. Und siehe da: "Ei, wie blöd! Zwei-Meter-Standortverschiebung!" Und schon geht das Theater los, Planänderung! Ich kenne eine Bahnanlage in diesem unserem Lande mit über 100 Weichen, in der ist jede Weiche planerisch angefasst, d. h. in der bisherigen Lage umgeplant worden. Natürlich ist jede Weiche rot in den Plänen dargestellt. Die Ausführungsplanung ist aber noch nicht da, aber sie kommt bald. Ich schwöre Ihnen: Da passt nichts mehr! Dann machen wir noch ein Planänderungsverfahren, wenn das so weiter geht.

Für was denn eigentlich? Selbst akustisch sensibilisierte Zeitgenossen wissen, meine Damen und Herren, dass für die Anwendung der 16. BImSchV, des Bundes-Immissionsschutzgesetzes und für die Schall 03 eine Weiche völlig irrelevant ist. Sie kommt in den Berechnungsvorgaben gar nicht vor. Und außerdem haben wir gestern gehört, dass es keine Sicherheitsprobleme mit Weichen gibt. Genau dazu sollte ich vielleicht auf das Urteil des Bundesverwaltungsgerichts BVerwG 11A 18.98 verweisen, das Uelzener Urteil, von dem Herr *Hien* gestern gesprochen hat. Das betrifft auch die Weichenproblematik. Vor diesem Hintergrund gelingt es Ihnen ja vielleicht, ein Argument gegen meine Meinung vorzutragen. Ausnahmen gestehe ich gerne zu. Das könnte eine Flankenschutzweiche sein. Wenn Sie eine Flankenschutzweiche planen und wenn sie dafür privaten Grund und Boden in Anspruch nehmen müssen, dann habe ich kein Problem damit, dass Sie diese Flankenschutzweiche planfeststellen. In Wahrheit stellen Sie aber nicht die Weiche fest, sondern bestimmen, dass die Fläche für Bahnzwecke benötigt wird. Aber solange sich die Fläche für die Flankenschutzweiche in der bereits früher planfestgestellten Bahnanlage selbst befindet, spielt das alles keine Rolle. Dann ist die Weiche nicht planfeststellungsbedürftig.

Bautechnische Angaben, meine Damen und Herren, gehören natürlich überhaupt nicht in die Planfeststellung! Zu nennen sind beispielsweise Typennummern für Weichen, Bogenradien, Neigungswinkel, Überhöhungen, Abstände zwischen Bahnsteigkante und Schiene, aber auch Zuglaufhinweisschilder, Uhren, Reststoffcontainer, vulgo: Papierkörbe. Ich glaube, wir haben auch schon einmal im planfestgestellten Technischen Erläuterungsbericht Hinweise für Wespenschutzgitter gefunden. Meine Damen und Herren, das alles passt nicht. Derartiges gehört nicht in die Planfeststellung, denn damit sind keine öffentlichen oder privaten Belange verbunden, die abwägungserheblich wären.

Das Gleiche gilt ebenso für Kabelkanäle und Entwässerungsleitungen. Was ist das für ein Quatsch! Welcher Bürger hat eigentlich ein schützenswertes und damit abwägungserhebliches Interesse daran, zu wissen, ob ein Kabelkanal links oder rechts der Gleisanlage oder zwischen den Gleisen liegt? Ob die Entwässerungsanlage links, rechts oder in der Mitte der Bahnanlage liegt, interessiert die Wasserbehörde nicht. Sie will nur wissen, wo, wie viel und welches Wasser sie zu übernehmen hat. Alles andere ist nicht planfeststellungsrelevant.

Bei Leitungstrassen, dazu will ich mich kurz fassen, ist das ähnlich. Es ist ein Drama mit den Leitungstrassen für irgendwelche Kommunikationsleitungen, Strom, Gas und Wasser und dergleichen mehr, die die planfestzustellende Bahnanlage kreuzen oder nur tangieren. Und wehe dem Planer, der die Trassen nicht in die Pläne einzeichnet. Dann ist ein Geschrei im Gange. Meine Damen und Herren: Die vorhandenen Leitungen unterscheiden sich überhaupt nicht von Bomben aus dem Zweiten Weltkrieg. Die werden nämlich auch nicht planfestgestellt. Wenn man die antrifft, muss man damit umgehen. D. h., die Leitungstrassen sind bei der Bauausführung zu berücksichtigen.

Weichenheizungsanlagen sind ein Dauerthema. Ich habe schon eine Planfeststellung erlebt, d. h. ein Änderungsverfahren extra für Weichenheizungen, die nachträglich in den räumlichen Bereich der schon längst vorhandenen Bahnanlage eingeplant werden mussten. Meine Damen und Herren, was ist denn daran abwägungserheblich?

Hübsch sind auch die Höhenpläne und Querprofile. Wir haben schon Planfeststellungsunterlagen gesehen, die zwei dicke Ordner nur mit Höhenplänen enthielten. Sie betrafen den Thüringer Wald. Das war wohl tierisch spannend! Meine Damen und Herren, es gibt keine Entscheidung irgendeines Gerichtshofs und schon gar nicht des überaus sensiblen 11. Senats des Bundesverwaltungsgerichts, in der auf Höhenpläne streitentscheidend abgestellt wurde. Das wird auch nicht vorkommen! Höhenpläne enthalten nichts Abwägungserhebliches. Abgesehen davon, dass die Höhenpläne schematisch sind, stellt sich doch die Frage, wofür wir sie in der Planfeststellung überhaupt brauchen. Entsprechendes gilt für die Querschnitte. Die sind im Übrigen völlig willkürlich. Keiner weiß ja ganz genau, nach welchem System Querschnitte eigentlich erstellt werden. Und was stellen denn Querschnitte überhaupt dar? Sie geben doch eigentlich nur eine Prognose ab über den beabsichtigten Zustand einer späteren Bahnanlage. Eine solche Prognose braucht man nicht für die Planfeststellungsunterlagen, weil sie nicht abwägungsrelevant ist.

Die hier angedeuteten Probleme tauchen eben deshalb auf, meine Damen und Herren, weil die Planer der Bahn nicht das Abwägungsgebot hinreichend beherrschen und weil das Eisenbahn-Bundesamt sklavisch die Übereinstimmung der Ausführungspläne mit den planfestgestellten Unterlagen ohne Blick auf das Abwägungsgebot prüft. Ich sage ganz bewusst: In vielen Fällen auch ohne Not prüft. Ich will alle Anwesenden mit einschließen und nicht nur ausschließen, usw. Ich will aber auch sagen, dass es souveräne Leute beim EBA gibt, die sehen Abweichungen und sagen: "Alles Quatsch! Unbeachtlich!" Aber es geht eben auch andersherum und dann heißt es: Ein Planänderungsverfahren ist durchzuführen. Im Zweifelsfall sagen die Planfeststeller des EBA zur Bahn: Macht ein Planänderungsverfahren, es könnte ja geklagt werden. Also die notorische Angst vor Klagen ist da, und ich weiß nicht, wie man sie weg bekommt. Ich wünsche mir eigentlich im Verhältnis zwischen Ausführungsplanung und Planfeststellung mehr Kompetenz. Wenn man auch bedenkt, meine Damen und Herren, dass sich das Bundesverwaltungsgericht mit der Ausführungsplanung schon mal beschäftigt hat, dann darf ich auf das Urteil vom 5. März 1997 - BVerwG 11

A 5.96 - verweisen. Ich stelle jedem anheim, das Urteil in Ruhe zu lesen. Was das Gericht dort gesagt hat, ist meines Erachtens immer noch aktuell. Die Thematik der Ermächtigungsgrundlage, der Rechtsgrundlage für die Ausführungsplanung, ist aber anderswo angesiedelt. Über das Thema sollte man bei der nächsten Tagung hier in Tübingen sprechen.

Wenn ich hier ein „Zuviel" in der Planfeststellung anprangere, dann muss ich natürlich auch die Defizite aufzeigen. Meine Damen und Herren, man glaubt gar nicht, was an Defiziten in der Planfeststellung festzustellen ist. Und diese Defizite sind in aller Regel schriftstellerischer Art. Vielleicht ist es doch so, dass die Ingenieure, die Planer, mehr die Zeichnung beherrschen als die Sprache. Dies gilt jedenfalls zum Stichwort "Alternativenprüfung". Dazu ist die Darstellung im Technischen Erläuterungsbericht und, falls sie dort fehlt, im Planfeststellungsbeschluss häufig äußerst schwach. Bei Neubaustrecken in aller Regel aber nicht. Dafür haben die Planer die Planungsalternativen regelmäßig auf der Pfanne. Wenn sie nicht in den Unterlagen stehen, braucht man die Planer nur anzutippen und sie können die Alternativenprüfung quasi singen. Die Planer haben die Alternativen geprüft und man braucht sie nur noch verständlich aufzuschreiben. Bei der Planung von Ausbauvorhaben wird es aber erfahrungsgemäß schon dünn. Und für die Planung von Linienverbesserungen muss ich Ihnen sagen, dass hierzu die Prüfung der Alternativen ganz schlecht ist. Geradezu skandalös wird es bei der Aufhebung von Bahnübergängen. Dazu finden sich in aller Regel überhaupt keine Alternativenprüfungen in den Planunterlagen und in den Köpfen der Planer, so dass man eigentlich feststellen muss, hier werden die Forderungen der Gemeinden, der Träger der Straßenbaulast oder von wem auch immer sklavisch dem lieben Frieden willen oder der Harmonie entsprechend übernommen. Die Folge ist nicht selten eine Luxusplanung. Und sinnigerweise gibt es mehrere Urteile des Bundesverwaltungsgerichts, die sich gerade mit Folgemaßnahmen und Bahnübergangsbeseitigungen auseinandersetzen und zu Lasten der Planung sehr kritisch sind. Ich will nicht sagen, dass Defizite in der Alternativenprüfung immer anzutreffen sind. Ganz im Gegenteil! Es fällt nur auf, dass es in dieser Richtung häufig große Defizite gibt!

Defizite gibt es allerdings auch zur Geschichte einer Bahnanlage. Wenn wir unter den Stichworten "Vorbelastung", „Schall" und „Erschütterungen" argumentieren wollen, dann müssen wir auch die Geschichte einer Bahnanlage darlegen. Dabei müssen wir auch aufzeigen können, wann sie in Betrieb gegangen ist bzw. wie sie sich entwickelt hat. Die Geschichte ist auch wichtig für § 38 BNatSchG, also zum Thema „Bahnanlage, Eingriff, ja oder nein". Ich will mich dazu jetzt nicht näher äußern, weil wir ein Verfahren vor dem 11. Senat des Bundesverwaltungsgerichts am Köcheln haben und man als beteiligter Anwalt im Vorfeld der Entscheidung nicht zu sehr seine Meinung sagen soll. Warten wir ab, was kommen wird.

Erstaunlich ist, dass manche Planungsunterlagen bereits eine Gesamtabwägung enthalten. Das überrascht, meine Damen und Herren, denn eine Gesamtabwägung ist Sache der Planfeststellungsbehörde, die muss das EBA schon selber schreiben. Sie muss sie dann allerdings auch schreiben. Wenn man also immer noch Planfeststellungsbeschlüsse oder Plangenehmigungen liest, die keine Gesamtabwägung enthalten, dann ist das mehr als bedenklich. Fast ständig fehlt im übrigen eine Abwägung nach § 8 Abs. 3 BNatSchG, die kleine naturschutzrechtliche Abwägung. Ich warte nur noch auf den Zeitpunkt, auf den Fall, wo das Bundesverwaltungsgericht, z.B. der 11. Senat, diesem Spuk ein Ende macht und deswegen eine Planungsentscheidung aufhebt.

Im Übrigen gibt es ja, und das gehört auch zum Thema „Inhalt von Planfeststellungsunterlagen", eine chronische Entscheidungsschwäche des Eisenbahn-

Bundesamtes. Mit der Behauptung der chronischen Entscheidungsschwäche will ich die Frage andeuten: Warum hat das EBA eigentlich nicht manchmal den Mut, einen „lockeren" Satz in den Planfeststellungsunterlagen aufzunehmen? Beispiel! Wenn die Deutsche Bahn AG oder DB Netz AG Netz ein Schallgutachten gemacht hat und darin nur passiver Lärmschutz vorgesehen ist, das EBA aber aus guten Gründen zu der Entscheidung kommt, statt des passiven Lärmschutzes eine Lärmschutzwand mit einer Höhe von 3 Metern planfeststellen zu müssen, warum muss dann erst einmal die schalltechnische Untersuchung geändert werden? Warum müssen die Pläne mit einem sog. Blaueintrag geändert werden? Warum schreibt das Eisenbahn-Bundesamt nicht in den verfügenden Teil der Entscheidung hinein: Von Kilometer bis Kilometer Lärmschutzwand 3 m Höhe? Punkt! Es ist mir ein Rätsel! Warum passiert das nicht?

Ein anderer hübscher, aber extremer Fall. Es gibt eine technische Vorschrift, wonach im Tunnel Handläufe angebracht werden müssen. Mir ist ein Fall bekannt geworden, in dem von Seiten der Bahn oder dem EBA, die Urheberschaft ist egal, darüber philosophiert worden ist, ob die Handläufe für den Tunnel in die Planfeststellungsunterlagen eingezeichnet werden müssen oder sollen oder wie auch immer. Ich meine, wer auf so eine Idee kommt, der muss sich dann auch vorhalten lassen, dass die vorgeschriebene Beleuchtung im Tunnel wohl noch nicht ausreicht, um den Blick auf das Abwägungsgebot zu schärfen. Es kann doch nicht sein, dass wir - zur Beachtung des Abwägungsgebots - eine Planfeststellungsunterlage erstellen müssen, in der die Handläufe eingezeichnet sind! Dass die Handläufe eingebaut werden müssen, schreibt man mit einem Satz in den Planfeststellungsbeschluss hinein, wenn überhaupt!

Im Übrigen ist es ein leidiges Thema, im Bauwerksverzeichnis unter Bemerkungen zu lesen, dass die Deutsche Bahn AG die Kosten zu tragen hat oder was auch immer. Es gibt eine Rechtsprechung des Bundesverwaltungsgerichts, die eindeutig besagt, dass Kosten nicht planfeststellungsbedürftig, d. h. planfeststellungsrelevant sind. Die Kostentragung gehört nicht in die Planfeststellung. Wenn die Bahn aber gleichwohl in die Unterlagen hineinschreibt: "Die Kosten trägt die Deutsche Bahn AG", dann ist das im Zweifelsfall eine beachtliche Zusage. Ich könnte mir gut vorstellen, dass in absehbarer Zeit dieser oder jener Finanzierer des EBA einmal der Bahn eine peinliche Frage stellt. Sie kennen doch alle den leidigen Tanz mit den Leitungsträgern. Die behaupten doch immer, dass die Kostentragungspflicht im Bauwerksverzeichnis steht. Deswegen kann ich nur sagen: Nehmt die Aussagen zur Kostentragungspflicht aus der Planfeststellung!

Abschließend - ganz kurz - noch ein leidiges Thema. Nur zur Information! Meine Damen und Herren, das ist ja das dunkelste Kapitel der Planfeststellung überhaupt! Niemand weiß, nach welchem Kriterium eigentlich die Abgrenzung „Nur zur Information" oder „Planfeststellung" vorgenommen wird. Dazu gibt es nun wirklich unterschiedliche Handhabungen beim EBA, nicht nur zwischen den Außenstellen, sondern auch innerhalb einer Außenstelle von Zimmer zu Zimmer. Es kommt auch vor, dass die Bahn nichts Unterschiedliches beantragt und trotzdem ohne nachvollziehbare Begründung in den Unterlagen den Stempel „Nur zur Information" findet. Ich könnte Ihnen jetzt hier aktuelle Verfahren aus jüngster Vergangenheit schildern, die bei Gericht anhängig sind. Dort ist die Handhabung „Nur zur Information" oder „Planfeststellung" in sich so widersprüchlich, dass ich Ihnen nur mit Nachdruck zurufen kann: Über dieses Thema sollte in der Tat allein schon mit Blick auf das Abwägungsgebot rasch nachgedacht werden. Dabei darf nicht aus dem Blick geraten, was planfestgestellt bzw. was plangenehmigt wird. Es geht um das Vorhaben! Vor diesem Hintergrund muss man natürlich - beispielsweise - im LBP die Maßnahmen planfeststellen.

Aber warum man den Bestandsplan nicht planfeststellt, hingegen aber den Konfliktplan unbedingt planfeststellt, ist mir ein Rätsel.

Erlauben Sie mir abschließend, in diesem erlauchten Kreis eine Empfehlung auszusprechen: Vielleicht hat jemand den Mut, darüber nachzudenken, eine Arbeitsgruppe kompetenter und interessierter Mitarbeiter vom Eisenbahn-Bundesamt und der Bahn zu bilden, die mein Thema zum Inhalt von Planfeststellungsunterlagen aufgreift, um die Kosten zu minimieren, wir nicht in unsinnige Planänderungsverfahren kommen und wir uns nicht mit Sachen beschäftigen, die mit der Planfeststellung nichts zu tun haben. Möglicherweise kann auch ein sog. Probelauf mit reduzierten Planunterlagen durchgeführt werden, gegebenenfalls bis zum Bundesverwaltungsgericht. Wenn Ihnen aber das alles als Teufelszeug erscheint, was ich Ihnen hier vorgetragen habe, dann bleibt Ihnen das natürlich unbenommen, und ich würde mich freuen, wenn meine Ausführungen dann doch „Nur zur Information" dienen. Vielen Dank!

Diskussionsbeiträge zum Vortrag von Heribert Fislake

Gehrke:

Es ist ja Herrn *Fislake* zu danken, dass er als ständiger Begleiter eisenbahnrechtlicher Fragen aus seiner Erfahrung schöpft und mit einer Vielzahl von Beispielfällen auch Kritik übt, es ist ja eigentlich fast eine interne Kritik, weil er als Vertreter ja auch für seinen Mandanten auch seinen Mandanten kritisiert, und das ist ja wohl auch eine anwaltschaftliche Aufgabe. Er hat den Daumen in Wunden gelegt, die tatsächlich bestehen. Aber ich glaube, darüber ist er sich auch klar, dass er selbstverständlich mit seinen Beispielfällen auch überzogen hat. Die Bomben, die er auf Eisenbahn-Trassen nicht planfestgestellt haben will, die entpuppen sich hier auch teilweise als Blindgänger, denn seine heftige Kritik an den Eisenbahningenieuren scheint mir auf einem Missverständnis zu beruhen, und insofern möchte ich als Verteidiger der Eisenbahningenieure hier ein Statement abgeben: Ich glaube, dass die Eisenbahningenieure aufgrund jahrzehntelanger Erfahrung in aller Regel hervorragende Planungen vorlegen, es gibt natürlich Ausnahmen. Das gilt nicht nur für die Eisenbahningenieure, die bei der Bahn beschäftigt sind oder beim Eisenbahn-Bundesamt, sondern in diese anerkennende Worte möchte ich ausdrücklich natürlich auch die fachlich versierten Ingenieurbüros einschließen. Die Qualität ist ausgesprochen hoch in diesem Sektor, das ist auch eine Folge der ständigen Beschäftigungen mit diesem Thema und auch der großen Investitionen, die in diesen Bereich in den letzten Jahrzehnten geflossen sind, was ja die Zeit der 50er, 60er Jahre von der heutigen deutlich abgrenzt. Das waren Zeiten, in denen auch das Know-How geringer war, weil es weniger Investitionen gab, meine Herren. Und wenn er natürlich ein Eigentor schießt, ich glaube, das hat er sich wohl überlegt, wenn er sagt, er kann beim Bundesverwaltungsgericht die Änderungen nicht erklären, das Blau und

Rot in den Plänen, dann muss ich dagegenhalten, dass es andere Eisenbahnjuristen durchaus können. Das haben wir auch, mit Unterstützung von Herrn Professor *Blümel*, beim Rangierbahnhof München gekonnt, das haben wir in Berlin sehr gut vorstellen können, und ich möchte auch gleich einmal verdeutlichen, dass diese Änderungen natürlich erheblichen Sinn machen, und da komme ich auch gleich zu den Weichen. Ich will ja nicht alle 40 Punkte aufgreifen, die Herr *Fislake* da genannt hat, sondern nur ein paar Beispielsfälle, um hier vielleicht das Nachdenken in eine andere Richtung auch anzuregen, nicht nur in der von Ihnen vorgetragenen. Blau und Rot haben natürlich ihren Sinn, sie lassen insbesondere die Abwägung und auch das Ringen sowohl des Projektträgers als auch der Behörde um eine optimale Lösung, insbesondere im Hinblick auf den Umweltschutz, ablesen. Das kann insbesondere der Ingenieur, das kann auch der Eisenbahnjurist, der sich mit dieser Planung beschäftigt und Pläne lesen lernt. Gerade bei den Weichen, z.B. in einem Rangierbahnhof, kommt es eben auf die einzelne Weiche an, diese ist zu optimieren; das hat erhebliche Folgen im Hinblick auf die Kosten des Projektes, wo ich die Weiche situiere, es hat aber auch erhebliche Konsequenzen für den Umweltschutz und damit natürlich auch wieder eine Kostenfolge, weil ich entsprechend die Lärmschutzwände hochziehen muss oder auch nicht, d.h. aufgrund von Äußerungen der Beteiligten und des Gutachters und des LFU kommt es in solchen Verfahren immer wieder zu Optimierungsprozessen, die selbstverständlich dann in den Planungen dargestellt werden, auch wenn es Weichen betrifft. Und die Weiche ist ein sehr kompliziertes, ich kann nicht sagen Lebewesen, aber eine sehr komplizierte Technik, die wirklich für einen Techniker auch belegt ist. Es macht nämlich einen erheblichen Unterschied, es geht also nicht nur um die Weiche, sondern darum, welche Technik der Weiche zugrunde liegt. Es macht einen erheblichen Unterschied, ob ich da noch mit alter Klotzbremse umgehe, ob ich etwa eine Magnetbremse habe oder welche Technik auch immer. Es gibt ja 3-4 verschiedene Weichentechniken, und dann gibt es verschiedene Zulassungsformen, die jeweils verschiedene Auswirkungen haben. Das ist für so eine Anlage, mag Herr Fislake sagen, eines Rangierbahnhofes möglicherweise berechtigt, dass ich das so darstelle, aber nicht in der freien Strecke, die er ja in erster Linie gemeint hat, das sei ihm zugestanden, aber auch dort mag eine Weiche eine Rolle spielen. Es macht durchaus einen Unterschied, ob ich die Weiche vor einer Herzklinik situiere, so dass dem Operateur das Skalpell ausrutscht oder ob ich die vielleicht vor einem Industriebetrieb anziehen kann. Mit anderen Worten, auch hier bedarf es möglicherweise einer vernünftigen Entscheidung und einer Betrachtung.

Ronellenfitsch:
So, jetzt lenken wir die Weiche in den linken Augenteil um und ich bitte um konzentrierte Diskussionsweise.

Anmerkung:
Zu den Signalen...

Ronellenfitsch:
Die Zeit reicht uns jetzt nicht für die Signale, sonst müssten wir stundenlang reden. Erst mal die Weichen.

Dörrenbächer:
Ich habe zu der Äußerung: „Maststandorte sind nicht planungsfeststellungsrelevant" etwas zu sagen. Sie hatten das an Bahnstromleitungen angeknüpft. Zur Terminologie, das wäre das jetzt gewesen. Die Fahrleitung befindet sich meistens auf Eisenbahnbetriebsgelände, insofern könnte ich Ihnen zustimmen, und eine Bahnstromleitung, die kommt so im rechten Winkel so ungefähr zur Bahntrasse hinzu und befindet sich geradezu typischerweise nicht auf Eisenbahnbe-

triebsgelände. Und da sind die Maststandorte gerade die Punkte, die besonders streitrelevant sind. Insofern sind wir uns dann einig.

Wagmann:
Zu den Einzelbeispielen, Herr Dr. *Fislake*, die Sie da benannt haben, wo es aus Ihrer Sicht wie Kraut und Rüben durcheinander fließt, könnte man eine Menge sagen. Lassen wir das mal hintan. Grundsätzlich ist meine Ansicht zu Ihrem Vortrag, ich begrüße das, Sie haben den Finger in wirklich eine Menge Wunden gelegt. Dreh- und Angelpunkt sind meines Erachtens aber die Pläne, die vorgelegt werden. Hier ist es so - da kann man Ihnen nur zustimmen -, das was vorgelegt wird, ist meistens nicht etwa für die Planfeststellung ausgearbeitet, es sind Ausführungspläne, es sind irgendwelche Entwurfspläne. Und das EBA tut sich schwer, zu sagen, aber diese Abmaßung, aber diese Angaben, das brauchen wir alles nicht. Das EBA hat auch keine Möglichkeiten, diese Pläne zurückzuweisen. Auch da würde ein Aufschrei durch die Bahn gehen. Die Qualität und der Detaillierungsgrad der vorgelegten Pläne haben dann auch ausschlaggebende Bedeutung für die Bearbeitung. Selbstverständlich wird es so sein, wenn Sie dann durch die Planfeststellung durch sind und Brücken abgemaßt haben mit Feldern drin, mit den entsprechenden Ständerbauwerken usw., dass dann in der Ausführungsplanung vom Sachbereich II die Frage gestellt wird, aber hoppla, da kommt doch ein ganz anderes Bauwerk. Klar! Dreh- und Angelpunkt sind Vorlage und Detaillierungsgrad der vorgelegten Pläne. Wäre das einheitlich? Sie monieren die Einheitlichkeit der Planfeststellung, Sie sagen provokativ, in jedem Zimmer geht es anders zu, das ist der Grundstein. Wenn das einheitlich laufen würde, würde das, was hinterher kommt, ganz anders aufgebaut werden können.

Rasper:

Herr Dr. Fislake, zu Ihrem Einwand hinsichtlich der Weichen. Ich weiß nicht, wie Sie die Flasche Sekt aufteilen wollen auf die vielen Leute, da müssen wir spritzen, aber ich stelle mir die Frage nach § 18 AEG, dass Eisenbahnstrecken nur geändert werden dürfen, wenn vorher der Plan festgestellt wird. Ich will jetzt eine Anschließung einer Anschlussbahn in einer Betriebsanlage der Eisenbahn einbinden. Das geht nur mit einer Weiche. Entschuldigung, jetzt möchte ich gerne wissen, wie der Anschließer, jedenfalls auch die Bahn zu einem Baurecht kommt, wenn nicht durch eine Planfeststellung oder eine Plangenehmigung. Und da stellt das Eisenbahn-Bundesamt explizit nur diese eine Weiche fest. Das andere geht sie nämlich nichts an. Und das sind die Probleme, die dann, wenn Sie so einen großen Rundumschlag machen mit der Sense, Herr Dr. *Fislake*, die dann auch unter die Räder kommen. Darauf wollte ich hingewiesen haben und im übrigen möchte ich Herrn Dr. *Wagmann* entschuldigen; wenn die Bahn uns wesentlich bessere Pläne lieferte, wäre manches Missverständnis, was sich daran anknüpft, schon von vornherein erledigt.

Pätzold:

Ich will hier noch mal eine Lanze für die Bahn brechen. Also, ich habe eigentlich nichts gegen absolut detaillierte Planfeststellungsunterlagen, weil das doch auch durchaus Zeit spart für die Bahn, weil dann parallel schon die bauaufsichtlichen Verfahren laufen können. Man muss sich mal vor Augen halten, die Bahn ist die einzige, die eigentlich zwei Genehmigungen braucht. Jeder Bauherr braucht nur die Baugenehmigung, aber bei uns kommt dann nachgeschaltet noch die bauaufsichtliche Genehmigung, so dass das durchaus auch Sinn machen kann, bei einfacher gelagerten Fällen, in denen nicht mit Einsprüchen Privater zu rechnen ist. Also, immer das richtige Augenmaß. Das zweite war, was Herr *Fislake* sagte: Warum haben wir nicht den Mut, im Planfeststellungsbeschluss zu sagen, passiver Schallschutz ist nicht, da muss eine Wand hin. So ist das ja gut und schön, aber das zieht natürlich dann ein weiteres Planfeststellungsverfahren nach sich, weil durch so eine Wand wieder neue Betroffenheiten entstehen können. Der nächste will seine Erdbeeren nicht verschattet haben, aber ich frage mich, nämlich so einen Fall hatte ich noch nicht, dass ich da sagen musste, du hast zu wenig, du musst mehr machen. Ich hatte immer nur: Die Bahn macht zuviel, und ich kann das so nicht unterschreiben und muss reinschreiben, es geht über das notwendig rechtlich erforderliche Maß hinaus. Und da frage ich mich natürlich: Ist das denn überhaupt planfeststellungsfähig, wenn ich feststelle, nur passiver Schallschutz ist angeboten, aber aktiver ist unbedingt erforderlich? Also, im Grundsatz müsste ich bei der Vorprüfung der Unterlagen das Ganze wieder zurückschicken.

Maul:

Herr *Fislake*, ich habe noch einmal eine Frage zu den Weichen. Ich könnte mir vielleicht noch einen Fall vorstellen, in dem man eine Planfeststellung machen muss. Beispielsweise besteht dann die Möglichkeit, dass man überleitende Weichen macht, beispielsweise bei einer Neubaustrecke, so dass im Gleiswechselbetrieb gefahren werden kann. Das erhöht ja die Kapazität. Erhöht sich die Kapazität, wirkt sich das möglicherweise in schalltechnischer Hinsicht aus. Das Ganze gehört abgebogen. Wenn jetzt die Bahn hingeht, so wie sie das jetzt bei einigen Neubaustrecken macht, die schon bestehen und baut das zurück, stellt sich auch gleich die Frage nach der Kapazitätsverringerung. Also, irgendwo spielt das Ganze schon eine Rolle. Deswegen könnte ich mir vorstellen, wenn jetzt da eine Weiche hinkommen soll und die Kapazität sich ändert, muss das doch hinein, das ist doch ein Belang, der jetzt stärker ist, als wenn diese Weiche nicht da wäre.

Kirchberg:

Herr Dr. *Fislake*, Sie haben dieses Thema zu Recht angesprochen, aber nicht, weil Sie den Champagner ausgelobt haben, denn die Weichen sind sicher spannend, aber eigentlich nicht das richtig Interessante. Das richtig Interessante sind die Rechtsprobleme, die hinter diesem ganzen Problem stehen und das sind eigentlich zwei: Was will der Vorhabenträger mit diesem Plan eigentlich erreichen? Will der Vorhabenträger nämlich mit dem Plan gleichzeitig auch eine Ausführungsgenehmigung erhalten, dann muss er detaillierter darstellen, das ist keine Frage, und das kann in Einzelfällen durchaus einmal der Fall sein. Das zweite ist: Welche Funktion hat der festgestellte Plan? Also, nicht der zur Auslegung bestimmte, sondern der festgestellte Plan. Und da möchte ich daran erinnern, dass er eine Funktion hat, die häufig übersehen wird, der ist nämlich auch Vollstreckungstitel und als solcher muss er bestimmt sein, vor allen Dingen dann, wenn der, der eines Tages vollstrecken will, mit diesem Plan wirklich etwas anfangen will. Und das ist eigentlich noch interessanter, da nachzufragen, als jetzt über die einzelnen Punkte, die Sie zu Recht angesprochen haben, im Detail zu diskutieren. Dankeschön.

Anmerkung:

Wenn diese unterschiedliche Praxis der Außenstellen des EBA richtig ist, und das hat ja Herr Fislake angeprangert, dann frage ich mich natürlich, ob es dann nicht Zeit wäre, dass Sie innerhalb des EBA eine Handreichung zusammenstellen. Man könnte sogar daran denken, auch die Planfeststellungsrichtlinien anzureichern. Ich kenne Planfeststellungsrichtlinien aus früherer Zeit, die waren viel ausführlicher als die jetzigen, und auch im Bereich des Fernstraßenbaus sehen die ganz anders aus. Also, das darf hier nicht passieren, dass von Außenstelle zu Außenstelle in Einzelgruppen unterschiedlich agiert wird. Natürlich kommt es auf den Einzelfall an, aber die Außenstellen müssen doch wissen, woran sie sind!

Fislake:

So, meine Damen und Herren. Es überrascht mich natürlich nicht, dass ich hier kritisiert werde, das freut mich auch, das beweist nämlich, dass ich mit dem Thema einen Punkt angesprochen habe, der der Grübelei bedarf. Das mit den Eigentoren, Herr *Gehrke*, Ihr Beitrag beweist eigentlich, dass das Thema genau von mir an der Stelle angesprochen worden ist, wo es hingehört. Was Sie mir nämlich entgegenhalten, ist überhaupt nicht planfeststellungsrelevant. Die Technik einer Weiche interessiert überhaupt nicht! Es kommt überhaupt nicht darauf an, welche Weiche mit welcher Technik da eingebaut wird, planfeststellungsrelevant ist doch nur die Tatsache: Es werden Gleise gelegt, ja, und beispielsweise habe ich ein Hauptgleis und ein Überholungsgleis, und warum sollte ich da genau schon an einer ganz bestimmten Stelle die Weiche eintragen, wenn ich streng genommen doch in der Ausführungsplanung erst weiß, wo sie genau hinkommt. Ja, Rangierbahnhof im Punkt, also bitteschön, darüber kann man lange philosophieren, ob ich bei einem Rangierbahnhof jede Weiche genauso planfeststellen muss in ihrer genauen Lage, ob es zwingend erforderlich ist für eine planerische Entscheidung über einen Rangierbahnhof oder ob ich einen Bahnhof habe, in dem ich 10 Bahnsteigkanten habe und auch ein gewisses Gleisfeld habe, wo da der rechtserhebliche Unterschied für die Planfeststellung ist, Herr *Blümel*, ja .... dann ist das ein akustisches Problem, aber die Weiche ist nicht das entscheidende Problem, sondern der Betrieb. Ja, natürlich. Und insofern, Herr *Gehrke*, die Angriffe auf die Ingenieure, bitteschön, verstehen Sie das insofern, dass ich hier Angriffe "fahre", um das allgemeine Nachdenken anzuspornen; das gilt auch und gerade für Juristen! Also davon abgesehen, ich will hier überhaupt keine Ingenieure abqualifizieren. Zu den Maststandorten: Natürlich Oberleitungsanlagen, eine Bahnstromleitung, dass da der Standortplan festgestellt werden muss, ohne jede Diskussion; insofern war das offenbar eine Unrichtigkeit, die ich da vorgetragen habe. Herr Dr. *Wagmann*, einheitliche Unterlagen, natürlich! Was von der Bahn aus der Sicht eines Außenstehenden bundesweit produziert wird, ist unterschiedlich, das ist aber kein Rechtfertigungsgrund. Vor diesem Hintergrund sage ich, es ist natürlich besser, wenn Sie sagen: einheitliche Richtlinie, Handhabung für die EBA-Mitarbeiter, eine einheitliche Richtlinie für den Vorhabenträger und für seine Ingenieurbüros, die muss man nämlich auch noch kontrollieren, dass hier von Seiten der Bahn ein einheitliches Programm vorgelegt wird, so dass das auch die Arbeit des Eisenbahn-Bundesamtes erleichtert. Aber Herr *Wagmann*, nehmen Sie mir das ab, es gibt trotz einheitlicher Ingenieurbüros in verschiedenen Außenstellen von Zimmer zu Zimmer Unterschiede dort. Da werden Anforderungen an Inhalte gestellt, die sind bei gleichem Qualitätsstandard der Bahn doch nicht begründet. Und vor diesem Hintergrund sage ich, gebe ich Ihnen Recht, die Bahn muss sich natürlich vereinheitlichen, aber das EBA auch, und dass ich die Bahn in meinem Vortrag geschont habe, werden Sie nicht behaupten wollen!

Rasper:

Ja, das mit der Anschlussweiche und der Anschlussbahn ...

Fislake:

Nix da, die Flasche Champagner kriegen Sie nicht! Die Weiche für die Anschlussbahn, ist sie da, ist sie nicht da? Ich ziehe nicht die Planfeststellungsfähigkeit einer Anschlussbahn in Zweifel, es geht mir um die Lage der Weiche, das ist der Punkt. Und die bestimmt sich nachher, wo das Anschlussgleis bestimmt festgelegt wird, ja? Das wird doch festgelegt. Ja, wunderbar. Aber dann müssen Sie in der Planfeststellung nicht auf den Zentimeter die Weiche festlegen. Frau *Pätzold*, parallele Planung, Bauleitplanung, die Bahn sei gekniffen, weil sie als einzige eine doppelte Planung brauchte, eine doppelte Genehmigung, dazu muss ich Ihnen sagen, das ist im Immissionsschutzrecht so nicht. Also, wenn Sie nach dem Bundesimmissionsschutzgesetz genehmigungsbedürftige Anlagen haben, da haben Sie auch das Phänomen des basic engineerings und detailed engineerings. Das Bundesverwaltungsgericht hat das in der angesprochenen Entscheidung aufgezeigt, und diese Fälle, die so einfach gelagert sind, dass man gleich eine Ausführungsplanung machen kann, um das zu verkürzen, das ist ja gerade das Risiko. Mir geht es einfach darum, man kann solche Pläne machen, aber wenn man zielgerichtet Planfeststellungsunterlagen erstellt, die sich auf das Planfeststellungsrelevante beschränken, dann brauche ich hinterher nicht in monatelange Änderungsverfahren einzusteigen, die sich möglicherweise noch dazu überlagern. Herr *Wagmann*, die Bahn kommt mit planbegleitender Planung. Das Lästige an der Geschichte ist doch häufig, dass die Bahn sich noch während des Planfeststellungsverfahrens eine neue Planung, eine Modifikation ausdenkt, weil es bei der Bahn keinen Redaktionsschluss gibt. Das führt natürlich auch wieder zu Änderungen, und da liegt die Crux begraben! Ja? Dass ich eine ursprünglich angesetzte Planung häufig wegen der planbegleitenden Planung wegschmeißen kann. Zu Frau *Pätzold* möchte ich sagen, dass ich nachher im Planfeststellungsbeschluss nur das wissen muss, was wirklich planfestgestellt worden ist, den Änderungsgang, wie sich etwas dramaturgisch entwickelt hat, das muss ich doch nicht wissen, um hinterher die Leute abzuschießen, die das Geld produziert haben. Und Ihr Beispiel mit der Lärmschutzwand, neuen Betroffenheiten, ja, in der Kürze der Zeit konnte ich das Thema natürlich nicht aufkochen, Frau *Pätzold*. Wenn Sie eine Lärmschutzwand aufstellen müssen und dafür ein neuer Grund und Boden erforderlich ist oder i.S.v. § 73 Abs. 8 VwVfG eine erstmalige Betroffenheit, dass irgendeiner seine sibirischen Rennputer nicht mehr züchten kann, weil die "verschattet" werden, dann haben Sie natürlich

Recht. Nur, diese Fälle sind so selten wie der Fußtritt eines Einbeinigen. Das kommt ja nicht vor. Und dass der Fall vorkommt, dass trotz der Planung der Bahn das Eisenbahn-Bundesamt eine Lärmschutzwand erstmalig planfestgestellt hat, die nicht von der Bahn vorgeschlagen wurde, das hatten wir noch nicht. Und das führt eben zu Veränderungen. Na ja, Herr *Maul*, Gleiswechselbetrieb, kann ich nur sagen, das stellt sich auch bei den Signalen so, wenn Sie Signale aufstellen. Nur eine Zugerhöhung, die Erhöhung einer Zugzahl oder des Verkehrs, die ist ja akustisch irrelevant, doch erst dann, wenn Sie einen baulichen Eingriff vornehmen, der die Kriterien der 16. BImSchV erfüllt, und der Einbau einer Weiche wurde ja bislang nicht als erheblicher baulicher Eingriff angesehen, das liest man in der Begründung zur 16. BImSchV, nur, wenn das so ein dramatischer Fall wäre, dass durch diesen erheblichen baulichen Eingriff, 3 db/A - Erhöhung, Verdopplung des Betriebes stattfinden würde, na, bitteschön! Den Fall würde ich Ihnen gerne zugestehen! Nur, durch einen Gleiswechselbetrieb, durch die zwei Weichen, geschieht das nicht. Das kommt nicht vor. *Herr Kirchberg*, ja, planfestgestellte Pläne, darauf kommt es an, Vollstreckung, Sie gehen damit in einen bestimmten Bereich hinein, wo ich Ihnen sagen muss, darüber muss man auch mal lange philosophieren, ist aber nicht mein Thema, Herr *Kirchberg*. Mir geht es eigentlich darum, wenn ich eine Weiche nicht planfestgestellt habe, dass da eine Weiche hin muss, ist doch klar; dass die Gleise mit Weichen verbunden werden müssen, erschließt sich von alleine. Auch der Kabelkanal für die Telekommunikation, für die bahninterne Kommunikation, auch klar! Aber das Problem ist doch die Entscheidung, wo kommt der Kabelkanal hin und wo genau kommt die Weiche hin, ja, Herrschaftszeiten, die kann ich doch in der Ausführungsplanung treffen. Und dann habe ich das Vollzugsproblem doch hinterher! Gut! Ich will jetzt auch nicht weiter machen, ich denke, ich habe alle Einwände beantwortet, vielleicht noch nicht ganz befriedigend. Ich bin mir sicher, dass wir über dieses Thema noch vielleicht bei anderer Gelegenheit weiter diskutieren wollen, müssten, vielleicht nehmen Sie es in der Tat auch nur einmal als Diskussionsgrundlage an, vielleicht irre ich mich ja auch. Aber vielleicht hilft ja auch einmal Nachdenken über das, was man jeden Tag gewohnheitsgemäß tut, ob es wirklich richtig ist. Schönen Dank!

Ronellenfitsch:
Vielen Dank, Herr *Fislake*. Das ist jetzt etwas unbefriedigend, dass wir so kurz diskutieren, aber Sie haben ja das richtige Stichwort gegeben. Ich wollte immer schon das Verhältnis von Planfeststellung zur Planausführung zum Tagungsthema machen. Das gehört einfach ins Programm. Herr *Schweinsberg* hat sich zwar am Anfang etwas despektierlich über die Planfeststellung geäußert, aber die Thematik bleibt uns erhalten, da können Sie die Probleme noch so gesund beten, das nützt nichts. Die Probleme der Planfeststellung bleiben uns erhalten. Und ich würde sagen, wir sollten die Thematik von Herrn *Fislake* so schnell wie es geht zum Gegenstand eines Annexvortrags auf einer der nächsten Tagungen machen, damit wir das, was wir heute gehört haben, auch vertieft weiter diskutieren können.

Andreas Geiger

Das Verhältnis von § 11 AEG zur Planfeststellung

A. § 11 AEG - ein (fast) unbeschriebenes Blatt im Eisenbahnrecht

I. Praktische Bedeutung durch Stilllegungspläne der Deutsche Bahn AG

II. Entstehungsgeschichte, Wortlaut und verfassungsrechtlicher Kontext als Richtschnur für Auslegung und Anwendung des § 11 AEG

    1. Die „Vorfahren" und „Vorbilder" des § 11 AEG
        a) Personenbeförderungsgesetz
        b) Vorgänger-Vorschriften im Eisenbahnrecht
        c) Die Mär von § 11 AEG als Konfliktschlichtungsprogramm im Wettbewerb der Eisenbahninfrastrukturbetreiber

    2. Der verfassungsrechtliche Kontext
        a) Balanceakt zwischen wirtschaftsunternehmerischer Leistungserbringung und Garantenpflicht des Bundes
        b) Das Vorurteil: Art. 87e Abs. 3 S. 3 als Schranke für Streckenübernahmen

III. Konkretisierung für die Rechtsanwendung

    1. Voraussetzungen der Genehmigung nach § 11 AEG
        a) Absicht dauernder Betriebseinstellung oder Kapazitätsverringerung

        b) Unzumutbarkeit des weiteren Betriebs der Infrastruktur
        c) Erfolglose Verhandlungen mit Dritten über die Übernahme zu in diesem Bereich üblichen Bedingungen
           (1) Bestimmung der „Dritten"
           (2) Streitpunkt: Die „üblichen Bedingungen"

   2. Rechtsfolgen des § 11 AEG

   3. Rechtsschutz
        a) Rechtsschutz des stilllegungswilligen Eisenbahninfrastrukturunternehmens gegen die Versagung der Stilllegungsgenehmigung
        b) Rechtsschutz Dritter gegen die Erteilung der Stilllegungsgenehmigung

B.   **Das Verhältnis der Genehmigung nach § 11 AEG zum Planfeststellungsvorbehalt des § 18 AEG**

   1. Frage 1: Setzt der Rückbau von Betriebsanlagen der Eisenbahn nach § 18 AEG denknotwendig die vorherige oder gleichzeitige Genehmigung nach § 11 AEG voraus?

   2. Frage 2: Kann die Genehmigung durch die Rückbauplanfeststellung ersetzt werden?

   3. Sonstige Verknüpfungsbereiche zwischen Planfeststellung und Stilllegung

   4. Ergebnis zur Frage des Verhältnisses von Planfeststellung und Stilllegung

C.   **Abgrenzung zur Entwidmung von Bahnanlagen**

D.   **Ergebnisse und Thesen**

Andreas Geiger

Das Verhältnis von § 11 AEG zur Planfeststellung

A. § 11 AEG - ein (fast) unbeschriebenes Blatt im Eisenbahnrecht

Die Vorschrift des § 11 AEG ist erst im Rahmen der Bahnstrukturreform in das AEG auf Antrag des Bundesrates eingefügt worden.[1] Eine Kommentierung des Allgemeinen Eisenbahngesetzes existiert noch nicht, in der Literatur zum Eisenbahnrecht findet sich lediglich ein Beitrag von *Spoerr*[2] zu Fragen des § 11 AEG. Auch gibt es bisher erst einige wenige verwaltungsgerichtliche Entscheidungen zu Fragen der Stillegung.[3] In der Zeitschrift „Bahn-Report", herausgegeben von der Interessengemeinschaft Schienenverkehr e.V. findet sich im Heft 2/1999 ein Beitrag, der die Sicht der Eisenbahnfreunde auf die Regelung des § 11 AEG beschreibt.[4] In diese Richtung geht auch die raumplaneri-

---

[1] Vgl. BT-Drs. 12/5014, S. 18, dazu auch *Marschall/Schweinsberg*, EKrG, 5. Auflage, 2000, § 14a Rn. 2, S. 179.

[2] *Spoerr*, Die Stillegung von Eisenbahnstrecken, DVBl. 1997, 1309 ff., bezeichnet § 11 AEG als exemplarisch für die Rechtsfragen privatwirtschaftlicher Infrastrukturleistungen unter staatlicher Kontrolle.

[3] VG Neustadt an der Weinstraße, Urt. v. 15.5.2000 -- 9K 3017.99, zur Klagebefugnis von Übernahmeinteressenten vgl. auch VG Bayreuth, Beschl. v 11.4.1995 -- B 1 S 95.163, vor dem VGH München ist das Verfahren durch Prozessvergleich aufgehoben worden, wodurch der Gerichtsbescheid des VG Bayreuth unwirksam geworden ist. VGH München, Beschl. v. 12.11.1996 -- 20 B 96.2286. Zum tatsächlichen Hergang vgl. Ausführungen von *Kühl*, Übernahme von Schieneninfrastruktur, S. 154. Die Klagebefugnis offenlassend VG Stuttgart, Beschl. v. 6.2.1996 -- 10 K 2412.95. Die Klagebefugnis bejahend VG Kassel, Beschl. v. 10.5.2000 -- 2 G 604.00.

[4] *Kramer/Lux*, Freibrief für den Rückbau? Bahn-Report 2/1999, S. 4-8.

sche Diplomarbeit von Ingo Kühl.[5] Die Stillegung kann also, zumindest was die juristische Auseinandersetzung mit dem Thema angeht, als weitgehend unbeschriebenes Blatt im Eisenbahnrecht bezeichnet werden. Daher soll sich dieser Beitrag zunächst mit den offenen rechtlichen Fragen der Stillegung nach § 11 AEG befassen. Dies ermöglicht es anschließend, das Verhältnis zur Planfeststellung zu konkretisieren.

I. Praktische Bedeutung durch Stillegungspläne der Deutsche Bahn AG

Stillegungspläne der Bahn sorgten im letzten halben Jahr für Schlagzeilen. Berichten der Tagespresse zufolge sind angeblich 262 Eisenbahnstrecken mit einer Gesamtlänge von vielen Tausend Kilometern von der Ausgliederung oder gar Stillegung bedroht.[6] Aber nicht jede Rationalisierungs- und Modernisierungsplanung der Bahn führt zwangsläufig zur Stillegung von Strecken. Beispielsweise das aktuelle Rationalisierungsprogramm mit dem (klangvollen) Namen „Regent" ist eigentlich kein Stillegungsprogramm. Regent steht für „Regional-Netz-Entwicklung". Das Programm betrifft rund 9.000 km Strecke, für die eine

---

[5] *Ingo Kühl*, Übernahme von Schieneninfrastruktur der DB AG durch Dritte, Dortmund 1999, Kontakt über die Homepage der Landesweiten Verkehrsgesellschaft Schleswig-Holstein, http://www.lvsh.de

[6] Vgl. dazu Berichte in der Süddeutsche Zeitung, *Ott*, „Mit bunten Netzen aus den roten Zahlen", SZ v. 20.3.2000: Der neue Bahnchef Hartmut Mehdorn nimmt den größten Kahlschlag im Netz seit den 70er Jahren in Kauf, in den nächsten Jahren droht bei der Bahn das Ende für mehrere hundert Nebenstrecken mit einer Gesamtlänge von vielen Tausend Kilometern. SZ v. 20.3.200, „Vom Altmarkt-Netz bis zur Zweiseler Spinne": 262 Eisenbahnstrecken sind in ganz Deutschland von der Ausgliederung oder gar Stillegung bedroht. Zahlen der Presse auch bei *Spoerr*, Die Stillegung von Eisenbahnstrecken, DVBl. 1997, 1309;

Bestandssicherung vorgesehen ist. Es geht um die Anwendung vereinfachter - aber sicherer - Standards, die auch bei nicht-bundeseigenen Eisenbahnen üblich sind, und um die Reduzierung der laufenden Kosten durch Rationalisierungsmaßnahmen. Bei 90-95 Prozent dieser Strecken handelt es sich um Personenverkehrs- oder Mischstrecken. Reine Güterverkehrsstrecken, auf die sich gegenwärtige Stilllegungspläne - soweit mir bekannt - hauptsächlich beziehen, sind in dem Entwicklungsprogramm Regent gar nicht erfasst. Der Unmut über drohende Streckenstillegungen und den Rückzug der Bahn aus der flächendeckenden Versorgung mit Eisenbahnverkehrsleistungen wird also häufig zu Unrecht von der Presse geschürt.

Andererseits müssen Stilllegungen unwirtschaftlicher und unrentabler Strecken einem privaten und nach kaufmännischen Grundsätzen zu führenden Wirtschaftsunternehmen natürlich möglich sein. Seit der Bahnstrukturreform im Jahre 1994 ist durch Art. 87e Abs. 3 GG vorgeschrieben, dass die Eisenbahnen des Bundes einschließlich der Eisenbahninfrastruktur als Wirtschaftsunternehmen in privatrechtlicher Form zu führen sind. Dies ist seit der zweiten Stufe der Eisenbahnstrukturreform im Jahre 1999 die Deutsche Bahn Netz AG, auf die der ehemalige Betriebsbereich Fahrweg ausgegliedert wurde.[7] Damit ist durch die Verfassung selbst festgelegt, dass das Unternehmen von Gemeinwohlaufga-

---

Kramer/Lux, Freibrief für den Rückbau?, Bahnreport Heft 2 1999, S. 4-8: Rückbau nahezu an der Tagesordnung.

[7] Dazu *Freise*, in: Kunz, Eisenbahnrecht I, Stand: November 1999, A 1.1, S. 5; *Saxinger/Fregin*, Das neue Bayerische Eisenbahn- und Bergbahngesetz, BayVBl. 2000, 43 ff.

ben freigestellt ist und keinen gemeinwirtschaftlichen Bindungen mehr unterliegt.[8]

Stilllegungspläne resultieren daher auch aus den verstärkten wirtschaftlichen Zwängen, denen das Unternehmen aufgrund der Privatisierung unterliegt. Denn Bau und Unterhaltung von Strecken sind bekanntlich mit enormem Aufwand und erheblichen Kosten verbunden. Gleise haben eine durchschnittliche technische „Lebensdauer" von 40 Jahren, etwas höher ist die Lebenserwartung von Brücken, die rund 70 Jahre beträgt, und Tunnel sollen zumindest 120 Jahre halten. Wenn Strecken so unrentabel sind, dass sie die erheblichen Instandhaltungskosten nicht rechtfertigen, so kann es zur Stilllegungen kommen. Seit dem 01.01.1994 - dem Inkrafttreten des § 11 AEG - bis zum Jahr 2000[9] sind ca. 293 Genehmigungsverfahren nach § 11 AEG durchgeführt worden. Davon ist es in 37 Fällen zu Streckenverkäufen/Verpachtungen mit einer Gesamtstreckenlänge von ca. 718 km[10] an Dritte gekommen. Die 256 übrigen Verfahren sind ganz überwiegend mit der Genehmigung der Stilllegung abgeschlossen worden. Insgesamt handelt es sich dabei in der Zeit vom 01.01.1994 bis November 1998 um ca. 2896,2 km Strecke.[11]

Derzeit plant die DB Netz AG die Stilllegung von weiteren rund 3.000 Kilometer Strecke. Dabei handelt es sich vor allem um Güterverkehrsstrecken, aber

---

[8] *Freise*, in: Kunz, Eisenbahnrecht I A 1.1, S. 10; *Windhorst*, in: Sachs, GG Art. 87, 2. Auflage, 1999, Art. 87e, Rn. 41.

[9] Für Stilllegungsverfahren Angaben vom 01.01.1994 bis November 1998 aus: *Kühl*, Übernahme von Schieneninfrastruktur, Anhang S. 13 ff.

[10] *Kramer/Lux*, Bahnreport 2/2000, S. 4, 6 ff (Tabelle).

[11] Bei 1/6 der Strecken kommt es kilometermäßig betrachtet zur Übernahme durch Dritte.

auch einige Nahverkehrsstrecken könnten Gegenstand von Stilllegungsverfahren werden.

Auch wenn in der Presse oft zu voreilig auf Stilllegungsabsichten der Bahn geschlossen wird, hat das Thema Stilllegung durchaus eine aktuelle praktische Bedeutung für die Bahn. Es ist also an der Zeit, die Vorschrift des § 11 AEG für die Rechtsanwendung zu konkretisieren.

„§ 11 Stilllegung von Eisenbahninfrastruktureinrichtungen

(1) ¹Beabsichtigt ein Eisenbahninfrastrukturunternehmen die dauernde Einstellung des Betriebes einer Strecke, eines für die Betriebsabwicklung wichtigen Bahnhofs oder die deutliche Verringerung der Kapazität einer Strecke, so hat es dies bei der zuständigen Aufsichtsbehörde zu beantragen.² Dabei hat es darzulegen, dass ihm der Betrieb der Infrastruktureinrichtung nicht mehr zugemutet werden kann und Verhandlungen mit Dritten, denen ein Angebot für die Übernahme der Infrastruktureinrichtung zu in diesem Bereich üblichen Bedingungen gemacht wurde, erfolglos geblieben sind. ³Bei den Übernahmeangeboten an Dritte sind Vorleistungen angemessen zu berücksichtigen.

(2) ¹Die zuständige Aufsichtsbehörde hat über den Antrag unter Berücksichtigung verkehrlicher und wirtschaftlicher Kriterien innerhalb von drei Monaten zu entscheiden. ²Im Bereich der Eisenbahnen des Bundes entscheidet das Eisenbahn-Bundesamt im Beneh-

men mit der zuständigen Landesbehörde. ³*Bis zur Entscheidung hat das Unternehmen den Betrieb der Schieneninfrastruktur aufrecht zu erhalten.*

(3) ¹*Die Genehmigung gilt als erteilt, wenn die zuständige Aufsichtsbehörde innerhalb der in Absatz 2 bestimmten Frist nicht entschieden hat.* ²*Versagt sie die Genehmigung nach Maßgabe des Absatzes 2, so hat sie dem Eisenbahninfrastrukturunternehmen die aus der Versagung entstehenden Kosten, einschließlich der kalkulatorischen Kosten zu ersetzen; die Zahlungsverpflichtung trifft das Land, wenn die von der Landesbehörde im Rahmen des Benehmens vorgetragenen Gründe für die Ablehnung maßgebend waren.*

(4) Liegen die Voraussetzungen des Absatzes 1 Satz 2 nicht vor, ist die Genehmigung zu versagen.

(5) Eine Versagung nach Maßgabe des Absatzes 2 ist nur für einen Zeitraum von einem Jahr möglich; danach gilt die Genehmigung als erteilt."

II. Entstehungsgeschichte, Wortlaut und Auslegung und Anwendung des § 11 AEG

Unter Stilllegung im Sinne von § 11 AEG ist nicht die Einstellung des Zugbetriebes zu verstehen, sondern die Aufgabe der Streckenunterhaltung und der

Streckenbewirtschaftung.[12] Gegenstand von § 11 AEG ist somit - unternehmerisch gesprochen - das Betreiben einer Eisenbahninfrastruktur und nicht das Erbringen von Verkehrsleistungen.

1. Die „Vorfahren" und „Vorbilder" des § 11 AEG

Der Gesetzesentwurf der Bundesregierung zur Neuordnung des Eisenbahnwesens vom 26.3.1993 enthielt keine Regelung zur Stilllegung. Eine gesetzliche Regelung zur Stilllegung wurde erst auf Betreiben des Bundesrates in das AEG aufgenommen.[13] Nach der Begründung des Bundesrates sollte sich der § 11 AEG an der Vorgängernorm zur Regelung der Stilllegung im Bundesbahn- und der Regelung im Personenbeförderungsgesetz richten. Ziel der Regelung sollte der kontinuierliche Betrieb des Schienenpersonennahverkehrs auch in der Fläche sein.[14]

Um § 11 AEG auch in seinem entstehungsgeschichtlichen Zusammenhang sehen und auslegen zu können, sollen daher die Vorgänger- und Vorbildnormen des Personenbeförderungsgesetzes und des Bundesbahngesetzes kurz skizziert werden.

a) Personenbeförderungsgesetz

Die § 11 AEG entsprechende Regelung im Personenbeförderungsgesetz ist § 21 Abs. 4 PBefG. Danach bedarf die Einstellung des Betriebs der Genehmigung. Materielle Voraussetzungen für die Entbindung von den Pflichten zur

---

[12] Vgl. BT-Drs. 12/5014, S. 18; s.a. *Spoerr*, DVBl. 1997, 1309, 1310.

[13] Vgl. BT-Drs. 12/5014, S. 17 f.

[14] wie vor.

Aufrechterhaltung des Betriebs sind, dass „*dem Unternehmer die Erfüllung der Betriebspflichten nicht mehr möglich ist oder ihm unter Berücksichtigung seiner wirtschaftlichen Lage, einer ausreichenden Verzinsung und Tilgung des Anlagekapitals und der notwendigen technischen Entwicklungen nicht mehr zugemutet werden kann*".

Auch § 11 AEG setzt für die Stilllegung voraus, dass dem Eisenbahninfrastrukturunternehmer der weitere Betrieb der Infrastruktur nicht mehr zugemutet werden kann (§ 11 Abs. 1 S. 2 AEG). Allerdings hat nach dem AEG der Eisenbahninfrastrukturbetreiber eine Darlegungslast, wohingegen das Personenbeförderungsgesetz eine Amtsermittlung der Aufsichtsbehörde vorsieht.

Gegenständlich bezieht sich § 21 Abs. 4 PBefG auf den tatsächlichen Verkehrsbetrieb und umfasst damit Verkehrsbetrieb und Infrastrukturunterhaltung gleichermaßen.[15] § 11 AEG bezieht sich hingegen ausschließlich auf die Unterhaltung der Eisenbahninfrastruktur in betriebssicherem Zustand.

Ein weiterer Unterschied zwischen § 21 Abs. 4 PBefG und § 11 AEG ist, dass § 21 PBefG nicht die Verhandlungen mit Dritten zur Übernahme des Betriebs zur Voraussetzung der Entbindung von der Verpflichtung zur Aufrechterhaltung des Betriebs macht.

Im Personenbeförderungsgesetz kann die Entbindung von der Verpflichtung zum weiteren Betrieb unter Umständen versagt werden, wenn ihr ein öffentliches Verkehrsinteresse entgegensteht. Insofern verweist § 21 Abs. 4 S. 2 i.V.m. § 8 Abs. 4 PBefG auf die Verordnung (EWG) Nr. 1191/69 des Rates vom

---

[15] Siehe dazu *Bidinger*, Personenbeförderungsrecht I, B § 21 Anmerk. 17.

26.7.1969 über das Vorgehen der Mitgliedstaaten bei mit dem Begriff des öffentlichen Dienstes verbundenen Verpflichtungen auf dem Gebiet des Eisenbahn-, Straßen-, und Binnenschifffahrtsverkehrs (ABl. EG Nr. L 156 S. 1) in der jeweils geltenden Fassung. Dadurch ist ein Einstieg in die Ausschreibepraxis eröffnet.[16] Auch nach § 11 Abs. 3 S. 2 AEG kann die zuständige Aufsichtsbehörde die Genehmigung bei Vorliegen der Genehmigungsvoraussetzungen aus verkehrlichen oder wirtschaftlichen Kriterien verweigern, muss dem Eisenbahninfrastrukturunternehmen dann allerdings die hieraus entstehenden Kosten ersetzen. Insofern kann § 21 Abs. 4 PBefG unter Umständen als Auslegungshilfe für § 11 Abs. 3 S. 2 AEG dienen.

b) Vorgänger-Vorschriften im Eisenbahnrecht

Für Eisenbahnen gab es bereits vor Erlass des § 11 AEG die Möglichkeit, sowohl für das Gebiet der Deutschen Bundesbahn als auch im Bereich der ehemaligen DDR für das Gebiet der Deutschen Reichsbahn, die Unterhaltungspflichten für die Bahnstrecken und Bahnhöfe durch eine Entbindung von der Betriebspflicht zu reduzieren.[17]

Im Bereich der Deutschen Bundesbahn konnte die Stillegung nach § 12 Abs. 1 Nr. 10 BbG durch den Verwaltungsrat der Bundesbahn beschlossen werden, unterlag aber nach § 14 Abs. 3 d BbG dem Genehmigungsvorbehalt des Bundesministers für Verkehr. Nach § 44 BbG war die oberste Landesverkehrsbehörde vor der Stillegung anzuhören. Diese Stellungnahme war allerdings für die Entscheidung der Deutschen Bundesbahn und des Bundesministers für Verkehr

---

[16] Dazu *Bidinger*, Personenbeförderungsrecht I, § 8 Abs. 4, S. 2a.
[17] Dazu *Finger*, BbG § 12 Bem. 2 j, § 14 Bem. 4 g; *Kühlwetter*, Aktuelle Probleme des Eisenbahnrechts II (1997), 210.

nicht bindend. Die Vorschrift des § 44 BbG findet in § 11 Abs. 2 S. 2 AEG für die Eisenbahnen des Bundes ihre Fortsetzung, denn danach hat das Eisenbahn-Bundesamt ebenfalls im Benehmen mit der zuständigen Landesbehörde zu entscheiden.

Zwar wurden weder an den Beschluss des Verwaltungsrates noch an die Genehmigung des Bundesverkehrministers irgendwelche besonderen formell- oder materiell-rechtlichen Anforderungen für die Entscheidung über die Stillegung gestellt.[18] Es ist jedoch davon auszugehen, dass auch die Entscheidung des Bundesverkehrsministers und des Verwaltungsrates letztlich unter Berücksichtigung verkehrlicher und wirtschaftlicher Kriterien getroffen werden sollte, wie es jetzt in § 11 Abs. 2 S. 1 AEG vorgeschrieben ist. Lediglich das Erfordernis erfolgloser Übernahmeverhandlungen mit Dritten war nicht Genehmigungsvoraussetzung.

Im Bereich der ehemaligen DDR gab es überhaupt kein Verfahren für die Stilllegung von Eisenbahninfrastruktur. Hier konnten die Lasten durch die Unterhaltungspflicht für die Strecke allein durch den tatsächlichen Akt der Außerdienststellung reduziert werden. Dieser unterlag weder einem Genehmigungsvorbehalt noch besonderen Verfahrensanforderungen.

Wirklich neu in § 11 AEG ist im Vergleich zu den Vorgängernormen der §§ 12 Abs. 1 Nr. 10, 14 Abs. 3d und 44 BbG und des § 21 Abs. 4 PBefG ledig-

---

[18] Zudem bezog sich diese Regelung zumindest nach der Kommentierung von *Finger*, BbG § 13, 2. j, S. 126 nicht nur auf die Infrastruktur, sondern auch auf den Verkehr, was damit zusammenhängen mag, dass die Trennung zwischen Eisenbahninfrastruktur und Verkehr erst durch § 2 AEG in der Umsetzung der EG-Richtlinie 91/440/EWG eingeführt wurde. Vgl. Begründung des Bundesrates BT-Drs. 131/93, S. 96.

lich die Aufnahme der Pflicht zu Verhandlungen mit Dritten als Voraussetzung der Stilllegung.

c) Die Mär von § 11 AEG als Konfliktschlichtungsprogramm im Wettbewerb der Eisenbahninfrastrukturbetreiber

Fraglich ist, inwiefern § 11 AEG nicht nur dem Erhalt von Eisenbahninfrastruktur dient, sondern daneben noch eine zweite Zielsetzung hat, nämlich den Wettbewerb bei dem Angebot von Eisenbahninfrastrukturleistungen zu ermöglichen.

Dies wird von *Spoerr* bejaht: Die Bezeichnung der DB AG als „Monopolist" in der Gesetzesbegründung zeige, dass der Gesetzgeber auch das Wettbewerbsverhältnis zwischen DB AG/Fahrweg und anderen Eisenbahninfrastrukturunternehmen im Auge hatte und schlichtend habe regeln wollen. Dies kann nicht überzeugen. Denn ein entsprechendes Konfliktschlichtungsprogramm ist in § 11 AEG nicht enthalten. Vielmehr ist § 1 Abs. 2 AEG zu entnehmen, dass es Bundes- und Länderregierungen obliegt, für angeglichene Wettbewerbsbedingungen und einen lauteren Wettbewerb die Voraussetzungen zu schaffen. Dem Eisenbahn-Bundesamt selbst obliegt demzufolge nicht die Aufgabe, den Wettbewerb schlichtend zu regeln. Zwar macht § 11 AEG erfolglose Übernahmeverhandlungen mit Dritten zur Voraussetzung der Stilllegung. Dies soll jedoch vor allem dem Erhalt eines flächendeckenden Angebots an Eisenbahninfrastruktur dienen. Die Schaffung gleicher Wettbewerbsbedingungen ist nicht Ziel der Regelung des § 11 AEG.

2. Der verfassungsrechtliche Kontext

a) Balanceakt zwischen wirtschaftsunternehmerischer Leistungserbringung und Garantenpflicht des Bundes

Im Zuge der Eisenbahnstrukturreform wurde der unternehmerische Bereich der Deutschen Bundesbahn bekanntlich in eine Aktiengesellschaft überführt. Sowohl der Eisenbahnverkehr als auch die Eisenbahninfrastruktur werden nunmehr in privatrechtlicher Form geführt.[19]

Doch auch die privatrechtliche Leistungserbringung muss teilweise öffentlich-rechtlichen Bindungen unterworfen werden. Dies gilt in besonderem Maße für die Eisenbahninfrastruktur. Dem trägt auch Art. 87e GG Rechnung. Denn Eisenbahninfrastruktur nimmt öffentlichen Raum in Anspruch. Zu ihrem Bau ist auch die Enteignung Dritter zulässig. Das Vorhalten von Verkehrswegen gehört dem Bereich der Daseinsvorsorge an. Eine entsprechende staatliche Gewährleistungspflicht wurde in Art. 87e Abs. 4 GG in Form eines Staatsziels festgeschrieben.[20] Der Bund hat nach Art. 87e Abs. 4 GG zu gewährleisten, dass dem Wohl der Allgemeinheit, insbesondere den Verkehrsbedürfnissen, beim Ausbau und Erhalt des Schienennetzes der Eisenbahnen des Bundes sowie bei deren Verkehrsangeboten auf diesem Schienennetz Rechnung getragen wird. Dem

---

[19] *Spoerr*, DVBl. 1997, 1309.
[20] *Windhorst*, in: Sachs, GG Art. 87e Rn. 50; zur Gewährleistungpflicht auch *Hoppen-Seyfarth*, Das Eisenbahn-Bundesamt als Vergabeprüfstelle, in: Blümel-Kühlwetter, Aktuelle Probleme des Eisenbahnrechts II (1997), S. 287, 298. Teilweise wird auch von einer „Garantenpflicht des Staates" oder von einem „Infrastrukturauftrag", der die staatliche Schutzpflicht konkretisiert, ausgegangen . Nachweise bei *Spannowsky*, Der Einfluss öfentlich-rechtlicher Zielsetzungen auf das Statut privatrechtlicher Eigengesellschaften in der öffentlichen Hand, ZGR 3 (1996), 400, 402; *Pieroth*, in: Jarass/Pieroth, GG Art. 87e Rn. 4: nicht nur politische Verantwortung, sondern vage rechtliche Verpflichtung.

einzelnen Bürger vermittelt dieses Staatsziel jedoch keine subjektiven öffentlichen Rechte und seine Beachtung kann daher nicht eingeklagt werden.[21]

Zur Sicherung des staatlichen Infrastrukturauftrages wurde in Art. 87e Abs. 3 S. 3 GG festgesetzt, dass die Veräußerung von Anteilen an dem Eisenbahninfrastrukturunternehmen nur aufgrund eines Gesetzes zulässig ist und die Mehrheit der Anteile beim Bund verbleiben soll. Durch diese grundgesetzliche Regelung soll sichergestellt werden, dass der Bund auch nach der Privatisierung der Eisenbahninfrastruktur aufgrund seiner Eigentümerstellung an dem privaten Eisenbahninfrastrukturunternehmen der Staatsaufgabe der Vorhaltung von Eisenbahninfrastruktur unter anderem auch durch die Geltendmachung seiner Mitbestimmungsrechte als Anteilseigner gerecht werden kann.[22]

Doch der Gewährleistungsauftrag des Bundes schließt die Stilllegung von Schienenwegen nicht aus. Sie muss einem privatwirtschaftlichen Unternehmen gestattet sein. Aber im Hinblick darauf, dass sonst der Zustimmungsvorbehalt des Bundesrates nach Art. 87e Abs. 5 S. 2 GG leer laufen würde[23], ist sie nur aufgrund eines Gesetzes zulässig. Diese gesetzliche Grundlage für die Stilllegung ist § 11 AEG. Zwar ist die Entscheidung über die Stilllegung von Eisenbahninfrastruktur prinzipiell eine unternehmerische Entscheidung und muss dem Eisenbahninfrastrukturunternehmer überlassen bleiben, im Hinblick auf die staatliche Verantwortung für die Gewährleistung einer ausreichenden Ver-

---

[21] *Windhorst*, in: Sachs, GG Art. 87e Rn. 50.

[22] *Windhorst*, in: Sachs, GG Art. 87e Rn. 54; *Hermes*, Staatliche Infrastrukturverantwortung, 1998, S. 167 ff.; *Spannowsky*, ZGR 3 (1997), 400, 403, mit Verweis auf *Ossenbühl*, Erweiterte Mitbestimmung in kommunalen Eigengesellschaften, der Spannowsky zufolge den Begriff der „Ingerenzpflicht" prägte.

[23] *Windhorst*, in: Sachs, GG Art. 87e Rn. 51; *Spoerr*, DVBl. 1997, 1309, 1310.

kehrsinfrastruktur als Bestandteil der Daseinsvorsorge ist es jedoch gerechtfertigt, diese unternehmerische Entscheidung einem Erlaubnisvorbehalt zu unterwerfen. Dieser dient somit nicht dem Wettbewerb, sondern der Infrastruktursicherung.

b)   Das Vorurteil: Art. 87e Abs. 3 S. 3 GG als Schranke für Streckenübernahmen

Zu überlegen ist, inwiefern die Regelung des § 11 AEG, demzufolge eine Stilllegung nur zulässig ist, wenn Verhandlungen mit Dritten über die Übernahme von Infrastruktureinrichtungen erfolglos verlaufen sind, im Zusammenhang mit Art. 87e Abs. 3 S. 3 GG zu sehen ist. Denn die Veräußerung von Anteilen des Bundes an Eisenbahninfrastrukturunternehmen ist nur aufgrund eines Gesetzes möglich und die Mehrheit der Anteile muss beim Bund verbleiben. Fraglich ist, ob die Übertragung von Eisenbahninfrastruktur auf Dritte nach § 11 AEG, die auch im Wege der Veräußerung erfolgen kann, der Veräußerung von Anteilen des Eisenbahninfrastrukturunternehmens gleich steht. Dann wäre auch die Übernahme von Eisenbahninfrastruktur durch Dritte als nach Art. 87e Abs. 3 S. 3 GG beschränkt anzusehen.[24]

Mit Blick auf den Wortlaut und Sinn und Zweck der Veräußerungsbeschränkung des Art. 87e Abs. 3 S. 3 GG ist dies jedoch zu verneinen. Ziel der Vorschrift ist es, dem Bund durch die Garantie seiner Anteilseignerstellung an dem privatisierten Infrastrukturunternehmen die Möglichkeit der Einflussnahme zur Erfüllung seiner Gewährleistungspflicht aus Art. 87e Abs. 4 GG zu garantieren. Diese Einflussnahmemöglichkeiten des Bundes hängen jedoch von der Inhaber-

---

[24] Dahingehend die Auffassung des Eisenbahn-Bundesamtes und des Bundesministeriums für Verkehr, ebenso m.w.N. *Kühl*, Übernahme von Schieneninfrastruktur, S. 78 und 186.

schaft der Mehrheit der Anteile des bundeseigenen Eisenbahninfrastrukturunternehmens ab. Durch Art. 87e Abs. 3 S. 3 GG wurde folglich nur der Verkauf von Unternehmensanteilen beschränkt, da dieser gleichzeitig die Aufgabe von Einflussnahmemöglichkeiten bedeutet. Dem Verkauf einzelner Gegenstände des Unternehmens oder einzelner Strecken sind durch Art. 87e Abs. 3 S. 3 GG keine Schranken gesetzt.

Diese Wertung wird durch die Regelung des § 11 AEG bestätigt, denn die Übertragung des Betriebs von Strecken auf Dritte ist danach keinerlei Beschränkungen unterworfen, sondern lediglich die Genehmigung der dauerhaften Stilllegung einer Strecke wird von gewissen Voraussetzungen abhängig gemacht. Durch § 11 AEG soll die Fortführung des Betriebes der Eisenbahninfrastruktur an sich gesichert werden, die Fortführung der Eisenbahninfrastruktur durch die Eisenbahnen des Bundes ist damit nicht gemeint. Die Übertragung von Eisenbahninfrastruktur auf andere Anbieter ist also nicht durch die grundgesetzliche Regelung des Art. 87e Abs. 3 S. 2 beschränkt.

III. Konkretisierung für die Rechtsanwendung

1. Voraussetzungen der Genehmigung nach § 11 AEG

a) Absicht dauernder Betriebseinstellung oder Kapazitätsverringerung
Genehmigungspflichtig nach § 11 AEG sind nur die dauernde Stilllegung und die deutliche Kapazitätsverringerung einer Strecke oder eines für die Betriebsabwicklung wichtigen Bahnhofs. Nicht unter die Genehmigungspflicht fällt die schlichte Einstellung des Eisenbahnverkehrs auf der Strecke durch ein Eisenbahnverkehrsunternehmen.

Die Stilllegung von für die Betriebsabwicklung wichtigen Bahnhöfen spielt in der Praxis derzeit keine Rolle; diese Fallgruppe kann daher gegenüber der Stilllegung von Strecken vernachlässigt werden.[25]

Probleme bereitet hier bereits der Begriff der „Strecke". In der Praxis wird derzeit für die Stilllegungsgenehmigungen ein formeller Streckenbegriff zugrunde gelegt: Anknüpfungspunkt für die Genehmigungspflicht sind Streckennummern. Dabei handelt es sich um interne Sortiernummern der Bahn, welche das Bahnnetz abschnittsweise unterteilen. Zur Unterscheidung zwischen „Strecken" i.S.v. § 11 AEG und bloßen Einzelgleisen wird daran angeknüpft, ob das jeweilige Gleis eine eigene Streckennummer hat oder ob die Streckennummer mehrere Gleise zusammenfasst. Im einen Fall handelt es sich bei der Sperrung des Gleises um die Stilllegung der Strecke, im anderen Fall geht es bei der Sperrung eines von mehreren parallel verlaufenden Gleisen allenfalls um die Kapazitätsverringerung einer Strecke.

Genehmigungspflichtig nach § 11 AEG ist nur die „dauernde Betriebseinstellung". Als dauernd wird die Betriebseinstellung nach der Praxis des Eisenbahn-Bundesamtes angesehen, wenn sie ohne betrieblichen Grund erfolgt und keine konkreten Pläne zur Wiederaufnahme des Betriebs vorliegen.[26]

Da nur die dauernde Stilllegung der Genehmigungspflicht nach § 11 AEG unterliegt, kann der Norm im Umkehrschluss entnommen werden, dass eine nur

---

[25] So auch *Kühl*, Übernahme von Schieneninfrastruktur, S. 189.

[26] *Finger*, BbG § 12 Anmerk. 2 j, nimmt eine dauernde Betriebseinstellung an, sobald ungewiss ist, ob und wann der Betrieb einmal wieder aufgenommen wird.

vorübergehende Stilllegung genehmigungsfrei ist.[27] Dies kann gelegentlich zu „faktischen Stilllegungen" führen, die zunächst als nur vorübergehende Stilllegungen genehmigungsfrei sind, bei denen dann aber nach Ablauf von drei Jahren immer noch keine Wiederaufnahme des Betriebs stattgefunden hat. Die zunächst genehmigungsfreie Stilllegung wird dann zumindest formell rechtswidrig. Die zuständige Behörde -- im Falle der DB Netz AG als einer Eisenbahn des Bundes das Eisenbahn-Bundesamt -- erlässt dann eine Verfügung, dass die formelle Stilllegungsgenehmigung nach § 11 AEG zu beantragen ist und ansonsten eine Verpflichtung zur Wiederaufnahme des Betriebs besteht. In diesen Fällen ist problematisch, dass gemäß § 11 Abs. 2 S. 3 AEG bis zur Erteilung der Stilllegungsgenehmigung der Betrieb der Strecke aufrechtzuerhalten ist. Doch wenn aufgrund einer bislang genehmigungsfreien Stilllegung ohnehin kein Betrieb der Strecke mehr stattfindet, so ist § 11 Abs. 2 S. 3 AEG unanwendbar. Denn Betrieb, der bereits stillgelegt wurde, kann nicht fortgeführt, sondern allenfalls wiederaufgenommen werden. Eine Wiederaufnahme des Betriebs einer bereits stillgelegten Strecke zur Voraussetzung für die Genehmigung der Stilllegung nach § 11 AEG zu machen, erscheint unsinnig und würde eine unzumutbare Belastung des Eisenbahninfrastrukturbetreibers bedeuten. Die Vorschrift des § 11 Abs. 2 S. 3 AEG ist insofern teleologisch zu reduzieren. Der Betrieb ist nur dann bis zur Erteilung der Genehmigung aufrecht zu halten, wenn dem Antrag auf Erteilung der Genehmigung nach § 11 Abs. 1 S. 1 AEG nicht eine genehmigungsfreie Stilllegung vorausgeht. Anderenfalls handelt es sich um eine nachträgliche Genehmigung einer (formell) rechtswidrigen Stillle-

---

[27] Diese Differenzierung fehlt bei *Kramer/Lux*, Bahn-Report 2/1999, S. 4, 6 f. Diese behaupten außerdem, dass der bisherige Infrastrukturbetreiber dem neuen Betreiber Geld für Sachleistung zu zahlen habe, wenn notwendige Erhaltungsmaßnahmen in den vergangenen Jahren unterblieben sind. Dafür liefern weder der Gesetzeswortlaut noch Sinn und Zweck der Regelung irgendwelche Anhaltspunkte.

gung. Mit der Stilllegungsgenehmigung endet die Unterhaltungspflicht nach § 4 Abs. 1, 2. Alt. AEG für die Eisenbahninfrastruktur.

Von der dauernden Stilllegung ist die deutliche Kapazitätsverringerung zu unterscheiden. Eine Kapazitätsverringerung wird in der Praxis des Eisenbahn-Bundesamts als „deutlich" angesehen, wenn die Kapazität, d.h. die theoretische Leistungsfähigkeit der Strecke um mehr als 25 % reduziert wird. Beispiele für deutliche Kapazitätsverringerungen sind etwa, wenn eine zweigleisige Strecke nur noch eingleisig unterhalten wird oder wenn Überhol- und Ausweichgleise zurückgebaut werden. Kapazitätsverringerungen, die diese Schwelle nicht erreichen, sind genehmigungsfrei. Bei mehreren aufeinanderfolgenden Kapazitätsverringerungen ist die Summe der Verkehrsverringerungen maßgeblich. Kapazitätsverringerungen, die im Wege einer „Salamitaktik", die Voraussetzungen des § 11 AEG umgehen, drohen also nicht.[28] Ausgangsbasis für die Bemessung der Kapazitätsverringerung ist die momentane Leistungsfähigkeit der Strecke, mindestens aber die Leistungsfähigkeit der Strecke, die zum Zeitpunkt des Inkrafttretens des § 11 AEG, d.h. am 1.1.1994 bestanden hat. Im Falle der Kapazitätsverringerung reicht es aus, wenn das Unternehmen darlegt, dass ihm die Aufrechterhaltung der vollen Kapazität nicht mehr zumutbar ist. Übernahmeverhandlung mit Dritten sind nicht Voraussetzung der Genehmigung der Kapazitätsverringerung nach § 11 AEG, sondern nur im Falle der Stilllegung geboten. Aufgrund der Kapazitätsverringerung werden die Pflichten zur Unterhaltung der Eisenbahninfrastruktur nach § 4 AEG und zur Gewährung diskriminierungsfreien Zugangs nach § 14 AEG reduziert.

b) Unzumutbarkeit des weiteren Betriebs der Infrastruktur

---

[28] So aber Kramer/Lux, Bahn-Report 2/1999, S. 4.

Nach § 11 Abs. 1 S. 2 AEG setzt die Genehmigung der Stilllegung voraus, dass das Eisenbahninfrastrukturunternehmen darlegt, dass ihm der Betrieb der Strecke nicht mehr zugemutet werden kann. An das Vorliegen der Unzumutbarkeit sind nur geringe Anforderungen zu stellen,[29] da § 11 AEG die unternehmerische Autonomie des Eisenbahninfrastrukturunternehmers nicht unzulässig beschränken darf. Etwas anderes wäre mit der verfassungsrechtlichen Vorgabe des Art. 87e Abs. 3 GG, die Eisenbahnen des Bundes als Wirtschaftsunternehmen in privatrechtlicher Form zu führen, nicht zu vereinbaren. Es muss ausreichen, wenn der Betrieb nach den unternehmerischen Planungen nicht mehr wirtschaftlich ist oder sich auch nur mit dem unternehmerischen Konzept des Infrastrukturunternehmens nicht mehr vereinbaren lässt.[30] Dies dürfte dann der Fall sein, wenn auf der Strecke kein betriebswirtschaftlich angemessener Gewinn erzielt werden kann. Die Aufsichtsbehörde darf die unternehmerische Zielsetzung nicht durch ihre eigene Zielsetzung ersetzen und das Eisenbahninfrastrukturunternehmen ist nicht an Vorstellungen oder Vorschläge der Aufsichtsbehörde, wie die Rentabilität einer Strecke wiederhergestellt werden könnte, gebunden. Aufgrund der Darlegungslast des Eisenbahninfrastrukturunternehmers unterliegen lediglich die eigenen Rentabilitätsberechnungen einer Plausibilitätskontrolle durch die zuständige Behörde.

c) Erfolglose Verhandlungen mit Dritten über die Übernahme zu in diesem Bereich üblichen Bedingungen

Das AEG fügt im Unterschied zum ehemaligen Bundesbahngesetz und zum Personenbeförderungsgesetz eine neue Voraussetzung hinzu: Übernahmever-

---

[29] So auch *Kramer/Lux*, Bahn-Report 2/1999, S. 4, 5, die die geringen Anforderungen des AEG kritisieren.

[30] *Spoerr*, DVBl. 1997, 1309, 1311.

handlungen mit Dritten, denen ein Angebot zur Übernahme zu üblichen Bedingungen gemacht worden ist, müssen erfolglos verlaufen sein. Zwei Begriffe bedürfen der Konkretisierung: nämlich der des „Dritten", dem überhaupt ein Übernahmeangebot unterbreitet werden muss, und der Begriff der „üblichen Bedingungen".

(1) Bestimmung der „Dritten"
Insoweit hat es sich in der Praxis eingebürgert, andere Eisenbahnunternehmen, möglicherweise auch solche, die bisher nur Eisenbahnverkehrsunternehmen (vgl. zum Begriff § 3 Abs. 1 Nr. 1 AEG) waren, Länder und Kommunen, die wegen eines besonderen öffentlichen Interesses an dem Betrieb der Strecke zur Übernahme derselben bereit sein könnten, oder auch Verlader und Gleisanschließer als Dritte anzuerkennen. Der Begriff der Dritten wird also in der Praxis sehr weit ausgelegt.

Zusätzlich erfolgt die öffentliche Bekanntgabe der Stilllegungsabsicht im Wege der Ausschreibung im Tarif- und Verkehrsanzeiger (TVA), um so alle möglichen Interessenten zu informieren.[31] Das heißt, die Stilllegungsabsicht wird in branchenüblicher Art und Weise publiziert, obwohl dies nicht gesetzlich angeordnet ist. Dadurch wird auch keine Verfahrenserleichterung für das stilllegungswillige Eisenbahninfrastrukturunternehmen erzielt, denn außerdem muss nach der derzeitigen Rechtsauffassung des Eisenbahn-Bundesamtes eine individuelle Bekanntgabe der Stilllegungsabsicht an interessierte Dritte erfolgen, soweit ihr Übernahmeinteresse ersichtlich ist.

---

[31] Zum Verfahren im einzelnen, *Kühl*, Übernahme von Schieneninfrastruktur, S. 50 und 190 f.

Die Praxis geht also hinsichtlich der Beteiligung Dritter weit über die gesetzlichen Anforderungen hinaus. Dies ist zwar rechtlich unproblematisch, daraus darf aber nicht auf die rechtliche Erforderlichkeit geschlossen werden.[32] Voraussetzung ist nach dem Gesetzeswortlaut nämlich nicht eine öffentliche Bekanntgabe, um alle theoretisch in Betracht kommenden Dritten zu informieren, sondern gefordert wird lediglich, dass überhaupt der Versuch einer Verhandlung über die Übernahme der Strecke gemacht wird. Eine öffentliche Ausschreibung des Übernahmeangebots wurde gerade nicht zur Voraussetzung der Stilllegung oder auch nur der Stilllegungsentscheidung gemacht. Ausreichen sollte vielmehr der Nachweis gescheiterter Übernahmeverhandlungen mit irgendwelchen Dritten.

Die Regelung des § 11 Abs. 1 S. 2 AEG kann auch nicht einfach als (in verfahrensrechtlicher Hinsicht) unvollkommen qualifiziert und erweiternd ausgelegt werden. Denn im ursprünglichen Entwurf für ein neues AEG war eine dem jetzigen § 11 AEG entsprechende Vorschrift gar nicht enthalten.[33] Die gefundene Formulierung stellt bereits einen Kompromiss zwischen Bund und Ländern dar: War zunächst gar keine einschränkende Regelung der Stilllegung im AEG vorgesehen, so sollte diese doch auf Wunsch der Länder geregelt werden. Die Verpflichtung zur Führung von Übernahmeverhandlungen wurde auch vom Bundestag akzeptiert. Als Einschränkung des Vorschlags des Bundesrates kann verstanden werden, dass in den Entwurf die Möglichkeit der Genehmigungsfiktion durch Zeitablauf eingeführt wurde (§ 11 Abs. 3 S. 1 und Abs. 5 AEG). Dieser zwischen Bundesrat und Bundestag gefundene Kompromiss darf nicht durch die anschließende Praxis beliebig erweiternd ausgelegt werden.

---

[32] So aber *Kühl*, Übernahme von Schieneninfrastruktur, S. 154 f. und 189 f.

Eine öffentliche Ausschreibung der Stilllegungsabsicht und eines entsprechenden Übernahmeangebots an Dritte darf also nicht zur Voraussetzung der Genehmigung nach § 11 AEG gemacht werden.[34] Derartige Überlegungen gründen in der unzutreffenden Vorstellung, § 11 AEG habe die Schaffung von Wettbewerb zum Ziel. Allenfalls ist denkbar, dass eine Ausschreibung im Einzelfall helfen kann, die Voraussetzungen des § 11 Abs. 1 S. 2 AEG zu erfüllen, wenn verhandlungsbereite Dritte dem Eisenbahninfrastrukturunternehmen nicht bekannt sind. In diesem Fall ist zu erwägen, die Voraussetzungen des § 11 Abs. 1 S. 2 AEG aufgrund der Ausschreibung als erfüllt anzusehen, auch wenn es selbst im Anschluss an das Ausschreibungsverfahren zu keinerlei Verhandlungen kommt, da es keine übernahmewilligen Dritten für die Strecke gibt. Denkbar wäre aber auch, in diesen Fällen, in denen übernahmewillige Dritte nicht bekannt sind, von dem Erfordernis erfolgloser Verhandlungen ganz abzusehen und die Voraussetzungen des § 11 AEG teleologisch zu reduzieren.

Eine teleologische Reduktion erscheint noch in einem weiteren Fall angebracht. Aufgrund des formellen Streckenbegriffs wird auch die Stilllegung eines von mehreren parallel verlaufenden Gleisen als „Stilllegung einer Strecke" qualifiziert, sofern das stillgelegte Gleis über eine eigene Streckennummer verfügt. In diesen Fällen der Stilllegung eines einzelnen Gleises ohne eigene Verkehrsbedeutung würde die Voraussetzung der erfolglosen Übernahmeverhandlungen mit Dritten zur reinen Formsache. An solchen Streckenabschnitten ist kaum ein wirtschaftliches Übernahmeinteresse Dritter denkbar.

---

[33] Dazu auch *Kühl*, Übernahme von Schieneninfrastruktur, S. 189.

[34] Dahingehend aber offenbar *Kramer/Lux*, Bahn-Report 2/1999, S.4, 8, die gleichzeitig kritisieren, die Ausschreibung werde zur reinen Formsache.

Dass in diesen Fällen überhaupt an die Notwendigkeit erfolgloser Übernahmeverhandlungen mit Dritten gedacht wird, beruht lediglich auf dem formellen Streckenbegriff. Bei Zugrundelegung eines materiellen Streckenbegriffs müssten solche Fälle lediglich als Kapazitätsverringerung angesehen werden, bei der Übernahmeverhandlungen ebenfalls nicht Genehmigungsvoraussetzung sind. Deshalb kann in diesen Fällen von dem Erfordernis der Übernahmeverhandlungen abgesehen und so eine Beschleunigung des Verfahrens nach § 11 AEG erreicht werden.

(2)   Streitpunkt: Die „üblichen Bedingungen"

Im Rahmen der Verhandlungen muss ein Angebot zur Übernahme der Strecke zu „in diesem Bereich üblichen Bedingungen" erfolgen. Über die Auslegung dieses Begriffs herrscht Streit, was vor allem darauf zurückzuführen ist, dass in der Vergangenheit und insbesondere zu Bundesbahnzeiten Streckenübernahmen zum nur symbolischen Preis von einer Mark plus Mehrwertsteuer vereinbart worden waren.[35] Daraus wird teilweise geschlossen, dass mit den in diesem Bereich üblichen Bedingungen der Verkauf zum Preis von 1,16 DM gemeint sei.[36]

Zu berücksichtigen ist aber, dass die Kaufverträge, die eine Überlassung der Bahnanlage zum Preis von einer Mark vorsahen, gleichzeitig ein dinglich gesichertes Rückübertragungsrecht für das der Eisenbahninfrastruktur dienende Grundstück enthielten. Der Verkauf zum Preis von einer Mark kann also allenfalls dann als üblich angesehen werden, wenn gleichzeitig ein Rückübertra-

---

[35] Nachweise über Streckenübernahmen seit der Bahnstrukturreform bei *Kramer/Lux*, Bahnreport 2/1999, S. 4, 6; ausführlich dazu *Kühl*, Übernahme von Schieneninfrastruktur, S. 192 ff.

[36] Dazu *Kramer/Lux*, Bahn-Report 2/1999, S. 4, 5. Gleichzeitig fordern diese aber, den Verkauf zum symbolischen Preis gesetzlich zu regeln, a.a.O. S. 8, was darauf hindeutet, dass der bisherige Wortlaut des § 11 AEG durchaus Verhandlungsspielraum lässt.

gungsrecht besteht. Mit der Vereinbarung derartiger Rückübertragungsansprüche war den Interessen des Eisenbahninfrastrukturunternehmers, der die Strecke übertragen hat, häufig nicht ausreichend gedient, da dieser Anspruch durch die übernehmenden Eisenbahninfrastrukturunternehmen teilweise nicht erfüllt wurde und die DB Netz AG als übertragender Eisenbahninfrastrukturunternehmer durch eine derartige Regelung mit dem Prozessrisiko belastet wurde. Die dingliche Sicherung des Rückübertragungsrechts hat außerdem einen erheblichen Verfahrensaufwand und Kosten verursacht. Angesichts dieser negativen Erfahrungen ist es verständlich, dass es nun häufig nicht mehr zum Abschluss derartiger Verträge zum Kaufpreis von einer Mark plus Mehrwertsteuer kommt.[37]

Soll die Strecke also nicht wie bisher in einem Vertrag mit Rückübertragungsanspruch übertragen werden, sondern ist statt dessen eine Veräußerung ohne Rückabwicklung für den Fall der Einstellung des Betriebs beabsichtigt, so sind die üblichen Bedingungen erneut zu bestimmen. Bei der Wertermittlung zu berücksichtigen sind der Verkehrswert der Infrastruktur einschließlich Grundstückswert sowie der Zu- und Abbringerwert zu anderen Strecken.[38] Eventuell könnte noch ein Ertragswert in die Berechnung miteinbezogen werden. Abzuziehen sind von dem Verkehrswert die Kosten, die für Maßnahmen der Verkehrssicherungspflicht aufgewendet werden müssen.

Kaufverträge werden zu diesen Bedingungen in der Praxis derzeit nur selten abgeschlossen. Statt dessen sind offenbar Verpachtungsfälle wesentlich häufiger, die regelmäßig auf einen Zeitraum von 20 bis 25 Jahren abgeschlossen wer-

---

[37] Diese Probleme bei der praktischen Handhabung werden von *Kramer/Lux*, Bahn-Report 2/1999, S. 4, 8, nicht gesehen.
[38] Zu dieser Praxis der DB Netz *Kramer/Lux*, Bahn-Report 2/1999, S.4, 5.

den.[39] Auch die Verhandlung über derartige Pachtverträge mit Dritten können als ausreichende Übernahmeverhandlungen angesehen werden.

2. Rechtsfolgen des § 11 AEG

Liegen die Voraussetzungen des § 11 Abs. 1 AEG nicht vor, ist die Genehmigung zwingend zu versagen (§ 11 Abs. 4 AEG).

Liegen die Voraussetzungen des § 11 Abs. 1 AEG vor, so hat die Behörde nach § 11 Abs. 2 AEG über den Antrag unter Berücksichtigung verkehrlicher und wirtschaftlicher Kriterien zu entscheiden. Es steht im Ermessen der Behörde, die Genehmigung zu erteilen oder zu versagen, allerdings sind im Falle der Versagung dem Eisenbahninfrastrukturunternehmer die aus der Versagung entstehenden Kosten zu ersetzen. Die Zahlungsverpflichtung trifft das Land, wenn die von der Landesbehörde im Rahmen des Benehmens vorgetragenen Gründe für die Ablehnung der Genehmigung maßgeblich waren. Bleibt die Behörde untätig, so wird die Genehmigung nach Ablauf von drei Monaten fingiert (§ 11 Abs. 3 S. 1 AEG). Selbst wenn die Genehmigung nach § 11 AEG unter Berücksichtigung verkehrlicher oder wirtschaftlicher Kriterien versagt wird, so wird die Genehmigung nach § 11 Abs. 5 AEG spätestens nach Ablauf eines Jahres fingiert.[40]

Präzisierungsbedürftig ist allerdings der Umfang der „aus der Versagung entstehenden Kosten, einschließlich der kalkulatorischen Kosten", § 11 Abs. 3 S. 2 AEG. Gemeint ist damit eine Haftung für den durch die Versagung der

---

[39] Vgl. Nachweise bei *Kramer/Lux*, Bahn-Report 2/1999, S. 4, 6.
[40] Krit. dazu *Kramer/Lux*, Bahn-Report 2/1999, S.4, 5.

Stilllegung ausbleibenden Gewinn, bzw. für die weiteren Verluste, die dem Unternehmen aufgrund der fortdauernden Belastung mit den Unterhaltungspflichten für die Bahnanlage entstehen.

Inhaltlich geht es bei der Verpflichtung zur weiteren Unterhaltung der Eisenbahninfrastruktur um die Erbringung einer gemeinwirtschaftlichen Leistung. Gesetzlich geregelt ist lediglich die Erbringung gemeinwirtschaftlicher Verkehrsleistungen in § 15 AEG. In der Parallelnorm des Personenbeförderungsgesetzes ist auch ausdrücklich auf die Bestimmungen zur Erbringung gemeinwirtschaftlicher Leistungen verwiesen.

Das Eisenbahninfrastrukturunternehmen ist aufgrund seiner Eigenschaft als Wirtschaftsunternehmen, wie sie das Grundgesetz normiert, von der Erbringung gemeinwirtschaftlicher Leistungen befreit. Daher wird auch im Falle der Versagung der Stilllegungsgenehmigung die Genehmigungsverfügung spätestens nach Ablauf eines Jahres fingiert, (§ 11 Abs. 5 AEG) und hat das Unternehmen einen Kostenerstattungsanspruch.

3. Rechtsschutz

Im Rahmen der Frage nach dem Rechtsschutz gegen die Entscheidung der zuständigen Behörde sind zwei Fragen zu klären. Zum einen ist zu überprüfen, welche Rechtsschutzmittel der stilllegungswillige Eisenbahninfrastrukturunternehmer gegen die Versagung der Stilllegung hat, und zum anderen wird diskutiert, inwiefern ein übernahmewilliger Dritter sich gegen die Genehmigung der Stilllegung zur Wehr setzen kann.

a) Rechtsschutz des stilllegungswilligen Eisenbahninfrastrukturunternehmers gegen die Versagung der Stilllegungsgenehmigung

Erteilt die zuständige Behörde die Genehmigung zur Stilllegung nicht in der von § 11 Abs. 2 AEG bestimmten Frist von drei Monaten, so wird die Genehmigung durch Zeitablauf gemäß § 11 Abs. 3 S. 1 AEG fingiert. Hat die zuständige Behörde die Genehmigung jedoch ausdrücklich versagt, so ist der Betrieb der Strecke zunächst fortzuführen. Statthafte Rechtsbehelfe zur Geltendmachung des Anspruchs auf Erteilung der Genehmigung nach § 11 AEG sind der Widerspruch gegen die ablehnende Entscheidung (§ 68 VwGO) und die Verpflichtungsklage auf Erteilung der Genehmigung bzw. Bescheidungsklage auf neue Entscheidung entsprechend dem Genehmigungsantrag. Der Eisenbahninfrastrukturbetreiber ist klagebefugt, da er bei Vorliegen der Voraussetzungen des § 11 Abs. 1 AEG einen Anspruch auf Erteilung der Genehmigung bzw. auf ermessensfehlerfreie Entscheidung nach § 11 AEG oder auf Ersatz der durch die Versagung entstehenden Kosten hat. Die Ablehnung der Genehmigung kann den Eisenbahninfrastrukturunternehmer daher in eigenen Rechten verletzen.

Im Wege des einstweiligen Rechtsschutzes kann ein Antrag nach § 123 Abs. 1 S. 2 VwGO auf Erlass einer Sicherungsanordnung gestellt werden, um durch die Pflicht zur Fortführung des Betriebs drohende Nachteile zu verhindern. Um dadurch nicht die Entscheidung in der Hauptsache vorwegzunehmen, muss sichergestellt werden, dass die Entbindung von der Pflicht zur Fortführung des Betriebs auch wieder rückgängig gemacht werden kann.

Sachlich zuständig ist das Verwaltungsgericht (§ 45 VwGO) und nicht etwa das Oberverwaltungsgericht. Insbesondere sind Streitigkeiten im Zusammenhang mit § 11 AEG nicht nach § 48 VwGO dem Oberverwaltungsgericht zugewiesen.

Auch eine erstinstanzliche Zuständigkeit des Bundesverwaltungsgerichts nach § 5 Verkehrswegeplanungsbescheinigungsgesetz ist nicht gegeben.

Wird die Genehmigung der Stilllegung aus verkehrlichen und/oder wirtschaftlichen Gründen nach § 11 Abs. 2 AEG versagt, wird wegen der höchstens einjährigen Dauer einer solchen Versagung (§ 11 Abs. 5 AEG), praktisch schon deshalb kaum ein Rechtsbehelf ergriffen werden, weil Widerspruchsverfahren und Verwaltungsgerichtsprozess erfahrungsgemäß länger als ein Jahr dauern. Hier käme dann allenfalls ein Fortsetzungsfeststellungsantrag in Betracht. Auch wäre fraglich, ob der Antragsteller angesichts der Kostenregelung in § 11 Abs. 3 Satz 2 AEG überhaupt ein Rechtschutzbedürfnis für eine solche Klage hätte.

b) Rechtsschutz Dritter gegen die Erteilung der Stilllegungsgenehmigung
Streitig ist, ob Dritte gegen die Erteilung einer Stilllegungsgenehmigung vorgehen können. Mit dieser Frage befasst sich einerseits *Spoerr*, der eine Klagebefugnis von Übernahmeinteressenten bejaht. Ihm folgt das Verwaltungsgericht Kassel in einem Beschluss vom 10.5.2000 (noch nicht rechtskräftig)[41]. Andererseits wurde die Klagebefugnis von Übernahmeinteressenten verneint von den Verwaltungsgerichten Bayreuth, Stuttgart und Neustadt an der Weinstraße.

Spoerr geht davon aus, die Regelung des § 11 AEG enthalte ein Konfliktschlichtungsprogramm zum Ausgleich privater Interessen, nämlich dem Interesse der DB AG bzw. der DB Netz AG als nahezu monopolistischem Eisenbahninfrastrukturbetreiber und dem Marktzugangsinteresse neuer Unternehmen.[42]

---

[41] VG Kassel v. 10.5.2000, 2 G 604.00.
[42] *Spoerr*, DVBl. 1997, 1309, 1314.

Diese Rechtsauffassung gründet nicht zuletzt in der Annahme, § 11 AEG sei ein Mittel zur Schaffung von Wettbewerb auf der Schiene - eine Ansicht, die im Hinblick auf die oben genannten Gründe nicht haltbar erscheint.

§ 11 AEG dient allein dem öffentlichen Interesse der Erhaltung von bestehender und betriebener Eisenbahninfrastruktur. Zwar ist im Rahmen der Eisenbahnstrukturreform die Möglichkeit von Wettbewerb auch beim Angebot von Eisenbahninfrastruktur vorgesehen. Entgegen *Spoerr* ist § 11 AEG jedoch kein Mittel, um diesen zu sichern.

Zu diesem Ergebnis kommt auch das Verwaltungsgericht Bayreuth, ihm schließen sich das Verwaltungsgericht Stuttgart und das Verwaltungsgericht Neustadt (an der Weinstraße) an.

Die Vorschrift des § 11 AEG ist in der Tat nicht dazu bestimmt, den Wettbewerb oder subjektive öffentliche Rechte übernahmewilliger Dritter zu schützen. Vielmehr soll die Verpflichtung vorheriger Übernahmeverhandlungen allein dem öffentlichen Interesse dienen, eine unnötige Stilllegung von Eisenbahninfrastruktur möglichst zu verhindern.

B. Das Verhältnis der Genehmigung nach § 11 AEG zum Planfeststellungsvorbehalt des § 18 AEG

Die Stilllegung nach § 11 AEG dient der Einstellung des Betriebs der Strecke oder eines für die Betriebsabwicklung wichtigen Bahnhofs. Die Planfeststellung nach § 18 AEG ist für Bau oder Änderung von „Schienenwegen und für (von) Schienenwege notwendige Anlagen und der Bahnstromfernleitungen (Betriebsanlagen der Eisenbahn)" vorgeschrieben. Als Extremfall der Änderung der Betriebsanlage der Eisenbahn wird auch der Rückbau nach allerdings umstrittener Auffassung als planfeststellungsfähig angesehen.[43] Insofern ergibt sich scheinbar ein Zusammenhang zur Stilllegung nach § 11 AEG. Zum einen scheint der Rückbau von Schienen und sonstigen Betriebsanlagen der Eisenbahn denknotwendig die Stilllegung derselben vorauszusetzen. Zum anderen fragt sich, ob nicht in der Planfeststellung oder Plangenehmigung für den Rückbau gleichzeitig die Stilllegungsgenehmigung enthalten ist bzw. ob die Stilllegung nicht im Rahmen der Planfeststellung verfügt werden darf.

1. Frage 1: Setzt der Rückbau von Betriebsanlagen der Eisenbahn nach § 18 AEG denknotwendig die vorherige oder gleichzeitige Genehmigung nach § 11 AEG voraus?

Nach der Terminologie des Gesetzes bezieht sich § 11 AEG primär auf die „Strecke", § 18 AEG auf „Schienenwege" und „Eisenbahnbetriebsanlagen". Die Strecke besteht zwar aus Schienenwegen, doch nicht jeder Schienenweg stellt eine Strecke dar.

Ähnliches gilt für die in § 11 AEG genannten „für die Betriebsabwicklung wichtigen Bahnhöfe". Nur diese sind dem Genehmigungsvorbehalt nach § 11 AEG unterworfen. Dem Planfeststellungsvorbehalt des § 18 AEG unterliegen unter dessen Voraussetzungen jedoch alle Betriebsanlagen der Eisenbahn,

---

[43] *Blümel*, Fragen der Entwidmung von Eisenbahnbetriebsanlagen, S. 45; *Finger*, Kommentar zum Allgemeinen Eisenbahngesetz und Bundesbahngesetz, S. 241; *Ronellenfitsch*, Einführung in das Planungsrecht 1986, S. 118; a.A. *Bender*, Kompetenz zur rechtsverbindlichen Planung von Güterverkehrszentren, VerwArch 1992, 576, 588, in und bei Fn. 27.

zu denen außer Bahnhöfen und sonstigen Haltepunkten auch alle sonstigen für den Bahnbetrieb notwendigen Anlagen - also auch Nebenanlagen - zählen.

Der Kreis der der Planfeststellung unterliegenden Betriebsanlagen der Eisenbahn ist somit weiter als die in § 11 AEG genannten Anknüpfungspunkte für eine genehmigungspflichtige Stilllegung nach § 11 AEG. Andererseits umfasst der Genehmigungsvorbehalt nach § 11 AEG nicht nur die Stilllegung, sondern auch die deutliche Verringerung der Kapazität einer Strecke. Eine solche kann beispielsweise auch im Abbau von Überholmöglichkeiten in einem Bahnhof oder betriebsnotwendiger Anlagen liegen. Daraus folgt, dass - sofern derartige Betriebsanlagen der Eisenbahn zurückgebaut werden sollen - eine Genehmigung nach § 11 AEG vorauszugehen hat. Es handelt sich zwar insofern nicht um eine Stilllegung der Strecke, sondern eine genehmigungsfähige Verringerung der Kapazität von Strecken oder Bahnhöfen, die mit dem Rückbau oder der Außerdienststellung der Eisenbahnbetriebsanlage verbunden sind. Insofern geht dem planfeststellungspflichtigen Rückbau von Eisenbahnbetriebsanlagen häufig eine Genehmigung nach § 11 AEG voraus, auch wenn diese - anders als die Planfeststellung - nicht an die Eisenbahnbetriebsanlage, sondern an die Strecke als Ganzes anknüpft.

Trotz der terminologischen Unterschiede ergeben sich also häufig im Falle des Rückbaus einer Eisenbahnbetriebsanlage nach § 18 AEG auch Genehmigungspflichten nach § 11 AEG. Dem Rückbau von Eisenbahnbetriebsanlagen wird in vielen Fällen eine Genehmigung nach § 11 AEG vorauszugehen haben oder vorausgegangen sein, da ein Rückbau einer Anlage, die eine erhebliche Verringerung der Kapazität einer Strecke oder eines für die Betriebsentwicklung wichtigen Bahnhofs oder gar deren Stilllegung zur Folge hat, nicht genehmigt werden kann, wenn die Stilllegung unzulässig ist.

2. Frage 2: Kann die Genehmigung durch die Rückbauplanfeststellung ersetzt werden?

Diese Frage ist zu verneinen. Während die Stilllegung nach § 11 AEG sich auf die Verringerung oder Aufhebung der Betriebskapazität einer Strecke bezieht, hat die Planfeststellung bauliche Veränderungen zum Gegenstand. Die Kapazitätsveränderungen haben zwar häufig den Rückbau von Betriebsanlagen zur Folge, das Verfahren für die baulichen Veränderungen ist jedoch von dem für Kapazitätsverringerungen oder Stilllegung zu trennen. Für die Kapazitätsverringerung ist nach § 11 AEG kein Planfeststellungsverfahren vorgeschrieben, und es kann daher unabhängig von den damit einhergehenden baulichen Veränderungen genehmigt werden. Fraglich ist aber, ob die Stilllegungsgenehmigung nicht zumindest dann im Rahmen einer Planfeststellung verfügt werden kann, wenn eine solche ohnehin zum Zwecke des Rückbaus einer Bahnanlage durchgeführt werden soll. Im Eisenbahnrecht ist die Planfeststellung nach § 18 AEG nur für den Bau und nicht für den Betrieb von Eisenbahnbetriebsanlagen vorgesehen.[44] Die Reichweite der Konzentrationswirkung der Planfeststellung kann nicht über den Gegenstand der Planfeststellung hinausgehen.[45] Ein anderes Ergebnis lässt sich auch nicht mit der Konzentrationswirkung der Planfeststellung

---

[44] Zum Gegenstand der Planfeststellung vgl. *Blümel*, Gegenstand der Planfeststellung, VerwArch 1992, 146, 149 zur insofern parallelen Rechtslage unter Geltung des BbG.

[45] *Blümel*, VerwArch 1992, 146, 154.

begründen.[46] Die Stilllegungsgenehmigung als auf den Betrieb bezogene Genehmigung kann daher nicht im Rahmen der Planfeststellung verfügt werden.

3. Sonstige Verknüpfungsbereiche zwischen Planfeststellung und Stilllegung

Die Rechtsprechung des Bundesverwaltungsgerichts hat noch einen weiteren Zusammenhang zwischen Planfeststellung und Stilllegung hergestellt.[47] Dem Gericht zufolge bleiben die Genehmigungswirkungen des Planfeststellungsbeschlusses noch Jahrzehnte nach der faktischen Stilllegung der Strecke erhalten.

Zwar erfolgten derartige Stilllegungen nicht im Verfahren nach § 11 AEG, sondern erfolgten - sofern dies überhaupt in einem förmlichen Akt erfolgte - im Hinblick auf die vor der Eisenbahnstrukturreform geltende Rechtslage nach § 12 Abs. 1 Nr. 10 BBahnG durch Beschluss des Verwaltungsrats der Bundesbahn. Außerdem unterlagen sie nach § 14 Abs. 3 d BbG dem Genehmigungsvorbehalt des Bundesministers für Verkehr. § 11 AEG unterliegt zwar im Hinblick auf die Zulässigkeit der Stilllegung teilweise anderen materiellen Voraussetzungen. An dem Verhältnis zwischen den fortbestehenden Rechtswirkungen des Planfeststellungsbeschlusses und der Stilllegung hat sich insoweit jedoch nichts geändert.

Keinesfalls kann eine Stilllegung nach § 11 AEG als Aufhebungsakt eines Planfeststellungsbeschlusses angesehen werden.

---

[46] *Blümel*, VerwArch 1992, 146, 163.
[47] Vgl. Nachweise in Fn. 49.

4. Ergebnis zur Frage des Verhältnisses von Planfeststellung und Stilllegung

Im Ergebnis ist festzuhalten: Verknüpfungsbereiche zwischen der Stilllegungsgenehmigung und dem Planfeststellungsverfahren sind praktisch nicht vorhanden. Insoweit ist ein qualitativer Unterschied zwischen der Stilllegung als auf die Betriebskapazität bezogene Maßnahme und der Planfeststellung als Genehmigungsverfahren für bauliche Veränderungen zu konstatieren.

C. Abgrenzung zur Entwidmung von Bahnanlagen

Die Stilllegung ist schließlich von der Entwidmung von Bahnbetriebsanlagen zu unterscheiden.[48] Aufgrund der Widmung, d.h. der Zweckbestimmung der Bahnanlage, für den Bahnbetrieb zur Verfügung zu stehen, darf der Grundstückseigentümer das Grundstück nicht in einer Weise benutzen, die mit dieser Zweckbestimmung in Widerspruch steht. Die Widmung lastet gleich einem dinglichen öffentlichen Recht auf dem Grundstück und dient dazu, die Eisenbahninfra-

---

[48] VG Neustadt an der Weinstraße, Urt. v.15.5.2000, 9 K 3017.99.NW, S. 13; VG Bayreuth, Beschl. v.11.4.1995 -- B 1 S 95.163, S. 3; grundlegend zur Entwidmung von Eisenbahnbetriebsanlagen (auch in Abgrenzung zur Planfeststellung) *Blümel*, Fragen der Entwidmung von Eisenbahnbetriebsanlagen, Bd. 203 Speyerer Forschungsberichte, 1999, S. 21 f. m.w.N.; *Spoerr*, DVBl. 1997, 1309, 1310; *Marschall/Schweinsberg*, EKrG, S. 179; *Kühlwetter*, Diskussionsbeitrag in: Aktuelle Probleme des Eisenbahnrechts II (1997), 210; *Steenhoff*, Planfeststellung für Betriebsanlagen von Eisenbahnen, DVBl. 1996, 1236, 1237; anders noch *Gornig*, BayVBl. 1983, 193, 194, demzufolge bei der Stilllegung auch von einer Entwidmung gesprochen werden könne. Unklar *Finger*, BbG § 36 , S.240 f., der offenbar zwischen Stilllegung und endgültiger Außerdienststellung, die der Entwidmung gleichkommt, seiner Auffassung nach aber auch formlos erfolgen kann, unterscheidet. Für eine deutliche Unterscheidung zwischen Stilllegung und Entwidmung im älteren Eisenbahnrecht bereits *Kruchen*, Planfeststellung und Widmung, in: Haustein, Beiträge zum Eisenbahnrecht, Schriftenreihe die Bundesbahn Folge 7, ohne Jahresangabe, wahrscheinlich 1953/54, S. 17.

struktur als Mittel zur Erfüllung der öffentlichen Aufgabe der Daseinsvorsorge unter einen besonderen Schutz vor Beeinträchtigungen durch privatrechtliche Verfügungen und sonstige Störungen des Widmungszwecks zu stellen. Dieser Schutz endet nicht automatisch mit Stilllegung der Eisenbahninfrastruktur, sondern bedarf im Hinblick auf die rechtsstaatlich gebotenen Anforderungen an die Publizität öffentlich-sachenrechtlicher Verhältnisse eines ausdrücklichen Aufhebungsaktes: der Entwidmung.[49]

Die Stilllegung hingegen beinhaltet die Befreiung von den Pflichten aus § 4 AEG, die Eisenbahninfrastruktur in betriebssicherem Zustand zu halten. Außerdem endet die Verpflichtung des Eisenbahninfrastrukturbetreibers aus § 14 AEG zur Gewährung diskriminierungsfreien Zugangs zur Eisenbahninfrastruktur für alle Eisenbahnverkehrsunternehmen. Die Belastung des Eigentums durch ein dingliches öffentliches Recht endet durch die Stilllegung jedoch nicht.[50]

D. Ergebnisse und Thesen

1. § 11 AEG stellt die Stilllegung einer Strecke, eines für die Betriebsabwicklung wichtigen Bahnhofs und die deutliche Kapazitätsverringerung einer Strecke unter ein Verbot mit Erlaubnisvorbehalt. Die Norm hat Ei-

---

[49] Vgl. dazu das Grundsatzurteil des BVerwG v. 16.12.1988, BVerwGE 81, 111, 116, seitdem ständige Rspr. vgl. BVerwG v. 31.8.1995 -- 7 A 19.94, BVerwGE 99, 166 = NVwZ 1996, 394 = DÖV 1995, 207 = DVBl. 1995, 50 = UPR 1995, 119;BVerwG v. 28.10.1998 -- 11 A 3.98, DÖV 1999, 253; BVerwG v. 3.3.1999 -- 11 A 9.97, NVwZ-RR, 720; zuletzt, BVerwG v. 17.11.1999, UPR 2000, 275 ff.

[50] *Spoerr*, DVBl. 1997, 1309, 1311; *Steenhoff*, Planfeststellung für Betriebsanlagen von Eisenbahnen, DVBl. 1996, 1236, 1237; *Kühlwetter*, Diskussionsbeitrag in: Aktuelle Probleme des Eisenbahnrechts II (1997), 210, mit Hinweis auf die Vorläuferregelungen §§ 14, 44, BbG.

senbahninfrastrukturunternehmen als Adressaten. Somit richtet sich die Norm nicht lediglich an Eisenbahninfrastrukturunternehmen des Bundes.

2. Die Regelung des § 11 AEG hat die Stilllegung von Eisenbahn*infrastruktur*einrichtungen zum Gegenstand. Die Einstellung des Eisenbahn*verkehrs* ist genehmigungsfrei. Durch die Stilllegung endet die Verpflichtung des Eisenbahninfrastrukturbetreibers aus § 4 AEG zu sicherem Betrieb der Eisenbahninfrastruktur und aus § 14 AEG zur Gewährung oder Genehmigung diskriminierungsfreien Zugangs.

3. Ist dem Eisenbahninfrastrukturunternehmen der Betrieb der Infrastruktureinrichtung weiter zumutbar und/oder sind Verhandlungen mit geeigneten Dritten erfolgreich verlaufen oder erfolglos geblieben, weil den Dritten kein Angebot zu den in diesem Bereich üblichen Bedingungen gemacht wurde, ist die Genehmigung der Stilllegung zwingend zu versagen (§ 11 Abs. 4 und Abs. 1 AEG).

4. Der stilllegungswillige Eisenbahninfrastrukturunternehmer hat bei Vorliegen der Voraussetzungen des § 11 Abs. 1 AEG (Betrieb unzumutbar und erfolgloses Übernahmeangebot an Dritte) einen Anspruch auf ermessensfehlerfreie Entscheidung der zuständigen Behörde, entweder die Stilllegung zu genehmigen oder die Genehmigung nach § 11 Abs. 3 S. 2 AEG (aus verkehrlichen und wirtschaftlichen Gründen) zu versagen, wenn sie dem Eisenbahninfrastrukturunternehmen gleichzeitig die daraus entstehenden Kosten ersetzt. Die Versagung ist nur auf längstens ein Jahr befristet möglich, danach wird die Genehmigung fingiert (§ 11 Abs. 5 AEG).

5. Übernahmeverhandlungen mit Dritten setzen keine öffentliche Ausschreibung des Übernahmeangebotes voraus. Auch eine öffentliche Bekanntmachung der Stilllegungsabsicht ist nicht erforderlich, wenn unabhängig davon Verhandlungen mit Dritten, die an einer Übernahme interessiert sind, geführt werden.

Ein Übernahmeangebot zu den „üblichen Bedingungen" bedeutet nicht, dass dies zum symbolischen Preis von einer Mark zzgl. Mehrwertsteuer erfolgen muss. Der Gesetzeswortlaut spricht vielmehr für die Annahme, dass die marktüblichen Bedingungen, die sich im Wettbewerb auch dynamisch entwickeln können, gemeint sind.

6. Dritte sind gegen eine Stilllegungsgenehmigung nicht widerspruchs- und auch nicht klagebefugt, da § 11 AEG keine drittschützende Norm ist. Auch dient sie nicht dem Wettbewerbsschutz.

7. Berührungspunkte zwischen Stilllegungsgenehmigung nach § 11 AEG und Planfeststellung nach § 18 AEG bestehen kaum. Dies ist darauf zurückzuführen, dass die Planfeststellung im Eisenbahnrecht auf bauliche Anlagen beschränkt ist und keine Regelung für den Betrieb der Anlage enthält. Daher kann auch die Stilllegung einer Eisenbahninfrastruktur nicht im Rahmen des Planfeststellungsbeschlusses genehmigt werden.

8. Die Stilllegungsgenehmigung nach § 11 AEG ist auch von der Entwidmung von Bahnanlagen zu unterscheiden. Insbesondere wird durch die Stilllegungsentscheidung die genehmigungsgegenständliche Infrastruktur (Strecke) nicht entwidmet.

9. Der verfassungsrechtliche Kontext des im Rahmen der Bahnstrukturreform geänderten Art. 87e GG verdeutlicht, dass der Bund zwar eine Garantenpflicht zur Wahrung des Gemeinwohls bei Unterhalt und Ausbau des Schienennetzes hat, gleichzeitig aber die Eisenbahnen des Bundes als Wirtschaftsunternehmen zu führen und von Gemeinwohlaufgaben befreit sind. Diesen Wirtschaftsunternehmen darf die Stilllegung einer unrentablen Strecke aus Gemeinwohlgründen auf Dauer nicht verweigert werden. Deshalb ist die Stilllegungsgenehmigung im Wesentlichen als Kontrollerlaubnis ausgestaltet und die Möglichkeit zur Verpflichtung zum weiteren Betrieb der Strecke auf maximal ein Jahr begrenzt und nur dann zulässig, wenn dem Unternehmen die daraus entstehenden Kosten ersetzt werden.

10. Bei Streckenübernahmen ist nicht die Grenze des Art. 87e Abs. 3 S. 3 GG zu beachten, da dieser sich nur auf Veräußerung von Unternehmensanteilen am Infrastrukturunternehmen bezieht und nicht auf die Veräußerung einzelner Vermögensbestandteile.

Das Verhältnis von § 11 AEG zur Planfeststellung

Schaubild zum § 11 AEG:
„Stilllegung von Eisenbahninfrastruktureinrichtungen"

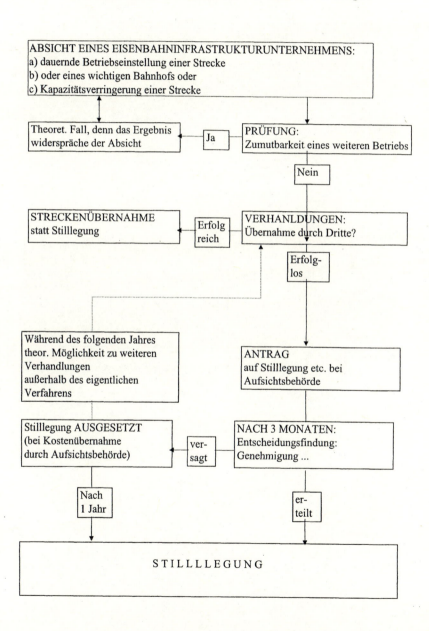

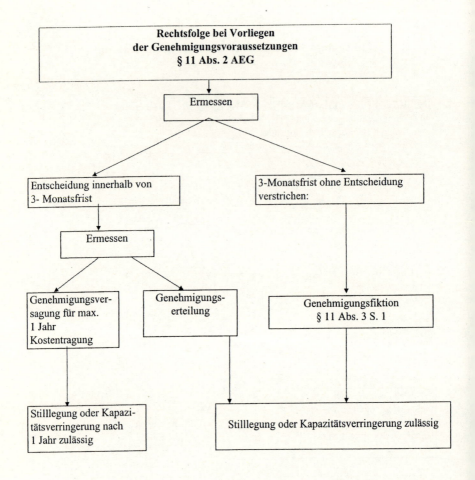

Das Verhältnis von § 11 AEG zur Planfeststellung

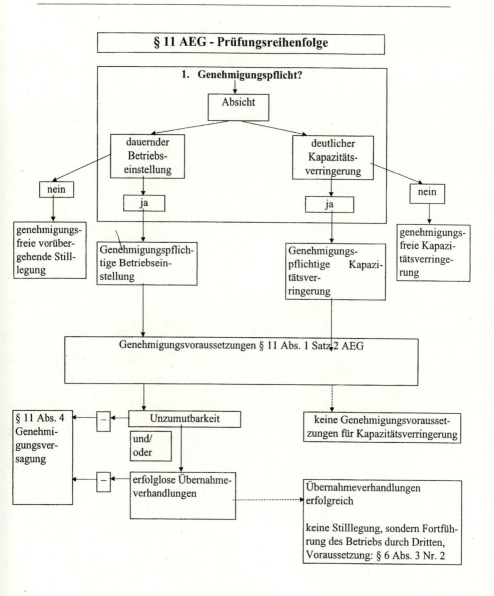

Diskussionsbeiträge zum Vortrag von Andreas Geiger

Hoppe:

Ich will es ganz kurz machen. Ich habe einige Fragen zu dem Entscheidungsprogramm der Aufsichtsbehörde. Sie hatten gesagt, Herr *Geiger*, bei § 11 Abs. 2 Satz 1 AEG gehe es um eine Ermessensentscheidung. Diese Ermessensentscheidung sei einmal unter den Vorbehalt gestellt, dass sie unter Berücksichtigung verkehrlicher und wirtschaftlicher Kriterien zu erfolgen habe. Heißt das, dass dies die abschließenden Ermessensgründe sind oder gibt es noch weitere Ermessensgesichtspunkte und wie stellen diese Ermessensgesichtspunkte den von Ihnen so betonten Zweck der Infrastruktur sicher? Zweite Frage: Mir ist nicht ganz klar, was diese sehr weitgehenden Fiktionen bedeuten sollen, welchen Sinn sie haben. Nach § 11 Abs. 3 Satz 1 AEG gilt ja die Genehmigung als erteilt, wenn die Aufsichtsbehörde nicht innerhalb der Frist von 3 Monaten entschieden hat. Das gilt ja auch für den Fall, dass die Stilllegung unter der Bedingung der Weiterführung durchaus zugemutet werden kann und derjenige, der den Antrag stellt, sich überhaupt keine Mühe gibt, einen Dritten zu gewinnen. Dann gilt ja diese Fiktion. Und die ist auch in § 11 Abs. 5 AEG nochmals geregelt: Wenn eine Versagung ausgesprochen ist, gilt danach die Genehmigung auch als erteilt. Welchen Sinn hat das, wenn diese Voraussetzungen nicht vorliegen, dass zweimal solche Fiktionen geregelt sind?

Geiger:

Ja, Herr *Hoppe*, vielleicht gleich zur Normstruktur. Ich verstehe die Norm so, dass sie ein zweistufiges Entscheidungsprogramm hat. Auf einer ersten Stufe, das ist § 11 Abs. 1 Satz 2 AEG, sind zwei Voraussetzungen normiert, die beide vorliegen müssen. Wenn eine dieser beiden Voraussetzungen, nämlich Unzumutbarkeit der weiteren Streckenführung bzw. keine Übernahme zu üblichen

Bedingungen durch einen Dritten, wenn eine der beiden Voraussetzungen nicht vorliegt, ist zwingend die Genehmigung zu versagen nach Abs. 4. Liegen diese beiden Voraussetzungen tatbestandlich vor, verlagert sich das Entscheidungsprogramm gleichermaßen auf eine zweite Stufe. Auf dieser zweiten Stufe hat die Behörde dann ein Wahlrecht. Sie kann entweder die Genehmigung zur Stilllegung erteilen oder sie darf, wenn sie das aus wirtschaftlichen und verkehrlichen Gründen nicht möchte, die Genehmigung versagen. Das aber mit der Folge, dass diese Versagung letztlich nur eine Art Suspendierung der Genehmigung für ein Jahr darstellt. Nach Ablauf eines Jahres wird die aus den genannten Gründen auf der Stufe 2 versagte Genehmigung wirksam. Es tritt dann die Fiktion des § 11 Abs. 5 ein. Und auf dieser zweiten Stufe hat die Behörde dann ein Auswahlermessen, jedenfalls eine Wahlmöglichkeit. Das Ermessen kann sich möglicherweise auch auf Null reduzieren, wenn wirtschaftliche oder verkehrliche Gründe nicht ersichtlich sind. Ich denke, dass diese beiden Begriffe wirtschaftliche und verkehrliche Gründe durchaus justitiabel sind. So verstehe ich die Normenstruktur. Die zweite Frage, wie ist diese Normenstruktur vor dem Regelungszweck Infrastruktursicherung zu sehen? Die zweite Stufe verstehe ich so, dass dort der Infrastruktursicherungsauftrag zu Buche schlägt, nämlich aus Gründen der Infrastruktursicherung, aus verkehrlichen, wirtschaftliche Gründen. Das können z.B. Interessen einer Landeseisenbahn sein, die gegen eine Stilllegung sprechen. Aus solchen Gründen heraus kann dann die Genehmigung verweigert, die Infrastruktur also weiter vorgehalten werden, obwohl es dem Infrastrukturunternehmen eigentlich nicht zumutbar ist, die Infrastruktur weiterzuführen. Die Belastung ist dann aber auf die Dauer dieses Jahres limitiert. Ein Jahr lang soll das Unternehmen die Infrastruktur nur betreiben müssen, allerdings dann gegen Erstattung der Kosten. Das heißt, insoweit hat das Unternehmen für ein Jahr gemeinwirtschaftliche Leistungen zu bringen, obwohl ihm das eigentlich unzumutbar ist. Kompensiert wird dies dann aber durch einen Kostenerstattungsanspruch. Zum Sinn der Fiktionen steht nichts in der Gesetzesbegründung. Ich sehe das ähnlich wie die Regelung im BauGB, die der Beschleunigung dient, wenn die Behörde nicht entscheidet. Dann tritt dort auch die Genehmigungswirkung ein. Die Fiktionswirkung in § 11 Abs. 5 AEG ist eben an diese, ich sage mal, Suspendierung der Genehmigung für die Dauer eines Jahres gekoppelt. Nach Ablauf eines Jahres ist wegen der Fiktionswirkung keine erneute Entscheidung nötig, sondern dann treten die Genehmigungswirkungen auch ohne weitere Genehmigungen und Entscheidungen ein.

Hoppe:

Vielen Dank! Hat das Eingreifen dieser beiden Fiktionen zur Voraussetzung, dass die Stufe 1 erfüllt ist? Die beiden Voraussetzungen?

Geiger:

Wenn die Behörde nicht entscheidet, tritt nach meiner Auffassung die Fiktionswirkung ein, selbst wenn bei einer gründlichen und schnellen Prüfung die Behörde zum Ergebnis gekommen wäre, die Stufe 1 "Zumutbarkeit und Angebot an einen Dritten" hätten nicht vorgelegen, wenn also eigentlich nicht genehmigt hätte werden dürfen.

Ronellenfitsch:

Weitere Wortmeldungen? Herr *Hoppe*, das von Ihnen skizzierte Vorgehen wäre verfassungswidrig; denn es würde gegen den staatlichen Gewährleistungsauftrag durch kollusives Zusammenwirken der Behörde mit dem bisherigen Genehmigungsinhaber verstoßen. Die tun einfach nichts, der Antrag auf Stilllegung wird beschieden, obwohl die Stilllegungsvoraussetzungen nicht vorliegen. Die Fiktion tritt ein. Damit ist die Infrastruktur weg. So einfach ist das. So geht es aber nicht!

Kühlwetter:

Ich habe etwas gegen die Behauptung einzuwenden, es handle sich um eine Anlehnung an die Vorgängerregelung. Ich meine, wir sollten sehr fein dogmatisch unterscheiden. Es gab nach dem alten AEG eine Betriebspflicht für das konzessionierte Eisenbahnunternehmen, wenn ich mal so ausdrücken darf, wobei diese Konzession durch § 1 Bundesbahngesetz alt erteilt worden war. Das alte Verfahren war kein Verfahren, das sich auf irgendwelche Infrastrukturfragen bezog, sondern ein Verfahren, welches das mit der Betriebspflicht belegte Eisenbahnunternehmen für diese Strecke von der Betriebspflicht entband. Das hatte zur Folge - und so ist es auch öfters gehandhabt worden - weil diese Verfahren teilweise 8-10 Jahren dauerten, bis die Genehmigung kam, dass die Bahn selbst nach Eintreffen der Genehmigung wegen veränderter Lage z.B. Entwicklung von Siedlungsgebieten an Strecken, für die man zunächst man diesen Antrag gestellt hatte, plötzlich zu dem Ergebnis kam: Die Genehmigung war gekommen, aber wir fahren weiter! Wir haben also jede Menge Fälle gehabt, in denen trotz vorliegender Stilllegungsgenehmigungen noch weitergefahren worden ist. D.h. letzthin gingen diese Genehmigungen dann ins Leere. Der Entscheidungstatbestand war entfallen. Demgegenüber ist für mich dogmatisch § 11 AEG heute eine vollkommen andere Situation. Der Begriff "Betrieb" in § 11 ist an sich irreleitend. Als 1971 Herr Wolf von Amerungen die Trennung von Fahrweg und Betrieb propagierte, übrigens basierend auf einem 15 Jahre vorher gelaufenen Gutachten der Deutschen Bundesbahn, verstand man unter Betrieb das, was man heute unter "Verkehrsunternehmen" versteht. Ich verweise auf Art. 3 der EG-Richtlinie 440/91. An sich, sauber formuliert, müsste es in § 11 AEG heißen: "Einstellung der Unterhaltung der Infrastrukturanlage". Wir sollten uns sehr genau überlegen, ob wir hier von Betrieb sprechen, ich halte das für eine Fehlleistung des Gesetzgebers, hier in diesem Zusammenhang mit einer

Diskussion zum Vortrag von Andreas Geiger 247

Infrastrukturanlage von "Betrieb" zu sprechen. Das könnte zu Irritationen führen.

Maul:

Herr *Geiger*, ich habe noch einmal eine Frage zu den üblichen Bedingungen. Wenn ich Sie richtig verstanden habe, haben Sie vorhin gesagt, diese DM 1,00 zzgl. Umsatzsteuer käme als Preis, als Übernahmepreis oder wie wir ihn nennen wollen, nur dann in Frage, wenn auch dieser Übertragungsanspruch, dieser Rückübertragungsanspruch mit übernommen wird, anderenfalls müsste man sich über irgendeine Art von Verkehrswert unterhalten. So habe ich das verstanden. Jetzt ist es aber leider so, dass die Bahn oder die DB Netz AG ihrer Verpflichtung nicht unbedingt immer nachkommt. Wir alle kennen Fälle, wo die Strecken schon jahrelang daliegen und vergammeln und nichts gemacht wird. So, jetzt irgendwann stellt sich die Frage nach der Stilllegung. Wenn jetzt ein Unternehmen kommt, irgendein Infrastrukturunternehmen, das sagt, ich würde die Strecke gerne übernehmen, dann ist das mit dem Verkehrswert ja so ein zweischneidiges Schwert, denn die müssen möglicherweise für DM 500.000,00 oder DM 600.000,00 die Strecke in Ordnung bringen. Soll das irgendwie abgezogen werden oder hat das mit dem Verkehrswert nichts zu tun, oder wie gehen wir überhaupt mit dieser Problematik um? Die Entscheidung des VG Kassel ist mir insoweit bekannt, finde ich in diesem Punkt nicht ganz unsympathisch, aber das Ganze wird ja nicht allzu haltbar sein, wie ich schon gehört habe.

Pätzold:

Besteht eigentlich auch eine Möglichkeit für mich als Eisenbahn-Bundesamt, auf die DB AG einzuwirken, ein Einstellungsverfahren einzuleiten? Ich komme schon wieder auf die arg strapazierte Weiche, die ausgebaut werden soll im Verfahren nach § 18 AEG, und ich stelle fest, wenn diese Weiche rauskommt, dann ist die Strecke quasi kaputt für jegliche andere Anbieter. Und das finde ich dann wettbewerbswidrig.

Pöhle:

Ich habe drei Bedenken zu äußern zu dem Vortrag. Einmal vertraten Sie die Auffassung, dass der Streckenbegriff sich an der Streckennummer orientiert. Da finde ich problematisch, dass die Streckennummer ja vom Infrastrukturbetreiber selbst erteilt wird, und somit hätte der Infrastrukturbetreiber das im Griff, zu entscheiden, für welche Gleise er eine Stilllegungsgenehmigung braucht und für welche nicht. Ich denke allerdings doch, es kann ein Anhaltspunkt sein; nur muss man dann sehen, wenn da Missbrauch betrieben wird, was ich jetzt nicht unterstellen will, dass man sich dann auch von dem Begriff lösen können muss. Zweiter Punkt, den ich etwas bedenklich finde: Sie sagten, es handelt sich um die dauerhafte Einstellung eines Betriebes der Strecke, wenn die Strecke mehr als 3 Jahre stillgelegt würde ohne Genehmigung. Ich persönlich vertrete die Auffassung - ich weiß nicht, ob es eine andere Auffassung beim Eisenbahn-Bundesamt gibt - dass diese 3 Jahre schon sehr bedenklich sind, weil 3 Jahre praktische Stilllegung einer Strecke bedeutet, dass die Unternehmen, die auf die Strecke angewiesen sind, schon erhebliche Probleme bekommen können, und ich glaube, dass dieser § 11 AEG auch dem Schutz der Region dient. Die Verkehrsversorgung soll sichergestellt sein, und somit würde ich diesen Zeitraum weiter beschränken, ich würde sagen, dauerhafte Einstellung schon dann, wenn sie nicht nur der Planung und der Durchführung von Arbeiten oder Änderungsarbeiten dient. Dritter Punkt war die Unzumutbarkeit des Weiterbetriebs, da haben Sie gesagt, da sollten nur geringe Anforderungen gestellt werden, weil es eine rein privatwirtschaftliche Entscheidung ist. Da kenne ich Problemfälle, und zwar meine ich, wenn wir diese These so stehen lassen, würde so gut wie jede Strecke in Deutschland, die nicht Hauptstrecke ist, stillgelegt werden können, weil es auf vielen Strecken große Instandhaltungsrückstände gibt. Wenn jetzt Einnahmen und Ausgaben verglichen würden, würde man fast auf jeder dieser Strecken zur Unwirtschaftlichkeit kommen, deshalb meine ich, diese These ist zu gewagt. Toll fand ich diese These von Ihnen, dass der Rückbau einer Bahnbetriebsanlage schon die Kapazität der Strecke beeinträchtigen kann. Es ist bisher nicht einheitlich so gesehen worden. Ich denke, das ist ein Punkt, der interessant ist und den wir durchaus noch näher diskutieren sollten.

Ronellenfitsch:
Herr Geiger, wollen Sie erst einmal antworten?

Geiger:
Ja, Herr *Kühlwetter*, zunächst zu dem, was Sie gesagt haben. Das Thema "Anlehnung an die Vorgängervorschrift": so steht es in der Bundestagsdrucksache in der Gesetzesbegründung drin, das habe ich insofern zitiert. Zum Thema "Sprachgebrauch im Gesetz": Ich weise hin auf den § 6 Abs. 3 AEG. Den zitiere ich vielleicht mal kurz. Dort steht: „Die Genehmigung", es geht um die Genehmigung des Eisenbahn-Unternehmens,: *"Die Genehmigung wird erteilt für 1) das Erbringen einer nach der Verkehrsart bestimmten Eisenbahnverkehrsleistung",* das ist ein Eisenbahnverkehrsunternehmen, und *2) das Betreiben einer bestimmten Eisenbahninfrastruktur.* D.h. das Wort "Betreiben" bezieht sich nicht nur nach § 11, sondern auch nach § 6 Abs. 3 Nr. 2 AEG, nicht etwa auf Betreiben des Verkehrs, sondern auf das Betreiben der Infrastruktur. In diesem Sinne verwendet der Gesetzgeber also nicht nur in § 11 AEG, sondern eigentlich systemkonform dann mit § 6 Abs. 3 Ziffer 2 AEG diesen Begriff des "Betreibens". Aber, wenn es so war, das kann ich jetzt nicht beurteilen, aber wenn es tatsächlich so war, dass der alte § 12 Nr. 10 BBahnG nicht zum Gegenstand hatte, dass Pflichten mit Bezug auf das Betreiben der Infrastruktur, sondern nur

mit Bezug auf das Betreiben des Verkehrs bestanden, dann wäre das in der Tat eine andere Regelung und würde, jetzt einmal unternehmerisch gesprochen, das Eisenbahnverkehrsunternehmen betreffen und dessen Pflichten und nicht das Eisenbahninfrastrukturunternehmen und dessen Pflichten, aber der Gesetzeswortgebrauch ist durchgängig so, dass das Betreiben sich hier durchaus auf die Infrastruktur bezieht.

Herr *Maul*, die symbolische Mark. Die Frage ist eben, was das Gesetz meint, wenn es sagt, es ist zu üblichen Bedingungen anzubieten. Was sind "übliche Bedingungen" in einem Lebensbereich, in dem sich noch kein richtiger Grundstücksverkehr oder Anlagenverkehr, kein Markt gebildet hat. Wie gesagt, es gab die Praxis mit der symbolischen Mark unter der genannten Einschränkung mit der Rückübertragungsverpflichtung für den Fall, dass der Übernehmer wieder einstellt. Das war vielleicht dann üblich im Sinne der Vorschrift. Die Praxis hat sich aber insoweit geändert, und in den letzten drei Jahren scheint es so zu sein, dass zunehmend eine Verkehrswertbetrachtung der Bahnanlage angestellt wird vom Infrastrukturunternehmen. Üblich ist das, was in der Praxis gemacht wird; wenn das Gesetz das so versteht, dann wäre eben das, was im Moment geschieht - ein Abrücken von der symbolischen Mark und hin zu einer Verkehrswertbestimmung, wie immer man den Verkehrswert bestimmen mag - eben das, was künftig als das anzusehen ist, was eine übliche Übernahmebedingung ist.

Sie hatten dann noch, glaube ich, einen zweiten Punkt gehabt? Ah ja, wenn die Strecke in einem schlechten Zustand ist, der den Pflichten aus § 4 Abs. 1 AEG nicht entspricht, ob dann eventuelle dadurch entstehende stärkere Instandsetzungs- und Erhaltungskosten für den Übernehmer bei dieser Üblichkeitsbetrachtung oder beim Kaufpreis berücksichtigt werden können. Ich denke, wenn das Infrastrukturunternehmen entgegen § 4 Abs. 1 AEG die Strecke hat verwahrlosen lassen, dann wäre es Aufgabe des Eisenbahn-Bundesamts gewesen, im Rahmen der Aufsicht hier für ordentliche Verhältnisse zu sorgen. Die Strecke befindet sich dann in dem Zustand, so wie sie dann steht und liegt. Das mag sein, wenn eine Strecke in einem schlechten Zustand ist, vielleicht auch in einem gesetzeswidrigen Zustand ist, dass sie dann vom Verkehrswert her eben geringer zu veranschlagen ist und insofern mag sich das niederschlagen, aber nicht als Posten, der ausdrücklich praktisch übergewälzt wird auf den Dritten, aber eine Verkehrswertminderung mag das natürlich dann sein.

Frau *Pätzold,* Sie haben gefragt, ob das Eisenbahn-Bundesamt gleichsam den Infrastrukturunternehmer zum Antrag auf Stilllegung bringen oder treiben kann oder ihn da hinführen kann, wenn er - das haben Sie auch wieder unterstellt - die Strecke an einem Punkt faktisch so nachlässig behandelt, dass da tatsächlich kein Eisenbahnverkehr mehr stattfinden darf aus Sicherheitsgründen. Auch da würde ich sagen, wenn ein solcher Zustand eintritt, ist das gegebene Mittel die Aufsichtsmaßnahme, und das spielt sich dann nicht im Zuge des Stilllegungsverfahrens ab, denn Stilllegung heißt ja nichts anders als das Entbinden des Infrastrukturunternehmers von seinen Pflichten als Betreiber der Infrastruktur, und das ist ein Antragsverfahren und kein Offizialverfahren, so dass Sie aus meiner Sicht keine Möglichkeit haben, da etwas aktiv, positiv zu tun. Ja, Frau *Pöhle,* Sie haben dann drei Punkte gehabt: Streckennummern, also formeller Streckenbegriff, da habe ich eigentlich die Praxis berichtet, es scheint die Praxis zu sein - Sie können mich korrigieren, wenn es nicht stimmt -, dass man sich beim Eisenbahn-Bundesamt an diese Streckennummern hält. Soweit mir bekannt ist, haben Sie als Eisenbahn-Bundesamt bisher auch keine, sage ich da mal, normkonkretisierende Verwaltungsvorschrift oder irgendeine Verfügung erlassen, mit der Sie diesen Begriff irgendwie anders auslegen oder eben definieren. Sie haben ja selbst einen Vorschlag gemacht - ich weiß allerdings nicht, wie das im Einzelfall aussehen soll, es geht dann vielleicht in Richtung materieller Streckenbegriff, da ist sicherlich in Zukunft noch Diskussionsbedarf. Aber ich denke, dass dieses formelle Anknüpfen an die Nummern im Moment eigentlich eine praktikable Sache ist, wie gesagt, ich habe das mit einer teleologischen Reduktion des § 11 Abs. 1 AEG versucht zu bewältigen. Wenn eine Strecke im formellen Sinn tatsächlich nichts anderes ist als die Überholung, liegt allenfalls eine Kapazitätsverringerung vor. Ja, das zweite war dann: Was ist dauerhaft? Die drei Jahre, das ist klar, die stehen nicht im Gesetz. Ich habe das aber so mitbekommen, dass das im Moment die Verwaltungspraxis zu sein scheint, d.h. nicht, dass immer 3 Jahre zugewartet wird. Es mag sein, dass Sie da inzwischen eine andere Praxis entwickelt haben. Ihr Ansatz geht letztlich dahin, dass Sie sagen, eine Einstellung aus nicht gerechtfertigten Gründen, weder also verkehrlichen noch sonstigen infrastrukturellen Gründen, eine faktische Einstellung, die keinen eigentlich Grund hat, sondern die schlicht und einfach nur Geld sparen heißt, die würde für Sie schon eine dauerhafte Einstellung bedeuten. Das kann im konkreten Fall und ach im Ansatz richtig sein. Aber es könnte ja in anderen Fällen durchaus sein, dass da die Absicht besteht, sagen wir einmal, die Einstellung vielleicht für ein halbes Jahr vorzunehmen, den Betrieb aber dann wieder fortzuführen, und dann ist die Einstellung in der Tat nicht dauerhaft. Also, auch da besteht sicherlich noch Nachdenkensbedarf und Klärungsbedarf. Zur Frage der Zumutbarkeit: Die Zumutbarkeit muss eine Rentabilitätsrechnung sein, denn anderenfalls wären wir wieder in Bereichen, in denen dann die private Bahn AG gemeinwirtschaftliche Leistungen, defizitäre Leistungen zu erbringen hätte, das ist nicht Sinn des Unternehmens, das ist ein Wirtschaftsunternehmen, das Gewinn machen soll und damit wäre nicht zu vereinbaren, wenn hier Strecken, die auf Dauer nachhaltig, also sage ich jetzt, nicht nur keinen Gewinn abwerfen, sondern sogar defizitär sind, wenn diese Strecken vorbehalten werden müssten. Ich neige dazu, weil die Bahn Unternehmen ist, dass eine Rentabilitätsrechnung auch betriebswirtschaftlich dahin gehen muss, dass sie bei einem Ergebnis unter dem Strich

bei einem Vergleich von Wagnis und Gewinn in einer Größenordnung von 10 % bleiben muss. Wenn das nicht erreichbar ist, darf eben stillgelegt werden, oder der Bund muss dann im Wege seiner Verpflichtung zur Daseinsvorsorge nach Art. 87 e Abs. 4 GG einstehen. Lautet die Alternative „Zumachen" oder defizitär weiterführen, hat der Bund insofern die Kosten zu tragen. Vielleicht noch kurz zu Art. 87 e GG. Ich habe ja neulich wieder den Vorschlag gehört, der Fahrweg müsse zurück zum Bund. Ich gehe davon aus, dass, wenn das künftig gewollt sein sollte, man zuvor die Verfassung ändern müsste; denn Art. 87 e GG sieht ja gerade vor, dass das Infrastrukturunternehmen des Bundes als privatwirtschaftliches Unternehmen zu führen ist. Das ist ein Verfassungsgebot.
Ich glaube, ich habe alle Fragen aufgenommen und beantwortet.

Kramer:

Zunächst zu dem Streckenbegriff. Da taucht ja noch ein weiteres Problem auf, die DB Netz geht in letzter Zeit dazu über, ganze Strecken in sogenannte "Bahnhofsnebengleise" umzuwandeln, die dann eben nicht mehr unter § 11 AEG und damit unter den Streckenbegriff fallen. Das halte ich für durchaus problematisch, weil diese Bahnhofsnebengleise dann eben nicht nur 500 m lang sind, sondern teilweise 20 und mehr Kilometer. Dort gilt ja dann EBO nur mit starken Einschränkungen, das halte ich dann für äußerst problematisch.
Die zweite Sache mit der betriebsfähigen Vorhaltung bzw. ob Reparaturkosten dann eingerechnet werden müssen: Ich verweise hier nur auf § 11 Abs. 2 Satz 3 AEG, der doch ein starkes Indiz ist, dass bis zum Abschluss des Stilllegungsverfahrens laut Gesetz die Strecke betriebsfähig vorzuhalten ist. Das verweist doch im Grunde darauf, dass sie auch betriebsfähig zu übergeben ist, sonst macht die Regelung irgendwie keinen Sinn und insofern würde ich sehr stark meinen, dass entsprechend die Reparaturkosten, sofern die Strecke nicht betriebsfähig ist, abzuziehen sind.

Dann hatten Sie in Ihrem Vortrag gesagt, dass bei Kapazitätsverringerungen keine Übernahmeverhandlungen zu führen sind. Also aus dem Gesetzestext ergibt sich das sicherlich nicht, sondern das wäre eine teleologische Reduktion, die kann ich so nicht ganz nachvollziehen, weil Sie ja selber auch immer betonen, Gesetzesintention sei die Sicherstellung der Infrastruktur. Wenn Sie das jetzt aber gerade zurückführen, läuft dieser Gesetzeszweck leer. Es wäre doch eigentlich konsequenter bei dem Gesetzeszweck zu sagen, dann muss eben die ganze Strecke in der vollen Kapazität angeboten werden; natürlich macht es keinen Sinn, das zweite Gleis einer Strecke, wenn es nur 500 m lang ist, anzubieten, das ist sicher richtig. Aber dann wäre doch konsequent, die komplett zweigleisige Strecke anzubieten und wenn sich einer findet, der sie als zweigleisig übernimmt, dann ist es gut, dann wird die Infrastruktur, wie sie ist, erhalten und anderenfalls kann DB Netz auf ein Gleis zurückbauen.

Und als letztes zu den üblichen Bedingungen: Sie sagen, da ist darauf abzustellen, wie es jetzt in der Praxis läuft, und Sie sagen damit eben, welche Vorschläge DB Netz macht, das ist üblich. Ich würde eher darauf abstellen: Was setzt sich denn konkret am Markt durch? Also, wo kommt es zu einer Einigung? Und da kann ich nicht erkennen, dass Ergebnisse erzielt werden, die den Vorstellungen von DB Netz entsprechen, sondern da ist es doch in der Regel so, dass sehr stark an die DM 1,00 angenäherte Bedingungen üblich sind. Also, ich denke nicht, dass bei einem Monopolisten für Strecken, wie DB Netz es ist, allein auf dessen Vorstellungen abzustellen ist, sondern darauf, was sich am Markt durchsetzt. Danke!

Hennes:

Zum einen: Eine Genehmigungsfiktion hat es bisher noch nicht gegeben und wird es auch meiner Meinung nach nicht geben. Das zweite Problem: Sie haben dargestellt, dass Strecken auch ausgeschrieben werden, obwohl es dafür keine gesetzliche Grundlage gibt. Wir haben das gemacht, um den Begriff des Dritten präzise zu fassen. Er ist nun einmal weit, in keiner Weise abgegrenzt, und am Anfang wurden wir mit Post überhäuft, was alles in unserem Verwaltungsverfahren zu bemängeln sei. Seitdem die Strecken ausgeschrieben werden und zur Übernahme angeboten werden, ist dieses Thema erledigt. In der Verwaltungspraxis hat sich herausgebildet, dass wir stets Übernahmeverhandlungen verlangen, auch im Fall von Kapazitätsreduzierung, wobei dann in der Tat teilweise einzelne Gleise angeboten werden. Ob das so viel Sinn macht, ist eine andere Frage, aber das Gesetz sieht das nun einmal so vor.

Ein weiteres großes Problemfeld sind in der Tat die üblichen Bedingungen: Hier denke ich, ist entscheidend, welchen Wert hat die Strecke, die alten Anlagen, wie werden die bewertet, möglicherweise haben die überhaupt keinen Wert mehr, dann bleiben aber immer noch die Grundstücke und die haben zweifelsohne irgendeinen Verkehrswert. Der Verkehrswert bemisst sich danach, wie die Strecke als Verkehrsfläche zu bewerten ist und nicht, wie stellt sie sich dar, wenn ein Projektentwickler die ganzen Flächen in die Hand bekommen hat, also welchen möglichen Veräußerungsgewinn kann ich damit machen. Ich denke, da sind wir uns einig. Ein weiteres Problem in der Praxis sind Mängel an der Strecke, d.h. durch Instandhalterückstand wird im Grunde genommen eine Strecke heruntergefahren. Das ist ein Problem außerhalb des § 11 AEG, eigentlich ein Problem der Eisenbahnaufsicht. Und da müssen wir auch mal dran.

Ein weiteres und das abschließend: Die Widmung der Strecke bleibt durch die Stilllegung unberührt, und das hat Konsequenzen. Die Länder schließen mit der Bahn sogenannte Trassensicherungsverträge ab, die gerade darauf aufbauen, dass die Widmung auf der Strecke erhalten bleibt, um dann nach ein, zwei, drei Jahren eine eigene Verkehrsplanung zu machen und zu schauen, ob es hier Möglichkeiten der Reaktivierung gibt. In Einzelfällen, vor allem in Rheinland-

Pfalz, aber auch hier die Schönbuch-Bahn ist es dazu gekommen, dass man stillgelegte Strecken wieder mit großem Erfolg aktiviert hat.

Astrid Pöhle

AEG-Novelle

Einleitung

Im Rahmen der „Aktuellen Stunde" möchte ich Ihnen im Anschluss an die Vorträge im Vorjahr kurz von den Gründen für die AEG-Novelle, ihren aktuellen Inhalten und ihrem aktuellen Stand berichten.

I. Zu den Gründen für die AEG-Novelle

1)

Ein Grund für die AEG-Novelle war die europarechtliche Tendenz zur Verpflichtung der Mitgliedstaaten, bei fehlender Trennung von Fahrwegbetreiber und Nutzer Regulierungsstellen einzurichten.

Der Rat der europäischen Union hat in dem sogenannten „Infrastrukturpaket" in Art 4 Abs. 2 einer neuen, noch nicht benannten Richtlinie geregelt, dass es in den Mitgliedstaaten entweder eine neutrale entgelterhebende Stelle oder eine Regulierungsstelle geben muss, wenn der Netzbetreiber von Eisenbahnunternehmen nicht völlig unabhängig ist. Das europäische Parlament hält die Einrichtung von Regulierungsstellen nicht für ausreichend und fordert weitergehend eine obligatorische rechtliche Trennung von Fahrwegbetreiber und Nutzer. Zur Zeit wird das schriftliche Vermittlungsverfahren betrieben.
Deutschland hat sich in dem Verfahren für die Vorschläge des Rates aber gegen die Vorschläge des europäischen Parlamentes zur vollständigen rechtlichen

Trennung von Fahrwegbetreiber und Nutzer ausgesprochen. Man wollte an dem Holdingmodell des Konzerns festhalten, in dem die DB Netz AG und die verschiedenen Verkehrsunternehmen nicht vollständig unabhängig voneinander sind.

Zur Sicherung des Rechtes auf diskriminierungsfreien Zugang beabsichtigt man, die Kompetenzen des Eisenbahn-Bundesamtes im Bereich Netzzugang auszubauen.

2)
Ein weiterer Grund für die AEG-Novelle war der in Teilbereichen stagnierende Wettbewerb und bekannt gewordene Netzzugangshindernisse, gegen die das Eisenbahn-Bundesamt aufgrund des Antragserfordernisses in § 14 Abs. 5 AEG und der Beschränkung der Befugnis auf den Einzelfall nicht vorgehen konnte.

3)
Außerdem enthält das AEG alte Fassung keine ausreichende Regelung der Kontroll- und Eingriffsbefugnisse sowie der Verwaltungsvollstreckungsmittel des Eisenbahn-Bundesamtes.

Das EBA hat danach z.B. die Aufgabe, die Sicherheit der Infrastruktur und der Fahrzeuge zu überwachen, doch keine ausdrücklich geregelten Befugnisse, Infrastruktur zu betreten, Unterlagen einzusehen oder Auskünfte zu verlangen.

Das OVG Münster hat mit Beschluss vom 25. August 2000 in 20 B 959 / 00 entschieden, dass das Eisenbahn-Bundesamt zwar nach § 14 Abs. 5 AEG verpflichtet sei, auf Antrag über das zu entrichtende Entgelt für die Nutzung einer Eisenbahninfrastruktureinrichtung zu entscheiden. Es sei aber nicht befugt, über die Bildung oder Zusammensetzung des geforderten Entgeltes Auskunft zu verlangen.

Bei Anordnungen kann das Eisenbahn-Bundesamt für den Fall der Zuwiderhandlung zwar ein Zwangsgeld bis zu 2.000.- DM androhen, das aber bei kostspieligeren Auswirkungen der Anordnung kaum beachtlich scheint.

Nach § 11 AEG darf der Betrieb einer Strecke nur mit Genehmigung des Eisenbahn-Bundesamtes dauerhaft eingestellt werden. Wenn der Infrastrukturbetreiber eine Strecke ohne Genehmigung dauerhaft sperrt, dann gibt es keine Norm, die das Eisenbahn-Bundesamt zu einem Eingriff ermächtigt (Strecke ohne Betrieb ist nicht unsicher).

4)
Aufgrund des fehlenden Territorialprinzips ist das Eisenbahn-Bundesamt nicht befugt, gegenüber nichtbundeseigenen Eisenbahnverkehrsunternehmen, die auf dem bundeseigenen Netz verkehren, Anordnungen zu erlassen. Insoweit sind die Landesaufsichtsbehörden (bzw. der LfB) zuständig. Umgekehrt hat das EBA Anordnungen gegenüber bundeseigenen Eisenbahnen auf der nichtbundeseigenen Infrastruktur zu treffen. So kommt es zu einem schwer handlebaren Nebeneinander zweier Behörden.

II. Zu den wesentlichen Inhalten der AEG-Novelle

1) Einführung des Territorialprinzips zur Beseitigung des Nebeneinanders von Bundes- und Landesaufsicht.
Netzbezogene Zuständigkeit

2) Ausdrückliche Regelung der Befugnisse des Eisenbahn-Bundesamtes und der Pflichten der EIU und EVU

Mit der AEG-Novelle wird die Befugnis des EBA, Anlagen, Fahrzeuge und Geschäftsräume zu betreten, Unterlagen und Verträge einzusehen oder mitzunehmen und Auskünfte zu verlangen, ausdrücklich geregelt. Dem gegenüber stehen in der Novelle die entsprechenden Pflichten der Eisenbahnen, ergänzt um die Nachweispflicht, die Pflicht, Hilfsmittel zu stellen und Hilfsdienste zu leisten.

In der Verwaltungsvollstreckung soll dem EBA ein Zwangsgeld bis zu einer Million zur Verfügung stehen, das sicherlich überzeugen wird.

Die Befugnisse des EBA im Bereich Aufsicht über den diskriminierungsfreien Netzzugang sollen mit der Novelle erheblich erweitert werden. Das EBA soll zu einer schlagkräftigen, sektorenspezifischen „Antidiskriminierungsbehörde" werden. Es soll nach sektorenspezifischen Maßstäben die Einhaltung des Eisenbahnrechtes, insbesondere des Rechtes auf diskriminierungsfreien Netzzugang, kontrollieren und sicherstellen.

Dazu erhält es in dem Entwurf die Befugnis, von Amts wegen Untersuchungen durchzuführen, Auskünfte einzuholen und Unterlagen und Verträge zu prüfen und sogar mitzunehmen. Bei der Feststellung von Verstößen gegen das Recht auf diskriminierungsfreien Netzzugang, kann es generelle Untersagungsverfügungen erlassen.

Das Eisenbahn-Bundesamt wird nicht zur Regulierungsbehörde, weil es weder die Angemessenheit von Entgelten prüft, noch Entgelte genehmigt. (Ihm soll nicht das Recht zustehen, die Höhe der Preise oder die Effektivität bestehender

Systeme zu beanstanden, wenn das Recht auf diskriminierungsfreien Netzzugang nicht beeinträchtigt wird).

Das Verhältnis zum Bundeskartellamt als sektorenübergreifender Wettbewerbsbehörde, die nach allgemeinen Wettbewerbsmaßstäben nur bei Erreichen der Eingriffsschwelle tätig wird, soll wie im Bereich Telekommunikation geregelt werden. EBA und Bundeskartellamt haben sich in den Bereichen Diskriminierungs- und Missbrauchsaufsicht stets gegenseitig zu informieren und vor einer Entscheidung Gelegenheit zur Stellungnahme zu geben.

Daneben bleibt die Befugnis des EBA nach § 14 Abs. 5 AEG bestehen, mit rechtsgestaltender Wirkung im Einzelfall auf Antrag über den konkreten Netzzugang und seine Bedingungen zu entscheiden.

Schließlich will der Gesetzgeber mit der Novelle Generalermächtigungsnormen für das EBA schaffen. Dieses könnte dann a) bei Verstoß gegen das AEG und die darauf beruhenden Verordnungen, b) bei Gefahren durch den Betrieb der Eisenbahn oder einer Bahnanlage oder c) zur Untersuchung gefährlicher Ereignisse im Betrieb nach pflichtgemäßem Ermessen die „erforderlichen Maßnahmen" treffen.

Leider enthält der Entwurf keine Regelung zur Widmung von Eisenbahninfrastruktur. Weil dies ein sehr komplexes, nicht ausgereiftes Thema ist, wollte man die Novelle dadurch nicht überfrachten.

III. Stand des Gesetzgebungsverfahrens

Der Referentenentwurf ist zwischen den verschiedenen Regierungsressorts abgestimmt worden. Die Abstimmung hat sich verzögert, weil die Abgrenzung der Aufgabenverteilung zwischen EBA und Bundeskartellamt erst geklärt werden musste.

Die Vorabstimmung mit den Ländern und den Verbänden steht jetzt unmittelbar bevor. Wenn die Länder den Entwurf im Wesentlichen stützen und keine gravierenden Einwände haben, soll der Entwurf noch im Dezember ins Kabinett und in den Bundestag. Im späten Frühjahr 2001 könnte der Bundesrat bereits zugestimmt haben.

Ehrgeiziges Ziel ist ein Inkrafttreten der AEG-Novelle im Spätsommer 2001.

IV. Ausblick, Problembereiche der Novelle

Besonders heftig diskutiert man über die Erweiterung der Befugnisse des Eisenbahn-Bundesamtes im Bereich Netzzugang.
Es gibt Stimmen, die eine Regulierung und nicht nur eine Diskriminierungsaufsicht wollen. Es gibt andere, die eine sofortige Trennung von Fahrweg und Betrieb fordern und dann eine weitergehende Aufsicht für überflüssig halten. Schließlich gibt es vereinzelt Stimmen, welche die jetzige Wettbewerbssituation für zufriedenstellend halten und eine stärkere, sektorenspezifische staatliche Aufsicht ablehnen.
Unklar ist auch, ob die Länder die Zuständigkeit des EBA über nichtbundeseigene Infrastrukturbetreiber im Bereich Netzzugang nach Erweiterung der Befugnisse beibehalten wollen.

Die Klarstellung der sonstigen Eingriffsbefugnisse wird voraussichtlich weniger kritisch sein, da diese bisher bereits im Wesentlichen durch Vereinbarungen abgedeckt werden.

Hans-Heinrich Grauf

Aktuelle Fragen aus der Praxis der Untersuchung von Eisenbahn-Unfällen

Einleitung

Vor 3 Jahren, im September 1997, hat Herr Professor Dr. Ronellenfitsch in Speyer über das Thema "Unfalluntersuchung durch Private" referiert. Damals standen die Aufgaben und Befugnisse im Zusammenhang mit der Ausübung der Eisenbahnaufsicht und der Untersuchung von Unfällen im Mittelpunkt.

Ich möchte heute die Gelegenheit nutzen und das Verhältnis zwischen Aufsichtsbehörde und Staatsanwaltschaft an der Unfallstelle näher beleuchten.
Ein Kurzvortrag im Rahmen der aktuellen Stunde kann sicherlich keine saubere Problemanalyse ersetzen – als Ingenieur fehlt mir dazu auch die Fachkompetenz. Ich möchte aber einen Anstoß geben für eine weiterführende fachliche Diskussion.

Problemfeld „fachliche Untersuchung – strafrechtliche Ermittlung"

Das Problem, das ich hier anreißen möchte, betrifft die Rechtsstellung und das Zusammenwirken von Fachbehörde und Strafverfolgungsbehörde bei der Unfalluntersuchung. Dabei soll keinesfalls der Eindruck entstehen, zwischen Eisenbahn-Bundesamt und Staatsanwaltschaften bestehen irgendwelche Differenzen. Im Gegenteil, eine vertrauensvolle und konstruktive Zusammenarbeit ist die

Regel. Es scheint mir aber notwendig, die Grundlagen dieser Zusammenarbeit näher zu beleuchten und einer rechtlichen Würdigung zu unterziehen.

Historisch gesehen, war die Untersuchung von Straftaten stets eine Angelegenheit staatlicher Stellen. Wie die langjährige Erfahrung seit der industriellen Revolution beweist, ist das Versagen von technischen Systemen fast immer auf fahrlässiges Handeln zurückzuführen. Deshalb war es naheliegend, dass die strafverfolgenden Stellen auch die Untersuchung von Unglücksfällen durchführten.

Diese enge Verzahnung zwischen fachlicher und strafrechtlicher Untersuchung ist heute kaum noch möglich. Die zunehmende Komplexität technischer Systeme erfordert heute den Spezialisten, der sich im Detail auskennt. Die Rechtsprechung ist deshalb in immer stärkerem Umfang auf Gutachter angewiesen, um Sachverhalte aufzuklären.

Ich glaube, feststellen zu können, dass sich hierdurch eine Zweistufigkeit der Untersuchung entwickelt hat: Zuerst müssen die technischen Zusammenhänge und Abläufe aufgeklärt sein, erst dann ist eine Beurteilung der Schuldfrage überhaupt möglich.

Dies trifft in besonderem Maße für den Bereich der Eisenbahn zu. Ich wage zu behaupten, dass es heute keinen Sachverständigen mehr gibt, der das Gesamtsystem der Bahn in der notwendigen Tiefe überblickt.

Die Untersuchung von Unfällen ist deshalb zur Teamarbeit geworden, für die das Eisenbahn-Bundesamt geradezu prädestiniert ist, weil es alle fachlichen Disziplinen unter seinem Dach vereinigt.

Im Vergleich zum Straßenverkehr weist die Unfalluntersuchung bei der Eisenbahn folgende Besonderheiten auf:

1) Die Eisenbahn bildet ein geschlossenes System aus Infrastruktur, Fahrzeug und Betrieb.

2) Fahrzeugbewegungen und betriebliche Handlungen werden im Einzelnen zeitlich und örtlich dokumentiert.
Damit liegt der Schwerpunkt der Untersuchung nicht in der Rekonstruktion der Fahrzeugbewegungen, sondern in der Erfassung und Sicherung aller verfügbaren Daten.

3) Daten werden nicht nur in den Fahrzeugen aufgezeichnet, sondern auch in Schalthäusern, Stellwerken und Betriebszentralen.
Deshalb dürfen sich die Maßnahmen zur Sicherung nicht nur auf den Umkreis der Unfallstelle erstrecken, sondern müssen auch weit entfernte Betriebsstellen des Infrastrukturbetreibers mit einbeziehen.
Neben der Kenntnis der technischen Zusammenhänge und der Betriebsvorschriften erfordert die Untersuchung von Eisenbahnunfällen auch eine umfassende Kenntnis der organisatorischen Gegebenheiten und der Örtlichkeiten. Die Frage „wo finde ich welche ereignisrelevanten Daten?" steht somit im Mittelpunkt jeder Unfalluntersuchung.

Die notwendigen Kenntnisse erwerben die Mitarbeiter des Eisenbahn-Bundesamts durch Ausübung der allgemeinen Eisenbahnaufsicht. Es hat deshalb auch wenig Sinn, freie Sachverständige, die mit der Örtlichkeit und den Gegebenheiten der Unfallsituation nicht vertraut sind, pauschal mit der Untersuchung zu beauftragen. Dies schließt aber nicht aus, Sachverständige oder technische Prüfstellen zur Klärung von Detailfragen in die Untersuchung einzubeziehen.
An der Schnittstelle zwischen fachbezogener und strafrechtlicher Unfalluntersuchung können erfahrungsgemäß folgende Schwierigkeiten auftreten:

1) Polizei und Staatsanwaltschaft sind häufig vor Eintreffen des Eisenbahn-Bundesamts an der Unfallstelle. Damit werden wichtige Entscheidungen über weitere Maßnahmen lediglich aus der Sicht der Gefahrenabwehr getroffen. Auf Grund fehlender Sachkenntnis wird dabei aber häufig die Sicherung wichtiger Beweismittel unvollständig vorgenommen.

Im Gegensatz zum Eisenbahn-Bundesamt verfügen die Notfallmanager der Eisenbahnen über Fahrzeuge, die mit Blaulicht ausgestattet sind. Diese Personen, die naturgemäß die Interessen ihres Unternehmens vertreten, haben somit Gelegenheit, unwidersprochen auf die Strafverfolgungsbehörden einzuwirken und deren Entscheidungen zu beeinflussen. Diese, für das Eisenbahn-Bundesamt missliche Situation hat kürzlich eine Hamburger Staatsanwältin mit den Worten charakterisiert: »Der mutmaßliche Täter fährt mit Blaulicht an den Tatort!«.

2) Häufig vermutet die anwesende Staatsanwaltschaft eine organisatorische Verflechtung zwischen den Eisenbahnen und dem Eisenbahn-Bundesamt. Unglücksfälle ereignen sich auch nachts oder am Wochenende. Die Aufgabe, eine Untersuchung einzuleiten, trifft deshalb meistens einen bereitschaftshabenden Staatsanwalt. Da nicht erwartet werden kann, dass jedem Staatsanwalt die Einzelheiten des Eisenbahnneuordnungsgesetzes geläufig sind, sind Vorbehalte gegenüber dem Eisenbahn-Bundesamt zwar objektiv haltlos, jedoch z. T. nachvollziehbar.

Ein Problem entsteht aber dann, wenn auf Grund solcher Bedenken Sachverständige aus dem Bereich des Straßenverkehrs hinzugezogen und diese mit der fachlichen Untersuchung betraut werden, ohne die Ankunft des Mitarbeiters des Eisenbahn-Bundesamts abzuwarten.

3) Erfahrungsgemäß tendieren die Staatsanwaltschaften dazu, ein mögliches Verschulden primär beim Zugpersonal zu vermuten. Hauptverdächtiger ist dabei meist der Lokführer, der nach der Erfahrung des Straßenverkehrs scheinbar einen wesentlichen Einfluss auf die Fahrt seines Zuges ausübt. Dass die Sicherung einer Zugfahrt vor allem Aufgabe des Fahrdienstleiters ist, ist schon weniger bekannt.

Es bedarf intensiver Kenntnis der technischen und organisatorischen Zusammenhänge, um Fehlhandlungen anderer Beteiligter aufzudecken, die die Handlungsweise des Lokführers beeinflusst haben können und deren Kenntnis für die strafrechtliche Beurteilung entscheidend ist.

Beispielhaft sei hier der Unfall Brühl genannt, wo das Eisenbahn-Bundesamt entgegen anderslautenden Presseberichten in nennenswertem Umfang weitere Einflussfaktoren für die Handlungsweise des Lokführers festgestellt hat.

4) Zum Thema „Täter am Tatort" gehört es auch, wenn der Vertreter des Eisenbahnunternehmens unter Vorgabe möglicher Schadenersatzansprüche in Millionenhöhe gegenüber den Ermittlungsbehörden die Freigabe der Strecke fordert, ohne das Eintreffen des Eisenbahn-Bundesamts abzuwarten.

5) Ein heikles Kapitel stellt auch die Frage dar, wer zu welchem Zeitpunkt das Ergebnis der Unfalluntersuchung den Medien und der Öffentlichkeit präsentiert. Die Staatsanwaltschaften haben berechtigte Bedenken, dass Auftritte des Eisenbahn-Bundesamts in der Öffentlichkeit die Verwertbarkeit der Untersuchungsergebnisse im Strafprozess einschränken könnten. Demgegenüber steht aber das Interesse – und meines Erachtens auch die Verpflichtung – des Eisenbahn-

Bundesamts, die Öffentlichkeit sachgerecht über seine Feststellungen zu informieren.

Im Fall Brühl hat sich dieser Umstand nach meiner Einschätzung ungünstig ausgewirkt. In dem Bestreben, die sehr konstruktive Zusammenarbeit mit der Staatsanwaltschaft nicht zu beeinträchtigen, hat das Eisenbahn-Bundesamt seinen Untersuchungsbericht – der in den Medien fälschlicherweise als „Gutachten" bezeichnet wurde – ohne vorherige Veröffentlichung übergeben. Die Folge davon war, dass nach kurzer Zeit über die Akteneinsicht der Prozessbevollmächtigten des Beklagten und der Nebenkläger Einzelheiten des Berichts in die Medien diffundiert sind und dort verkürzt und aus dem Zusammenhang gerissen diskutiert wurden. Eine abschließende Pressekonferenz des EBA hätte dies nach meiner Einschätzung vermeiden können.

Die Liste dieser Beispiele ließe sich noch erweitern. Wesentlich erscheint mir jedoch das Erfordernis, die Aufgabenteilung zwischen fachlicher und strafrechtlicher Unfalluntersuchung zu definieren. In Anpassung der Richtlinien für das Straf- und Bußgeldverfahren an die veränderten Gegebenheiten der Bahnreform wurde immerhin eine Beteiligung der Aufsichtsbehörden bei der Aufklärung von Eisenbahnbetriebsunfällen aufgenommen. Immerhin ein Anfang, der aber nach meiner Erfahrung nicht ausreicht.

Dem Vernehmen nach soll in der Schweiz eine „Ereignisverordnung" in Vorbereitung sein, die die Strafverfolgungsorgane verpflichtet, die fachbezogene Untersuchung zu unterstützen und auf deren Ergebnis die strafrechtlichen Ermittlungen aufzubauen.
Ich würde es deshalb begrüßen, wenn mein Referat in Ihrem Kreis fruchtbaren Boden finden und dazu beitragen würde, die Entwicklung in die angedeutete Richtung voranzutreiben. Ich danke für Ihre Aufmerksamkeit.

Programm der Tagung
"Aktuelle Probleme des Eisenbahnrechts VI"
vom 6.-8. September 2000 in Tübingen

6. September 2000

14.00 Begrüßung durch den Prorektor der Eberhard-Karls-Universität Tübingen Prof. Dr. F. *Kirchhof*, Tübingen

Begrüßungsworte des Vizepräsidenten des Eisenbahn-Bundesamtes *Schweinsberg*, Bonn

Begrüßung und Einführung durch den Leiter der Forschungsstelle für Planungs-, Verkehrs- und Technikrecht Prof. Dr. *Ronellenfitsch*, Tübingen

I. Grundlagen des Planfeststellungsrechts

14.15 Richter am Bundesverwaltungsgericht Dr. *Hien*, Berlin
Neuere Rechtsprechung zur eisenbahnrechtlichen Planfeststellung

14.45 Diskussion

15.30 *Prof. Dr. Ronellenfitsch*, Tübingen
"Der Netzzugang fremder Verkehrsträger zu eisenbahnrechtlich gewidmeten Hafenanlagen"

16.00 Diskussion

16.15 Kaffeepause

II. Neue Medien

16.45   *Sierk Hamann, Richter - Vortrag ausgefallen -*
"www.bahnhof.de" / "www.eba.de"

17.15 - 17.30   Diskussion

19.30   Abendempfang

7. September 2000

III. Europäisches Eisenbahnrecht

9.00   Prof. Dr. *Kämmerer*, Tübingen/Hamburg
"Gemeinschaftsrechtliche Vorgaben"

9.15   Oberregierungsrat *Dernbach (EBA)*
"Umsetzung der gemeinschaftsrechtlichen Vorgaben in das nationale Recht"

9.30   Rechtsanwältin *Dr. Stein*, Stuttgart
"Eisenbahnrecht in Frankreich"

10.00   *Alexander Schmid, Heidelberg - Vortrag ausgefallen -*
"Eisenbahnrecht in Belgien"

10.30   Diskussion
11.00   Kaffeepause

IV. Zusammenwirken von EBA und BGS

11.15   Frau *Professor Dr. Borsdorff*
"Aufgaben des BGS im Bereich der Eisenbahnen des Bundes"

11.45   *Regierungsdirektor Heinrichs (EBA)*
"Möglichkeiten der Zusammenarbeit von EBA und BGS aufgezeigt anhand praktischer Erfahrungen"

12.15	Diskussion
14.30	**V. Einzelprobleme des Planfeststellungsrechts**
	Rechtsanwalt *Dr. Fislake*, Frankfurt/M. "Vollständigkeit von Unterlagen in der Planfeststellung"
15.00	Rechtsanwalt *Dr. Geiger*, München "Das Verhältnis von § 11 AEG zur Planfeststellung"
15.30	Diskussion
16.00	Aktuelle Stunde • AEG-Novelle, Frau Regierungsrätin *Pöhle (EBA)* • Eisenbahnunfälle, Leitender Baudirektor Dipl.-Ing. *Grauf*

Verzeichnis der Teilnehmer der Fachtagung "Aktuelle Probleme des Eisenbahnrechts" vom 6. - 7. September 2000 in Tübingen

Bahrenberg, Matthias	Assessor jur., Deutsche Bahn Regio AG, Frankfurt am Main
Prof. Dr. Blümel, Willi	Em. Universitätsprofessor, Wilhelmsfeld
Börner, Frank	Regierungsdirektor, Dipl.-Jurist, Eisenbahn-Bundesamt, Dresden
Prof. Dr. Borsdorff, Anke	Fachhochschule des Bundes, Fachbereich BGS, Lübeck
Dr. Buchner, Reimar	Rechtsanwalt, RAe Gleiss, Lutz, Hootz, Hirsch und Partner, Berlin
Burke, Thomas	Oberregierungsrat, Assessor jur., Eisenbahn-Bundesamt, Zentrale
Dr. Calhoun, Astrid	Oberregierungsrätin, Assessorin jur., Eisenbahn-Bundesamt, Essen
Dr. Clausen, Wolfgang	Rechtsanwalt, RAe Gassner Stockmann & Kollegen, Kiel
Clausen, Wulf	Rechtsanwalt, RAe Gassner Stockmann & Kollegen, Hamburg
Dr. Delbanco, Heike	Wissenschaftliche Assistentin, Eberhard-Karls-Universität, Tübingen
Dernbach, Stefan	Oberregierungsrat, Assessor jur., Eisenbahn-Bundesamt, Zentrale
Desmontier, Helene	DaimlerChrysler Rail Systems GmbH, Henningsdorf
Dörrenbächer, Elisabeth	Oberregierungsrätin, Assessorin jur., Eisenbahn-Bundesamt, Saarbrücken

Duczek, Ralf	Oberregierungsrat, Assessor jur., Eisenbahn-Bundesamt, Berlin
Von Eicken, Barbara	Regierungsrätin, Assessorin jur., Eisenbahn-Bundesamt, Stuttgart
Eißner, Eva	Planungsgesellschaft Bahnbau Deutsche Einheit mbH, Teamleiterin Recht, Berlin
Engelke, Daniel	Planungsgesellschaft Bahnbau Deutsche Einheit mbH, Projektzentrum Nürnberg, Berlin
Fabian, Michael	Verband Deutscher Verkehrsunternehmen (VDV), Köln
Faust, Claudia	Planungsgesellschaft Bahnbau Deutsche Einheit mbH, Berlin
Fiedler, Horst	Abteilungspräsident, Dipl.-Ing., Eisenbahn-Bundesamt, Zentrale
Dr. Fislake, Heribert	Rechtsanwalt, Frankfurt am Main
Freystein, Hartmut	Baudirektor, Dipl.-Ing., Eisenbahn-Bundesamt, Zentrale
Dr. Galle-Bürgel, Thomas	Deutsche Bahn AG, Berlin
Gehrke, Gert	Regierungsdirektor, Assessor jur., Eisenbahn-Bundesamt, München
Dr. Geiger, Andreas	Rechtsanwalt, RAe Gassner, Stockmann & Kollegen, München
Gliem, Ulrich	Oberregierungsrat, Assessor jur., Eisenbahn-Bundesamt, Köln
Grauf, Hans-Heinrich	Leitender Baudirektor, Dipl.-Ing., Eisenbahn-Bundesamt, Zentrale

Teilnehmerverzeichnis

Dr. Häusler, Christoph	Bayerisches Staatsministerium für Wirtschaft, Verkehr und Technologie, München
Hamann, Sierk	Landesvertretung Baden-Württemberg, Berlin
Hantschick, Steffen	Planungsgesellschaft Bahnbau Deutsche Einheit mbH, Projektzentrum Dresden, Berlin
Harlacher, Sonja	VAng, Assessorin jur., Eisenbahn-Bundesamt, Karlsruhe
Hauke, Cornelia	Oberregierungsrätin, Assessorin jur., Eisenbahn-Bundesamt, Berlin
Heinrichs, Horst-Peter	Regierungsdirektor, Assessor jur., Eisenbahn-Bundesamt, Zentrale
Heinrichs, Maria Th.	Rechtsanwältin, Berlin
Heintz, Martin	Oberregierungsrat, Assessor jur., Eisenbahn-Bundesamt, Köln
Heiss-Kaiser, Gabriele	Regierungsdirektorin, Ministerium für Umwelt und Verkehr Baden-Württemberg, Stuttgart
Hennes, Reinhard	Regierungsdirektor, Assessor jur., Eisenbahn-Bundesamt, Zentrale
Hermanns, Caspar David	Gross Bieberau
d'Heureuse, Désirée	Planungsgesellschaft Bahnbau Deutsche Einheit mbH, Projektzentrum 6, Berlin
Hien, Eckart	Vizepräsident des Bundesverwaltungsgerichts, Berlin

Hinrichs, Frank Christian	Planungsgesellschaft Bahnbau Deutsche Einheit mbH, Teamleiter Recht, Berlin
Prof. Dr.-Ing. Honecker, Eberhard	Universitätsprofessor, Institut für Straßen- und Eisenbahnwesen der Universität Karlsruhe
Prof. Dr. Hoppe, Werner	Em. Universitätsprofessor, Rechtsanwalt, Münster
Dr. Jamrath, Thomas	Siemens AG Legal Services, Berlin
Joachim, Günter	VAng, Assessor jur., Eisenbahn-Bundesamt, Schwerin
Prof. Dr. Kämmerer, Axel	Universitätsprofessor, Bucerius Law School - Hochschule für Rechtswissenschaft, Hamburg
Kalwey, Viktor	Leitender Regierungsdirektor, Assessor jur., Eisenbahn-Bundesamt, Zentrale
Kirchberg, Josef-Walter	Rechtsanwalt, RAe Kasper Knacke Schäuble Wintterlin & Partner, Stuttgart
Prof. Dr. Kirchhof, Ferdinand	Universitätsprofessor, Eberhard-Karls-Universität, Tübingen
Dr. Kochenburger, Christoph	Rechtsanwalt, RAe Conrad & Kollegen, Frankfurt am Main
Dipl.-Ing. Körber, Joachim	Verband der Bahnindustrie in Deutschland e.V. (VdB), Frankfurt am Main
Kramer, Urs	Philipps-Universität Marburg Institut für Öffentliches Recht, Marburg
Krekeler, Bernd	Magnetschwebebahn-Planungs-Gesellschaft mbH Berlin-Hamburg, Berlin
Prof. Dr. Kühlwetter, Hans-Jürgen	Leitender Regierungsdirektor a.D., Köln

Teilnehmerverzeichnis

Kurze, Volker	Oberregierungsrat, Assessor jur., Eisenbahn-Bundesamt, München
Lerm, Simone	Planungsgesellschaft Bahnbau Deutsche Einheit mbH, 10777 Berlin
Lohrum, Elenore	DB Projekt Köln-Rhein/Main, Frankfurt am Main
Losch, Michael	Senatsrat, Senatsverwaltung für Bauen, Wohnen und Verkehr, Berlin
Lothert, Ralf	DaimlerChrysler Rail Systems GmbH, Henningsdorf
Martin, Andrea	VAng, Assessorin jur., Eisenbahn-Bundesamt, Zentrale
Martz, Hans-Werner	Oberregierungsrat, Assessor jur., Eisenbahn-Bundesamt, Essen
Maul, Michael	Oberregierungsrat, Assessor jur., Eisenbahn-Bundesamt, Frankfurt
Meißner, Burkhard	Oberregierungsrat, Assessor jur., Eisenbahn-Bundesamt, Schwerin
Müller, Frank	Oberregierungsrat, Assessor jur., Eisenbahn-Bundesamt, Halle
Nitschmann, Kai	VAng, Dipl.-Ing., Eisenbahn-Bundesamt, Stuttgart
Otte, Wolfgang	Oberregierungsrat, Assessor jur., Eisenbahn-Bundesamt, Halle
Dr. Otto, Sandra	Deutsche Bahn AG, Berlin
Pätzold, Cornelia	Regierungsdirektorin, Assessorin jur., Eisenbahn-Bundesamt, Hamburg

Pöhle, Astrid	Regierungsrätin z.A., Assessorin jur., Eisenbahn-Bundesamt, Zentrale
Rasper, Rudolf	VAng, Dipl.-Jurist, Eisenbahn-Bundesamt, Erfurt
Dr. Repkewitz, Ulrich	Wissenschaftlicher Assistent, Johannes-Gutenberg-Universität, Mainz
Rieder, Uwe	Fa. Alcatel, Stuttgart
Ripke, Stefan	VAng, Assessor jur., Eisenbahn-Bundesamt, Zentrale
Rippel, Jovita	Oberregierungsrätin, Assessorin jur., Eisenbahn-Bundesamt, Schwerin
Dr. Roer, Friederike	Deutsche Bahn AG, Berlin
Prof. Dr. Ronellenfitsch, Michael	Universitätsprofessor, Eberhard-Karls-Universität, Tübingen
Dr. Schlarmann, Hans	Rechtsanwalt, RAe Gleiss, Lutz, Hootz, Hirsch & Partner, Stuttgart
Dr. Schmid, Alexander	Max-Planck-Institut, Heidelberg
Schmidt, Jörg	Deutsche Bahn AG, Berlin
Schmidt, Volker	VAng, Dipl.-Jurist, Eisenbahn-Bundesamt, Erfurt
Schreppel, Ralf	Deutsche Bahn Station & Service AG (PSR), Frankfurt am Main
Schröder, Michael	Oberregierungsrat, Assessor jur., Eisenbahn-Bundesamt, Hannover

Teilnehmerverzeichnis

Dr. Schütz, Peter	Rechtsanwalt, RAe Kasper Knacke Schäuble Wintterlin & Partner, Stuttgart
Schulze, Gerhild	Regierungsrätin z.A., Assessorin jur., Eisenbahn-Bundesamt, Karlsruhe
Schweinsberg, Ralf	Vizepräsident, Assessor jur., Eisenbahn-Bundesamt, Zentrale
Seegmüller, Thomas	Oberregierungsrat, Assessor jur., Eisenbahn-Bundesamt, Stuttgart
Seeliger, Stefan	Regierungsrat, Assessor jur., Eisenbahn-Bundesamt, Zentrale
Dr. Siegel, Roland	Planungsgesellschaft Bahnbau Deutsche Einheit mbH, Projektzentrum Lehrter Bahnhof, Berlin
Siegert, Stephan	Deutsche Eisenbahn-Consulting GmbH Geschäftsbereich Infrastruktur/Netz Regionalbereich Nord, Hannover
Dr. Spoerr, Wolfgang	Rechtsanwalt, Kanzlei Hengeler Mueller Weitzel Wirtz, Berlin
Dr. Stein, Antonia	Rechtsanwältin, Stuttgart
Stern, Katja	Bombardier Transportation DWA Deutsche Waggonbau GmbH, Berlin
Steyrleuthner, Norbert	DaimlerChrysler Rail Systems GmbH, Mannheim
Straub, Peter	Planungsgesellschaft Bahnbau Deutsche Einheit mbH, Projektzentrum Leipzig, Berlin
Prof. Dr. Stüer, Bernhard	Rechtsanwalt, Münster
Thoenes, Günter	Leitender Regierungsdirektor, Assessor jur., Eisenbahn-Bundesamt, Zentrale

Dr. Volkens, Bettina	Deutsche Bahn Regio AG, Frankfurt am Main
Wachsmuth, Bettina	Planungsgesellschaft Bahnbau Deutsche Einheit mbH, Berlin
Dr. Wagmann, Frank	Regierungsdirektor, Assessor jur., Eisenbahn-Bundesamt, Nürnberg
Wilke, Jens-Jörg	Oberregierungsrat, Assessor jur., Eisenbahn-Bundesamt, Berlin
Dr. Wilting, Frank	Deutsche Bahn Verkehrsbau Logistik GmbH, Mainz
Zehe, Mark	VAng, Assessor jur., Eisenbahn-Bundesamt, Nürnberg
Zinn, Arend	Oberregierungsrat, Assessor jur., Eisenbahn-Bundesamt, Hannover

Aus unserem Verlagsprogramm:

Planungs-, Verkehrs-, und Technikrecht

Daniela Voss
Rechtsfragen der Keimbahntherapie
Hamburg 2001   464 Seiten   ISBN 3-8300-0355-2

Johannes Arnd Barnitzke
Planung und Realisierung europäischer Verkehrswege in Portugal
Hamburg 2001   330 Seiten   ISBN 3-8300-0305-6

Michael Ronellenfitsch (Hrsg.)
Aktuelle Probleme des Eisenbahnrechts V
Vorträge im Rahmen der Tagung am 8.-10. September 1999 in Tübingen.
Forschungsstelle für Planungs-, Verkehr- und Technikrecht an der Eberhard-Karls-Universität Tübingen in Verbindung mit dem Eisenbahn-Bundesamt
Hamburg 2000   311 Seiten   ISBN 3-8300-0216-5

Verlag Dr. Kovač   Postfach 50 08 47   22708 Hamburg   Fax: 040 - 39 88 80-55